구속사의 관점에서 본

예레미야 파노라마

유 도 순 목사 지음

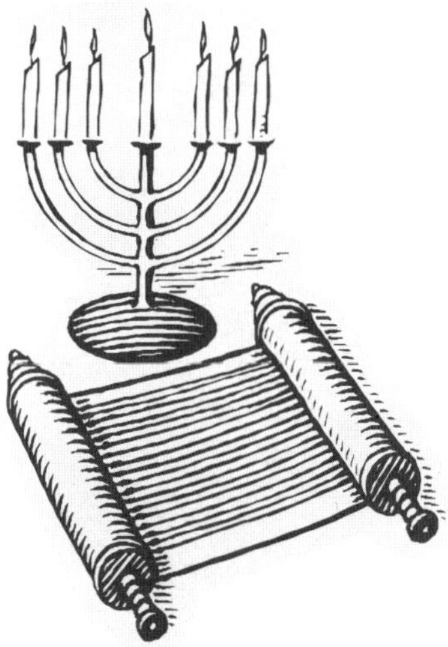

도서출판 머릿돌

머리말

신약성경에 서신서들이 있는가 하면 구약성경에는 예언서들이 있다. 서신서에서 한 권을 택하라 하면 망설임이 없이 로마서를 택할 것이다. 예언서들 중에서 한 책을 선택하라 한다면 이사야서와 예레미야서를 놓고 망설이게 될 것이다. 그러나 나는 결국 예레미야서를 택할 것이다. 그 까닭은 대개 다음과 같은 연유에서이다.

① 선지자 예레미야와, 사도 바울은 다 같이 눈물의 종들이었다. 이는 그들이 사랑의 종이요, 진실한 종들임을 말해주고 있다. 주의 종들이라면 누구를 물론하고 이들을 부러워하면서 말씀을 대언 할 때에 이들처럼 눈물을 흘리면서 증거하기를 사모할 것이기 때문이다.

② 하나님은 선지자 예레미야에게 "내가 네게 명하여 이르게 한 모든 말을 고하되 한 말도 감하지 말라"(26:2) 하셨다. 사도 바울은 "꺼리지 않고 하나님의 뜻을 다 너희에게 전하였음이라"(행 20:27) 하고 말씀한다. 나는 감함이 없이, 꺼리지 않고, 하나님의 뜻을 다 전하고 있는가? 그가 진실한 주의 종이라면 사람들에게 영합하기보다는 하나님의 뜻을 전하는 종이 되기를 사모할 것이기 때문이다.

③ 예레미야와, 바울은 그 누구보다도 예수 그리스도를 닮은 종들이었다. 주님께서 사람들이 나를 누구라 하느냐고 물으셨을 때에 "예레미야"라 한다고 말했다(마 16:14). 사도 바울은 그리스도의 "마음"(고전 2:16)을 가졌노라고 했으며, "내가 예수 그리스도의 심장"(心臟)으로 너희를 어떻게 사모하는지 하나님이 내 증인이시라(빌 1:8)고 까지 말했다. 그리하여 "내가 그리스도를 본받는 자 된 것같이 너희는 나를 본받는 자 되라"(고전 11:1)고 말한다. 예레미야와 바울을 본받아 결국

그리스도를 닮고 싶은 심정에서이다.

④ 가장 결정적인 이유로는 예레미야서의 내용이 이 시대에 가장 절실한 말씀으로 여겨지기 때문이다. 왜 그런가? 예레미야나 바울은 예루살렘이 멸망당할 시기에 부름을 받았다는 시대적 배경의 공통점이 있다. 그리고 예루살렘의 심판은 최후 심판의 그림과 겹쳐져 있다. 우리는 바로 그 종말에 부름을 받은 종들인 것이다. 그러므로 이 시대야말로 예레미야의 메시지가 꼭 필요한 시대로 여겨지는 것이다. 여호와의 집 문에 서서 "이것이 여호와의 전이라, 여호와의 전이라, 여호와의 전이라 하는 거짓말을 믿지 말라" 하고 외치고 있는 고독한 예레미야의 모습을 상상해 보라.

⑥ 예레미야서는 연대순으로 기록되어 있지를 않다. 왜 그런가? 예레미야 선지자의 마음과 생각을 사로잡고 있는 것이 무엇이었을까? 그것은 성전이 불타리라, 예루살렘 성이 멸망하리라는 두 귀가 진동하는 말씀이었다. 그에게 있어서 연대순이란 아무런 의미가 없었던 것이다. 그리하여 눈물로 심판을 경고했던 것이다. 이점은 바울의 경우도 마찬가지이다. 바울은 복음에 미친 사도였다. 서신서들을 기록하다가 "이 복음은"(롬 1:2) 하고 복음이라는 말이 나오기만 하면 하려던 말을 잊어버리고 그만 복음에 빠져 들어가고 마는 것을 보게 된다. 오늘의 설교는 수사학적으로 너무나 잘 다듬어진 감이 있다. 그것은 사랑과 뜨거운 열정이 식어졌다는 반증이기도 하다. "십자가의 도"는 철학적이고, 교양적인 그렇게 잘 다듬어진 말씀이 아니다. "미련하고 어리석어" 보이는 것이다. 미련한 그대로, 어리석은 그대로 "나의 중심이 불붙는 것 같아서 골수에 사무치니 답답하여 견딜 수 없나이다"(렘 20:9) 하는 심정으로 "심판, 심판, 복음, 복음" 하고 외치고 싶지 아니한가!

F. 코올리(cawley)는 "진정한 예레미야의 발견이 그 발견하는 사람을 거듭나게 한다"고까지 말했다. 이러한 사모하는 마음으로 예레미야서를

새롭게 발견하기로 하자. 그리하여 예레미야서를 이 시대에 주시는 하나님의 말씀으로 받아, 우리가 세움 받은 이 시대의 타락상을 심각하게 고민하면서, "너희가 오늘날 그 음성 듣기를 원하노라"(시 95:7) 하고 새롭게 선포되게 하자.

유 도 순 목사

차 례

예레미야

예레미야서 파노라마

예레미야는 가장 암흑한 시기에 누구보다도 괴로운 사명을 감당한 선지자입니다. 왜냐하면 장장 40년 동안이나 눈물로 호소하며, 심판을 경고하였으나 이를 막지 못하고 기어코 유다의 멸망과 하나님의 성전이 불타는 비극적인 광경을 목격해야만 했기 때문입니다. 그러므로 예레미야의 사명을 "보라 내가 오늘날 너를 열방 만국 위에 세우고 너로 뽑으며, 파괴하며, 파멸하며, 넘어뜨리며, 건설하며, 심게 하였느니라"(1:10)고 말씀합니다. 그의 사명은 파괴적인 면과 건설적인 두 면으로 나타나 있습니다. 즉 예루살렘이 멸망하였다가 회복될 것을 나타냅니다. 예레미야는 이 사역에 대언자로 세움을 받은 것입니다. 뉘라서 이러한 일의 대언자 되기를 원하겠습니까? 예레미야는 "슬프도소이다 주 여호와여 보소서 나는 아이라 말할 줄을 알지 못하나이다"(1:6) 하고 피해보려 하였으나 하나님의 강권하심으로 붙들린 바가 된 것입니다.

하나님께서 예레미야 선지자에게 보여주신 이상은 "끓는 가마가 북쪽에서부터 기울어져 있는"(1:13) 광경이었습니다. 북쪽 바벨론을 통한 심판의 불이 발등에 떨어진 것을 보았던 것입니다. "슬프고 아프다 내 마음 속이 아프고 내 마음이 답답하여 잠잠할 수 없으니 이는 나의 심령 네가 나팔 소리와 전쟁의 경보를 들음이로다"(4:19)고 말합니다. 흔히 예레미야를 눈물의 선지자라고 말합니다. "어찌하면 내 머리는 물이 되고 내 눈은 눈물 근원이 될꼬 그렇게 되면 살육 당한 딸 내 백성을 위하여 주야로 곡읍 하리로다"(9:1) 하고, 동족을 위한 "큰 근심과 고통"(롬 9:2)이 예레미야 선지자에게도 있었던 것입니다.

이런 맥락에서 예레미야서의 중심적인 주제는 심판에 대한 경고입니다. 남쪽 유다는 북 왕국 이스라엘이 멸망함을 보면서도 경성도, 회개도 하지 않았습니다. 예레미야 선지자는 대언하기를 "내가 배역한 이스라엘(북쪽)이 간음을 행하였으므로 내가 그를 내어쫓고 이혼서 까지 주었으되 그 패역한 자매 유다(남쪽)가 두려워 아니하고 자기도 가서 행음함을 내가 보았노라"(3:8)고 책망했던 것입니다.

예루살렘 그 넓은 거리를 왕래하며 찾아보아도 공의를 행하며 진리를 구하는 자를 한 사람도 찾을 수가 없었습니다(5:1). 그러므로 하나님께서는 "파괴하며, 파멸하며, 넘어뜨린" 후에 남은 자를 통하여 "건설하며, 심으시고자" 하셨던 것입니다. 그 점이 18장에 나오는 토기장이 비유에 잘 나타나 있습니다. "내가 토기장이의 집으로 내려가서 본즉 그가 녹로로 일을 하는데 진흙으로 만든 그릇이 토기장이의 손에서 파상하매 그가 그것으로 자기 의견에 선한 대로 다른 그릇을 만들더라"(18:3-4) 합니다. 이 광경을 보여주신 후에 "이스라엘 족속아 이 토기장이의 하는 것같이 내가 능히 너희에게 행하지 못하겠느냐 이스라엘 족속아 진흙이 토기장이의 손에 있음같이 너희가 내 손에 있느니라"(18:6)고 말씀하십니다.

그러므로 예레미야의 메시지는 주로 파괴하며 파멸케 하는 부정적인 것이 될 수밖에 없었습니다. 예레미야 선지자가 예루살렘 성전 문에 서서 하나님께 예배드리려 들어가는 사람들을 향해 "너희는 이것이 여호와의 전이라, 여호와의 전이라, 여호와의 전이라 하는 거짓말을 믿지 말라"(7:1-11)고 선포하고 있는 그의 모습을 상상해 보십시오. 이런 예레미야를 종교지도자들이나 백성들이 좋아할 이가 있겠습니까? "이 사람이 백성의 평안을 구치 아니하고 해를 구하오니 청컨대 이 사람을 죽이소서"(38:4) 하고 왕께 상소를 했던 것입니다.

그러나 거짓 선지자들은 "너희가 평안하리라 여호와의 말씀이니라 하며, 재앙이 너희에게 임하지 아니하리라"(23:17) 하고 듣기에 좋은 낙관적인 말만했던 것입니다. 하나님은 이를 가리켜 "선지자로부터 제사장까지 다 거짓을 행함이라 그들이 내 백성의 상처를 심상히 고쳐주며 말하기를 평강하다, 평강하다 하나 평강이 없도다"(6:13-14) 하고 말씀합니다. 유다의 증상은 결코 심상(尋常)한 것이 아니었습니다. 치명적인 상황에 이르렀는데도 그들은 대수롭지 않게 여기면서 백성들에게 영합하는 말만했던 것입니다.

이 점은 오늘날 긍정적인 설교를 해야 부흥이 된다, 축복하는 설교를 해야 성도들이 좋아한다는 등의 풍조(風潮)에 경종을 울리는 말씀으로 들립니다. 주님은 말씀합니다. "모든 사람이 너희를 칭찬하면 화가 있도다 저희 조상들이 거짓 선지자들에게 이와 같이 하였느니라"(눅 6:26).

급기야 예루살렘 성은 시드기야 제11년 4월 9일에 바벨론의 느부갓네살의 군대에 의하여 함락되고 맙니다. 그런데 하나님은 "나 여호와가 이같이 말하노라 바벨론에서 칠십 년이 차면 내가 너희를 권고하고 나의 선한 말을 너희에게 실행하여 너희를 이곳으로 돌아오게 하리라"(29:10)고 회복의 약속을 해주십니다.

그러므로 예레미야서의 중심적인 주제가 심판이라 하여도, 핵심은 "나 여호와가 말하노라 보라 날이 이르리니 내가 이스라엘 집과 유다 집에 새 언약을 세우리라"(31:31) 하신 "새 언약"에 있음을 명심해야만 합니다. 모세 때부터 이어져 내려온 첫 언약은 멸망과, 불타버림과, 포로 됨으로 결말(結末)이 나고 말았습니다. 이는 인간의 행위로는 구원의 가망이 없음을 단적으로 말해주고 있는 것입니다. 그러므로 하나님께서는 이 점이 명백하게 입증이 된 시점, 즉 예루살렘이 폐허가 되고, 성전이 불타버린 절망적인 지점에서 새 언약을 말씀하시는 것입니다.

이것은 무엇을 말해주고 있느냐 하면 구원이란 인간의 행위로가 아니라 전적인 은혜로만이 가능함을 말해주고 있는 것입니다.

하나님께서는 인간이 절망할 때마다 언약을 세워주셨습니다. 인류의 시조가 배신하여 에덴에서 추방당하는 절망적인 지점에서 "여자의 후손"을 보내주시겠다는 첫 복음의 언약을 세워주셨습니다. 홍수심판 때에도 "내가 내 언약을 너희와 너희 후손과, 세우리니"(창 9:9) 하고 무지개 언약을 세워주셨습니다. 노아의 후손들이 바벨탑을 쌓으며 배신하였을 때에도 아브라함을 부르셔서 "땅의 모든 족속이 너를 인하여 복을 얻을 것이니라"(창 12:3) 하고 메시아언약을 세워주셨습니다. 다윗이 하나님의 성전을 건축하려는 소원을 말했을 때에도 "여호와가 너를 위하여 집을 세워주겠다"(삼하 7:11) 하고 언약을 세워주셨습니다. 원 복음과, 무지개 언약과, 아브라함 언약과, 다윗 언약과, 그리고 "새 언약"은 별개의 것이 아니라 예수 그리스도를 통하여 구원하여주시겠다는 동일한 언약인 것입니다.

그러므로 이 "새 언약"이 "이 잔은 내 피로 세우는 새 언약이니 곧 너희를 위하여 붓는 것이라"(눅 22:20) 하고 그리스도에게서 성취되었던 것입니다. 그런 맥락에서 예레미야서에는 다윗 언약이 강조되어있습니다. "나 여호와가 말하노라 보라 때가 이르리니 내가 다윗에게 한 의로운 가지를 일으킬 것이라 그가 왕이 되어 지혜롭게 행사하며 세상에서 공평과 정의를 행할 것이며"(23:5) 하십니다. 이는 명백한 메시아 예언입니다. 33:15에서도 "그 날 그 때에 내가 다윗에게 한 의로운 가지가 나게 하리니" 하고 다윗에게 언약하신 그리스도를 보내주실 것을 거듭 말씀합니다. 그리고 다윗 언약의 확고함과 불변함을 비유하시기를 "낮에 대한 나의 약정과 밤에 대한 나의 약정을 파하여 주야로 그 때를 잃게 할 수" 없음에 비유하고 있습니다(33:20-21).

예레미야서는 마지막 부분에서 장장 6개 장(46-51장)을 할애하여 열방을 심판하실 것을 말씀하고 있습니다. 이렇게 하신 의도가 무엇일까요? 선민 이스라엘(구약교회)이 열방의 중심에 있기 때문입니다. 이제도 역사의 중심에는 교회가 있는 것입니다. 그런데 열방이 하나님의 교회를 대적했기 때문에 그들을 심판하시겠다고 말씀합니다. 열방(불신세계)은 멸망당하나 하나님의 교회는 징계하실 지라도 "버림을 입지 않을"(51:5) 것을 보여주기 위해서입니다.

하나님은 말씀하십니다. "일을 행하는 여호와, 그것을 지어 성취하는 여호와, 그 이름을 여호와라 하는 자가 이같이 이르노라 너는 내게 부르짖으라 내가 네게 응답하겠고 네가 알지 못하는 크고 비밀한 일을 네게 보이리라"(33:2-3). 이는 하나님께서 계획하시고 성취해 나가시는 구속사역을 가리키는 말씀인 것입니다. 누가 능히 하나님의 계획하시고 성취해나가심을 막을 자가 있겠습니까? 누가 우리를 하나님의 사랑에서 끊을 수가 있다는 말입니까? 하나님은 언약하신 대로 그리스도를 보내주셔서 구속사역을 이루어주셨습니다. 약속하신 대로 성령을 보내주셔서 하나님의 나라를 확장해 나가십니다. 약속하신 대로 그리스도께서 재림하심으로 완성이 될 것입니다. 우리가 믿는 하나님은 "일을 행하는 여호와, 그것을 지어 성취하는 여호와"이십니다.

1장

예레미야의 소명과 사명

[5]내가 너를 복중에 짓기 전에 너를 알았고 네가 태에서 나오기 전에 너를 구별하였고 너를 열방의 선지자로 세웠노라 하시기로.

1장의 내용은 예레미야의 소명(召命)과, 사명(使命)입니다. 하나님께서는 아나돗에 사는 제사장의 아들 예레미야를 선지자로 부르시고, 그에게 사명을 주십니다. 선지자를 세우심은 배역한 백성들을 향하여 돌아오라고 호소하며, 그렇지 아니하면 징벌을 받게 될 것을 경고하기 위해서 세우시는 것입니다. 북쪽 이스라엘은 이미 멸망을 당하였고, 이제 남쪽 유다의 패역을 책망하며 경고하기 위하여 예레미야를 선지자로 부르시는 것입니다. 엄밀한 의미에서 선지자를 필요로 하는 시대란 패역한 시대입니다.

그러므로 예레미야의 사명은 평안이 아니라 재앙을 선포하는 일일 수밖에 없었습니다. 이런 임무를 누가 즐거워하겠습니까? 예레미야도 피해보려 하였으나 하나님의 강권에 의하여 복종하기에 이른 것입니다. 그는 요시야 13년에 부름을 받아 유다의 마지막 왕 시드기야 11년까지 무려 40년 이상을 사역하였습니다. 이것은 무엇을 말해주고 있느냐 하면 하나님께서 "심판을 베풀어 징계"하시겠다고 선언하시고도 40년이나 회개할 기간을 주셨음을 뜻합니다.

그러므로 1장의 주제는 "예레미야의 소명(召命)과 사명(使命)"이라 할 수가 있습니다. 이를 세 단원으로 나누어 상고하겠습니다.

첫째 단원(1-3) **예레미야가 활약한 시대적 배경**
둘째 단원(4-10) **너를 선지자로 세웠노라**
셋째 단원(11-19) **시대적인 징조**

첫째 단원(1-3) 예레미야가 활약한 시대적 배경

"베냐민 땅 아나돗의 제사장 중 힐기야의 아들 예레미야의 말이라 아몬의 아들 유다 왕 요시야의 다스린지 13년에 여호와의 말씀이 예레미야에게 임하였고 요시야의 아들 유다 왕 여호야김 시대부터 요시야의 아들 유다 왕 시드기야의 제 11년 말까지 임하니라 이 해 오월에 예루살렘이 사로잡히니라"(1-3).

① 본문은 우선적으로 예레미야 선지자가 활동한 시기를 밝혀주고 있습니다. "요시야의 다스린지 13년에 여호와의 말씀이 예레미야에게 임하였다"고 말씀합니다. 요시야 왕은 유다 나라의 마지막 선한 왕으로 "여호와 보시기에 정직히 행하여 그 조상 다윗의 모든 길로 행하고 좌우로 치우치지 아니하였더라"(왕하 22:2) 합니다. 요시야가 팔 세에 왕위에 올랐으니까 "요시야의 다스린 지 13년"(2)이라면 요시야 왕의 나

이가 20세 때 하나님은 청년(6) 예레미야를 선지자로 불러 세우신 것입니다. 하나님께서는 어찌하여 이런 시기에 예레미야를 선지자로 부르셨는가? 하나님께서는 선하고 젊은 왕 요시야와, 진실하고 젊은 선지자 예레미야를 짝지어주셔서 "심판을 베풀어 징계"하시기 전에 마지막으로 만회할 기회를 주셨던 것으로 여겨집니다. 이 점이 "요시야 왕 18년에, 그러니까 예레미야가 선지자로 부름을 받은 지 5년 후에 성전을 수리하다가 율법책을 발견하게 되고, 여선지 훌다를 통하여 이 책에 기록된 대로 재앙을 내리시겠다는 하나님의 말씀을 듣게 되고, 그리하여 대대적인 개혁을 단행하게 되는 데서 드러납니다.

② 예레미야가 활동한 기간을 요시야 13년에서부터 유다의 마지막 왕 "시드기야의 제 십 일년 말까지 임하니라"(3상) 하고 밝혀주고 있는 것은 무엇을 말해주고 있느냐 하면 하나님은 "심판을 베풀어 징계"하시겠다고 선언하시고도 40년이나 회개할 기간을 주셨음을 뜻합니다. 이는 마치 홍수심판 전에 "그들의 날은 일백 이십 년이 되리라"(창 6:3) 하고 120년 간이나 유예기간을 주심과 같이 오래 참으시는 하나님이심을 말해주는 것입니다.

③ 또한 하나님의 오래 참으심에 대하여 "그의 인자하심과 용납하심과 길이 참으심의 풍성함을 멸시"(롬 2:4) 하는 인간의 패역을 말해주고 있는 것입니다. 이것이 "예레미야가 활약한 시대적 배경"입니다. 성경은 말씀합니다. "주의 약속은 어떤 이의 더디다고 생각하는 것같이 더딘 것이 아니라 오직 너희를 대하여 오래 참으사 아무도 멸망치 않고 다 회개하기에 이르기를 원하시느니라(벧후 3:9). "이 해 오 월에 예루살렘이 사로잡히니라"(3하).

둘째 단원(4-10) 너를 선지자로 세웠노라

"여호와의 말씀이 내게 임하니라 이르시되 내가 너를 복중에 짓기 전에 너를 알았고 네가 태에서 나오기 전에 너를 구별하였고 너를 열방의 선지자로 세웠노라 하시기로"(4-5).

본 단원의 내용은 예레미야의 소명(召命)과, 사명입니다.

소명(召命)

① "내가 너를",

② "복중에 짓기 전에 너를 〈알았고〉,

③ "네가 태에서 나오기 전에 너를 〈구별하였고〉,

④ "너를 열방의 〈선지자로 세웠노라〉(5) 하십니다. 이렇게 예정해 놓으신 하나님께서 때가 되매 그를 "부르시는" 것입니다. 이것이 "소명" 입니다. 선지자란 자원하거나, 되고 싶다고 되는 것이 아닙니다. 택하시고 부르시는 하나님의 주권적으로 말미암아 되는 것입니다. 신약시대의 사도들도 마찬가지입니다. 부르심에 대한 가장 큰 감격이 있는 사람은 다메섹 도상에서 "사울아 사울아" 하고 부활하신 주님께 친히 부름을 받은 바울입니다. 그는 말하기를 "사람들에게서 난 것도 아니요 사람으로 말미암은 것도 아니요 오직 예수 그리스도와 및 죽은 자 가운데서 그리스도를 살리신 하나님 아버지로 말미암아 사도 된 바울은"(갈 1:1) 합니다. 또한 "내 어머니의 태로부터 나를 택정하시고 은혜로 나를 부르신 이가"(갈 1:15)라고 말씀합니다.

사명보다 "소명"이 먼저입니다. "예수 그리스도의 종 바울은 사도로 부르심을 받아", 이것이 소명입니다. "하나님의 복음을 위하여 택정함을 입었으니"(롬 1:1), 이것이 사명입니다. 주의 종들에게 있어서 이 소명의식이 중요합니다. 그러해야만 고난과, 시련과, 역경을 당해서도 극복할 수가 있기 때문입니다.

그렇다고 선지자나 사도만 부르심을 받은 사람들은 아닙니다. 그리스도인들이란 아무리 작은 자라하여도 모두 다 하나님께 부름을 받은 사람들입니다. 그러므로 바울 서신을 보면 부르심을 강조하고 있음을 보게 됩니다. 황금고리라 일컬어지는 로마서 8:29-30을 보십시오. "미리 아시고, 미리 정하시고, 정하신 그들을 또한 부르시고" 합니다. "너희도 그들 중에 있어 예수 그리스도의 것으로 부르심을 입은 자니라 로마에 있어 하나님의 사랑하심을 입고 성도로 부르심을 입은 모든 자에게 하나님 우리 아버지와 주 예수 그리스도로 좇아 은혜와 평강이 있기를 원하노라"(롬 1:6-7) 합니다. 하나님의 부르심이 없이 구원에 참여할 수 있고, 하나님의 자녀가 될 수 있는 자란 단 한 사람도 없습니다. 그리스도인들이란 하나님의 부르심을 입었다는 남다른 감동(엡 1:18)이 있는 사람들인 것입니다. 형제도 부르심에 대한 감격을 자주 자주 묵상하고 있습니까? 하나님께서 예레미야를 구별하여 선지자로 부르실 때에는 임무가 있으셨기 때문일 터인데 그렇다면 예레미야의 사명이 무엇일까요?

사명(使命)

"여호와께서 그 손을 내밀어 내 입에 대시며 내게 이르시되 보라 내가 내 말을 네 입에 두었노라"(9).

예레미야는 말씀의 대언자로 세움을 받은 것입니다.

① "내가 너를 누구에게 보내든지 너는 가며"(7상). 보내시는 데도 가지 않는다면 불순종입니다.

② "내가 네게 무엇을 명하든지 너는 말할지니라"(7하). 당연히 해야

할 말을 하지 않는다면 그것은 잘못을 범하는 일입니다.

③ 그렇다면 그가 대언 해야할 말씀은 무엇인가? "너로 뽑으며 파괴하며 파멸하며 넘어뜨리며"(10상),

④ "건설하며 심게 하였느니라"(10하) 하십니다. 예레미야가 대언 해야할 말씀의 성격은 파괴적인 면과 건설적인 면으로 크게 두 가지로 나타납니다. 주목하게 되는 것은 파괴적인 면을 먼저 언급하고 있고, 또한 강조적이라는 것입니다. 예루살렘의 멸망을 선포하는 것은 파괴하는 일이요, 70년 후에 돌아오게 하리라는 예언은 건설하며 심는 말씀이었던 것입니다. 또한 선지자의 말을 듣고 회개하면 건설하는 말씀으로 역사하고, 회개치 아니하면 파괴하는 말씀으로 역사하게 되는 것입니다. 이처럼 하나님의 말씀에는 "좌우에 날선"(히 4:12) 검처럼 양면성이 있는 것입니다.

이는 예레미야 선지자에게만 주어진 사명은 아닙니다. 사도 바울의 사명도 "우리의 싸우는 병기는 육체에 속한 것이 아니요 오직 하나님 앞에서 견고한 진을 파하는 강력이라 모든 이론을 파하며 하나님 아는 것을 대적하여 높아진 것을 다 파하고"(고후 10:4-5) 합니다. "파한다"는 말을 반복적으로 강조하고 있음을 주목하십시오. 이렇게 파한 후에 "모든 생각을 사로잡아 그리스도에게 복종케 하니" 합니다. 이것이 그리스도의 몸(교회)을 세우는 일인 것입니다. 예레미야는 선지자로 부름을 받아 말씀을 통해서 파하는 일과, 세우는 사명을 감당하게 되는 것입니다. 이러한 사명은 시대를 초월하여 말씀을 맡은 모든 사역자들에게 동일한 것입니다.

⑤ 예레미아는 사명의 막중함을 깨닫고는 "슬프도소이다 주 여호와여 보소서 나는 아이라 말할 줄을 알지 못하나이다"(6) 하고 하나님의 소명을 피해보려고 합니다. 이는 불순종이기 보다는 자신의 부족을 고백하는 겸비인 것입니다.

⑥ "너는 그들을 인하여 두려워 말라 내가 너와 함께 하여 너를 구원하리라"(8), 이것이 "너를 선지자로 세웠노라" 하신 하나님의 보장입니다.

셋째 단원(11-19) **시대적인 징조**

"여호와의 말씀이 또 내게 임하니라 이르시되 예레미야야 네가 무엇을 보느냐 대답하되 내가 살구나무 가지를 보나이다 여호와께서 내게 이르시되 네가 잘 보았도다 이는 내가 내 말을 지켜 그대로 이루려 함이니라"(11-12).

예레미야를 부르셔서 사명을 맡겨주신 후에 하나님께서는 환상을 보여주십니다. 그리고 물으십니다. "네가 무엇을 보느냐"(12). 13절에서도 "네가 무엇을 보느냐" 하고 거듭 말씀합니다. "내 말을 네 입에 두었노라"(9)고 "입"을 말씀하신 후에 무엇을 보느냐 하고 "눈"을 말씀하는 의도가 무엇일까요? 이를 설명하려 애쓸 것이 아니라 주님께서 하신 말씀을 인용함이 도움이 될 것입니다. "또 무리에게 이르시되 너희가 구름이 서에서 일어남을 보면 곧 말하기를 소나기가 오리라 하나니 과연 그러하고 남풍이 붊을 보면 말하기를 심히 더우리라 하나니 과연 그러하니라 외식하는 자여 너희가 천지의 기상은 분변할 줄을 알면서 어찌 이 시대는 분변치 못하느냐"(눅 12:54-56)고 책망하십니다.

하나님의 말씀을 대언 해야할 사명을 맡은 자는, 시대의 징조를 볼 수 있는 눈이 있어야(11-12)만 한다는 말씀인 것입니다. 그러므로 주님은 "소경이 소경을 인도하면 둘이 다 구덩이에 빠지리라"(마 15:14)고 말씀하셨던 것입니다. 참 선지자와 거짓선지자의 차이가 여기에 있는 것입니다.

① 예레미야는 "살구나무 가지"를 보았습니다. 살구나무는 다른 나무들이 아직 겨울잠을 자고 있는 동안에 꽃을 피우는 것입니다. 그러므로 살구나무에 해당하는 "솨케드"라는 말은 "깨어있다"라는 뜻이 있습니다. 예레미야는 하나님을 깨어 계시는 하나님, 모든 것을 감찰하시는 하나님, 그리하여 말씀하신 대로 이루시는 하나님으로 인식했던 것입니다.

② 예레미야는 "끓는 가마"(13)가 북에서부터 기울어져 있는 것을 보았습니다. 이는 재앙이 북방에서 일어나 이 땅의 모든 거민에게 임할(14)것을 보았던 것입니다. 참 선지자는 이를 보았기에 눈물로 경고하나, 거짓선지자는 이를 보지 못하기에 "평강하다, 평강하다"(6:14) 하고 거짓 평안을 말하였던 것입니다. 이것이 선지자 예레미야가 바라본 "시대적인 징조"였습니다.

③ 하나님께서는 예레미야가 받게 될 박해를 아셨습니다. 주님은 핍박을 받느냐, 칭찬을 받느냐로 참 선지자와 거짓선지자를 구별할 수 있다고 까지 말씀하셨습니다. "그러므로 너는 허리를 동이고 일어나 내가 네게 명한 바를 다 그들에게 고하라 그들을 인하여 두려워 말라"(17)고 거듭(8) 격려하시는 것입니다.

④ "보라 내가 오늘날 너로 그 온 땅과 유다 왕들과 그 족장들과 그 제사장들과 그 땅 백성 앞에 견고한 성읍, 쇠기둥, 놋성벽이 되게 하였은즉"(18) 하십니다. 이것이 무슨 뜻인가? "왕, 족장들, 제사장들, 백성들"이 합세하여 예레미야 선지자 한 사람을 대적할 것을 말씀합니다. 그러나 저들이 예레미야 선지자 한 사람을 파괴하려 해도 "견고한 성읍"같을 것이요, 뽑으려 해도 "쇠기둥"같이 뽑히지 않을 것이요, 넘어뜨리려 하나 "놋성벽"처럼 "그들이 너를 이기지 못하리라"(19상)는 보장의 말씀인 것입니다.

이러한 보장은 에스겔 선지자에게도 하셨습니다. "그러나 이스라엘 족속은 이마가 굳고 마음이 강팍하여 네 말을 듣고자 아니 하리니 이는 내 말을 듣고자 아니함이니라 내가 그들의 얼굴을 대하도록 네 얼굴을 굳게 하였고 그들의 이마를 대하도록 네 이마를 굳게 하였으되 네 이마로 화석보다 굳은 금강석같이 하였으니 그들이 비록 패역한 족속이라도 두려워 말며 그 얼굴을 무서워 말라"(겔 3:8-9) 하십니다. 그렇다면 주의 종들에게 있어서 "견고한 성읍, 쇠기둥, 놋성벽"은 무엇일까요? "이는 내가 너와 함께 하여 너를 구원할 것임이니라"(19하, 8)고 거듭 말씀하시는 "하나님이 함께 하심"입니다.

1장의 말씀이 오늘 이 시대에 어떻게 적용이 됩니까?

① 이 시대에 "뽑으며, 파괴하며, 파멸하며, 넘어뜨려야" 할 것들이 무엇이겠습니까? 말씀을 가지고 뽑아버려야 하고, 파하여야할 것들이 없는 시대란 존재하지 않을 것입니다. 그렇다면 우리는 말씀을 통해서 이러한 일을 하고 있습니까? 이것들을 그대로 놓아두고 건설하며 심을 수는 없는 것입니다.

② 주님께서도 "너희는 가라, 모든 족속으로 제자를 삼으라"고 우리에게 사명을 주어서 파송하시면서 "볼지어다 내가 세상 끝날 까지 너희와 항상 함께 있으리라"(마 28:20) 하고 보장해주셨습니다. 그럼에도 불구하고 우리는 얼마나 자주 두려워하고, 넘어지고, 주저앉고, 낙망합니까? "견고한 성읍, 쇠기둥, 놋성벽"이 되어주시지 않기 때문이 아니라 그 보장의 말씀을 더디 믿기 때문입니다. 하나님은 형제의 이마를 "화석보다 굳은 금강석(金剛石)같이" 해주셨습니다. 그러므로 강하고 담대히 이 사명을 감당해야만 하는 것입니다.

2장

하나님을 우상으로 바꾼 이스라엘

[5]나 여호와가 이같이 말하노라 너희 열조가 내게서 무슨 불의함을 보았관대 나를 멀리하고 허탄한 것을 따라 헛되이 행하였느냐.

2장의 내용은 1장에서 소명과, 사명을 받은 예레미야에게 주신 첫 말씀입니다. 그러므로 본 장은 예레미야서 전체를 이해하는데 중요한 역할을 합니다. 이스라엘의 죄는 크게 두 가지로 요약이 됩니다. ① 하나님을 버리고 우상을 숭배한 죄(11)와, ② 하나님을 의지하지 않고 이방(애굽과 앗수르)을 의지한 죄(18, 36)입니다. 이 둘은 결국 하나인 것입니다. 왜냐하면 이스라엘이 이방 신(25)을 섬기게 된 동기가 하나님보다 이방 나라를 의지했기 때문입니다. 즉 이방 나라가 강하고 부할 수 있는 것은 그들이 섬기는 신 때문이라는 인식에서였습니다. 하나님을 배신하고 우상을 섬긴(음행) 것, 이것이 이스라엘이 심판을 받게 된 주

된 원인입니다. 그러므로 본 장의 주제가 "하나님을 우상으로 바꾼 이스라엘"이 될 수가 있습니다. 이를 세 단원으로 나누어 상고하겠습니다.

첫째 단원(1-3) **처음 사랑을 회상케 하심**
둘째 단원(4-21) **내게서 무슨 불의함을 보았느냐**
셋째 단원(22-37) **내가 너를 심판하리라**

첫째 단원(1-3) 처음 사랑을 회상케 하심

"여호와의 말씀이 내게 임하니라 이르시되 가서 예루살렘 거민의 귀에 외쳐 말할지니라 여호와께서 이같이 말씀하시기를 네 소년 때의 우의와 네 결혼 때의 사랑 곧 씨 뿌리지 못하는 땅, 광야에서 어떻게 나를 좇았음을 내가 너를 위하여 기억하노라"(1-2).

첫 단원은 변절한 고멜과 같은 유다 백성에게 첫 사랑을 회상케 하는 내용입니다.

① 하나님은 예레미야에게 "가라" 하십니다.

② 그리고 "예루살렘 거민의 귀에 외쳐 말할지니라"(2) 하십니다. 무엇이라 외치라 하시는가?

③ "소년 때의 우의와, 결혼 때의 사랑을 기억하노라" 하십니다. 이방 신을 섬기는 저들을 일깨우기 위해서 하신 첫 말씀은 결혼 비유입니다. "결혼 때의 사랑"이란 출애굽 때를 가리키는 말씀인데 출애굽 이전, 그러니까 하나님께서 아브라함에게 세워주신 언약 하에 있었을 때를 약혼시절이라고 말한다면, 고역으로 인하여 탄식하며 부르짖는 이스라엘 자손들을 편 팔과 큰 재앙으로 구속하여 내시고 시내산에서 만나시던 때는 "소년 때의 우의와, 결혼 때의 사랑"에 비유할 만한 것입니다. 그

들은 출애굽을 통하여 하나님과 신혼살림을 차린 셈입니다.

④ "그 때에 이스라엘은 나 여호와의 성물(聖物) 곧 나의 소산 중 처음 열매가 되었나니"(3상) 하십니다. 이는 "너희는 열국 중에서 내 소유가 되겠고 너희가 내게 대하여 제사장 나라가 되며 거룩한 백성이 되리라"(출 19:5-6)를 의미합니다.

⑤ 그러므로 "그를 삼키는 자면 다 벌을 받아 재앙을 만났으리라"(3하) 하십니다. 이는 "무릇 너희를 범하는 자는 그의 눈동자를 범하는 것이라"(슥 2:8)는 말씀과 같은 뜻입니다. 하나님과 이스라엘의 처음관계가 이와 같았다는 것입니다. 이보다 귀한 대접이란 달리는 없습니다. 그들이 "소년 때의 우의와 결혼 때의 사랑"을 변함 없이 유지했다면 거룩한 나라와 소유된 백성으로서의 복된 삶을 자자손손, 길이길이 누렸을 것입니다.

너의 난 것을 말하건대

이와 같은 하나님의 극진하신 사랑이 에스겔 선지자를 통해서도 나타나고 있는데(겔 16:4-22) "너의 난 것을 말하건대" 하고 이스라엘 민족의 출신성분을 들어 말씀합니다. "네가 날 때에 네 배꼽 줄을 자르지 아니하였고 너를 물로 씻어 정결케 하지 아니하였고 네게 소금을 뿌리지 아니하였고 너를 강보로 싸지도 아니하였나니" 합니다. 이는 이스라엘의 근본과 출생 성분이 보잘것없음을 가리키는 묘사입니다. 그런 상태로 "들에 버리웠었느니라" 합니다. 그런데 임금이 그 곁을 지나다가 이 비참한 모습을 발견하게 되었다는 것입니다. 그리고 죽은 줄로 알았는데 꿈틀거리고 있더라는 것입니다. "내가 네 곁으로 지나갈 때에 네가 피투성이가 되어 발짓하는 것을 보고 네게 이르기를 너는 피투성이라도 살라 다시 이르기를 너는 피투성이라도 살라 하고"(6) 그를 데려다가 물로 씻기고 기름을 바르고 양육하기를 수놓은 옷을 입히고 가죽신을 신기고 패물을 채우고 장성한 후에는 머리에 면류관을 씌워주며 "왕후(王后)의 지위에 나아갔느니라"(7-13) 하고 그를 왕후로 삼았다고 말씀합니다. 그래서 하나님은 "나는 너희 남편임이니라"(3:14) 하시는 것입니다. 이것이 예레미야에게 말씀하시는 "소년 때의 우의와, 결혼 때의 사랑"인 것입니다.

⑥ 하나님께서 이런 비유를 들어서 말씀하심은 그렇게 하여 왕후의 지위에 오르게 된 그가 "그러나 네가 네 화려함을 믿고 네 명성을 인하여 행음하되 무릇 지나가는 자면 더불어 음란을 많이 행하므로 네 몸이 그들의 것이 되었도다" 하고 하나님의 사랑과 은혜를 배신하고 우상을 숭배하는 저들의 배은망덕을 책망하기 위해서입니다. "이런 일은 전무후무하니라"(겔 16:15-16) 하십니다.

⑦ 형제여, 신앙생활이 무미건조합니까? 부르심에 대한 감격도 없고 사명감도 잃어버렸습니까? 그럴 때는 "소년 때의 우의와, 결혼 때의 사랑"을 회상함이 도움이 됩니다. 사도 바울은 에베소 성도들에게 "그러므로 생각하라 너희는 그 때에 육체로 이방인이요 손으로 육체에 행한 할례당이라 칭하는 자들에게 무할례당이라 칭함을 받는 자들이라 그 때에 너희는 그리스도 밖에 있었고 이스라엘 나라 밖의 사람이라 약속의 언약들에 대하여 외인이요 세상에서 소망이 없고 하나님도 없는 자이더니"(엡 2:11-12) 하고 소망이 없고 비참했던 과거를 회상하게 하고 있습니다. 그런 다음에 "그러므로 이제부터 너희가 외인도 아니요 손도 아니요 오직 성도들과 동일한 시민이요 하나님의 권속이라"(엡 2:19) 하고 지금의 영광스러운 신분과 지위를 말해주고 있는 것입니다. 에베소 성도들만이 그런 것이 아닙니다. 이방인이었던 우리들이 바로 그런 처지에 있었으나 하나님께서 "양자로, 왕 같은 제사장"으로 삼아주신 것입니다. 이것이 "처음 사랑을 회상케 하시는" 하나님의 의도입니다.

둘째 단원(4-21) 내게서 무슨 불의함을 보았느냐

"나 여호와가 이같이 말하노라 너희 열조가 내게서 무슨 불의함을 보았관대 나를 멀리하고 허탄한 것을 따라 헛되이 행하였느냐"(5).

둘째 단원은 첫 사랑을 버리고 변절한 백성을 책망하시는 내용입니다.

① "무슨 불의함을 보았관대", 이 말은 "내가 네게 무슨 잘못을 했기에" 라는 뜻입니다. 31절에서도 "무슨 연고로" 내 백성이 말하기를 우리는 놓였으니 다시 주께로 가지 않겠다 하느냐고 따지고 있습니다. 미가 선지자를 통해서도 "내 백성아 내가 무엇을 네게 행하였으며 무엇에 너를 괴롭게 하였느냐 너는 내게 증거하라"(미 6:3). 도대체 무엇으로 너를 괴롭게 했단 말이냐? 하십니다. 그러므로 이는 분통이 터지는 말씀인 것입니다. 도대체 너희에게 무엇을 잘못했기에 등을 돌렸느냐고 묻고 있는 것입니다. 이 말씀을 듣는 형제의 심정은 어떠합니까? 그럼에도 불구하고 저들은 어떻게 응답했습니까?

② 하나님을 멀리(5하)했다고 말씀합니다. 이는 상대적으로 우상을 가까이했다는 말인 것입니다.

③ 하나님을 찾지를 않았다(6)고 말씀합니다. 어려운 일을 당할 때에 "여호와가 어디 계시냐" 하고 하나님께 도움을 구한 것이 아니라 우상을 찾았다는 말인 것입니다. 백성들만이 그러한 것이 아니라 "제사장들과, 법관들과, 관리들과, 선지자들도"(8) 하나님을 찾지 않았다고 말씀합니다.

④ 하나님을 우상으로 바꾸었다(11)고 말씀합니다. "어느 나라가 그 신을 신 아닌 것과 바꾼 일이 있느냐 그러나 나의 백성은 그 영광을 무익한 것과 바꾸었도다"(11) 하십니다. 깃딤에서 게달까지 사람을 보내어 이 같은 일의 유무를 자세히 살펴 보라"고 말씀합니다. 즉 이런 뜻입

니다. 이방인들은 헛된 우상을 숭배하면서도 그것을 바꾸려하지 않는다는 것입니다. 그러나 나의 백성은 “썩어지지 아니하는 하나님의 영광을 썩어질 사람과 금수와 버러지 형상의 우상으로 바꾸었다”(롬 1:23)는 것입니다. 이는 “너 하늘아 이 일을 인하여 놀랄지어다 심히 떨지어다 두려워할지어다”(12) 하신 대로 하늘이 놀라고 두려워할 일이라는 것입니다.

⑤ 하나님을 떠났다(17)고 말씀합니다.

⑥ 하나님을 버렸다(13, 19)고 말씀합니다.

⑦ 이를 요약해서 “내 백성이 두 가지 악을 행하였나니” 하십니다. 두 가지 악이란 ㉠ “생수의 근원 되는 나를 버린 것과, ㉡ 스스로 웅덩이를 판 것인데 그것은 물을 저축치 못할 터진 웅덩이니라”(13) 합니다. “생수의 근원”과, 물을 저축할 수 없는 “터진 웅덩이”를 대조해서 말씀합니다. “터진 웅덩이”란 우상숭배 즉 애굽과 앗수르를 가리킵니다. “네가 시홀의 물을 마시려고 애굽 길에 있음은 어찜이며 또 그 하수를 마시려고 앗수르 길에 있음은 어찜이뇨”(18) 하십니다.

어찌하여 하나님을 우상으로 바꾸었는가?

구약성경을 상고하다보면 도저히 이해할 수 없는 일을 대하게 되는데 그것은 구약의 성도들이 하나님을 버리고 번번이 우상을 섬겼다는 사실입니다. 어떻게 그럴 수가 있단 말인가? 그 이유를 25절 말씀에서 찾을 수가 있을 것입니다. 하나님의 간곡한 권면을 뿌리치면서 “아니라 이는 헛된 말이라 내가 이방 신을 사랑하였은즉 그를 따라 가겠노라” 하고 막무가내로 따라갔다는 것입니다. 왜 그랬을까요?

㉠ “이는 헛된 말이라”고 여겼습니다. 이런 일은 인류의 시조로부터 시작이 되었습니다. “네가 먹는 날에는 정녕 죽으리라” 하신 하나님의

말씀에 대하여 "아니라 이는 헛된 말이라" 하고 사탄을 따라갔던 것입니다. 아담 하와가 왜 하나님의 말씀보다 마귀의 유혹을 따라갔습니까? "먹음직하고 보암직도 하고 지혜롭게 할 만큼 탐스럽기도"(창 3:6) 했기 때문입니다. 바로 이것입니다. 이방(異邦)이라 하면 애굽, 앗수르, 바벨론 등을 말합니다. 그 이방들은 모두다 이스라엘보다 크고 강했습니다. 그리고 부를 누리고 있었습니다. 하나님의 백성들이 이를 "먹음직하고 보암직"한 것으로 부러워했던 것입니다. 그리고 저들의 부강은 저들이 섬기는 신이 가져다주는 것으로 여겼던 것입니다. 그리하여 이방이 누리고 있는 그 축복을 받으려고 그들의 신을 섬기게 이른 것입니다.

㉡ "이방 신을 사랑한다"고 말합니다. 즉 하나님보다 세상을 사랑했기 때문입니다. 이것이 사실이라면 이 고질적인 우상숭배가 신약의 성도들과도 무관하지 않음을 깨닫게 됩니다. 성경은 말씀합니다. "그러므로 땅에 있는 지체를 죽이라 곧 음란과 부정과 사욕과 악한 정욕과 탐심이니 탐심은 우상숭배니라"(골 3:5). 아시겠습니까? "탐심"이 우상숭배라고 말씀합니다. 그럼에도 불구하고 "아니라 이는 헛된 말이라" 하고 십자가복음보다는 "축복"을 사랑하였은 즉 그를 따라 가겠노라"고 말한다면 이는 변명의 여지가 없는 우상숭배인 것입니다.

⑧ 현대교회를 진단하는 시금석이 "내가 너를 순전한 참 종자 곧 귀한 포도나무로 심었거늘 내게 대하여 이방 포도나무의 악한 가지가 됨은 어찜이뇨"(21) 하신 말씀이라 할 수가 있습니다. "순전, 참 종자, 귀한 포도나무"라 말씀하십니다. 현대교회가 "순전한 참 종자 곧 귀한 포도"가 되었다면 우상과는 무관한 것이요, 만일 이방 포도나무의 악한 가지가 되었다면 변명의 여지가 없이 "이방 신을 사랑"한 것이 된다는 말씀입니다. "이방 포도나무의 악한 가지"란 세속화(世俗化)를 의미합니다. 우리에게 경종이 되는 것은 "왕들과 족장들과 제사장들과 선지자들"(26, 8)이 백성들의 세속화를 주도하고 있다는 점입니다. 과연 오늘

의 교회상이 주님께서 "내가 이 반석 위에 내 교회를 세우리니"(마 16:18) 하신 교회의 모습을 유지하고 있는가? 나 자신이 "내가 참 포도나무요, 너희는 가지니"(요 15:5) 하신 그리스도를 닮고 있는가? 심각히 물어야할 것입니다. 문제는 "내게서 무슨 불의함을 보았느냐" 물으시는 하나님에게 있는 것이 아니라 처음 사랑을 버린 우리에게 있는 것입니다.

셋째 단원(22-37) 내가 너를 심판하리라

"주 여호와 내가 말하노라 네가 잿물로 스스로 씻으며 수다한 비누를 쓸지라도 네 죄악이 오히려 내 앞에 그저 있으리니 네가 어찌 말하기를 나는 더럽히지 아니하였다 바알들을 좇지 아니하였다 하느냐 골짜기 속에 있는 네 길을 보라 네 행한 바를 알 것이니라" (22-23).

본 단원은 심판하시겠다는 경고입니다. "죄 때문에 멸망하는 것이 아니라 회개하지 않기 때문이라"고 말합니다. 하나님을 우상으로 바꾸었으면서도 "나는 더럽히지 아니하였다" 하고 자신의 잘못을 인정하려하지 않고 변명하고 있는 것입니다.

① 그래서 "네가 잿물로 스스로 씻으며 수다한 비누를 쓸지라도 네 죄악이 오히려 내 앞에 그저 있으리니"(22) 하십니다. 빌라도가 "물을 가져다가 무리 앞에서 손을 씻으며 가로되 이 사람의 피에 대하여 나는 무죄하다"(마 27:24)고 말한다고 해서 죄를 면할 길이 없음과 같이, 잿물과, 수다한 비누로 씻는다해도 그들이 범한 죄악은 변명의 여지가 없다는 말씀인 것입니다.

② 그런데도 "그러나 너는 말하기를 나는 무죄하니 그 진노가 참으로 내게서 떠났다"(35)고 생각하고 있었던 것입니다.

③ 그러므로 "보라 네 말이 나는 죄를 범치 아니하였다 함을 인하여 내가 너를 심판하리라"(35하)고 선고하시는 것입니다.

예루살렘이 멸망을 당한 후, 예레미야는 애가(哀歌)를 통해서 이렇게 호소하고 있습니다.

입을 티끌에 댈지어다 혹시 소망이 있을지로다
때리는 자에게 뺨을 향하여 수욕으로 배불릴지어다
이는 주께서 영원토록 버리지 않으실 것임이며
저가 비록 근심케 하시나
그 풍부한 자비대로 긍휼히 여기실 것임이라
주께서 인생으로 고생하며 근심하게 하심이
본심이 아니시로다(애 3:29-33).

그리스도와의 만남

① 하나님께서는 저들이 "생수의 근원"(13)을 버렸다고 책망하십니다. 구약성경이 말씀하고 있는 "복의 근원, 생수의 근원, 목자, 왕, 반석, 피난처, 구원자" 등은 일차적으로 하나님을 가리키는 말씀입니다. 그런데 구속사의 맥락으로 바라보면 그 하나님이 "임마누엘"하심으로 그리스도가 "생수의 근원"이 되신 것입니다. 그러므로 "생수의 근원"을 버렸다는 것은 그리스도를 배척한 것이 되는 것입니다. 실로 그리스도는 구약시대로부터 버림을 당하셨다는 말씀이 됩니다.

② 한 걸음 더 나아가 성경이 "생수의 근원"에서 생수가 솟아나게 되는 것이 어떻게 해서 가능하게 되었다고 말씀하고 있는가를 확인해보십시오. 성경은 말씀합니다. "너는 반석을 치라 그것에서 물이 나리니"(출 17:6) 하고 반석이 치심을 받음으로 가능해졌음을 알게 됩니다. 주님께

서 고난을 당하심으로 말미암아 생수는 비로소 솟아나게 되었던 것입니다(고전 10:4). 만일 이를 떠나서도 생수가 솟아날 수가 있다면 그리스도는 헛되이 죽으신 것이 됩니다.

모세는 마지막 말을 통해서 "그러한데 여수룬이 살찌고 발로 찼도다 네가 살찌매 부대하고 윤택하매 자기를 지으신 하나님을 버리며 자기를 구원하신 반석을 경홀히 여겼도다"(신 32:15) 합니다. 저들이 살찌고 부대하고 윤택하매 그 반석을 "발로 찼도다" 합니다. 그러나 하나님은 "건축자들이 버린 돌이 모퉁이의 머릿돌이 되게"(마 21:42) 하셨습니다.

결론은 분명합니다. 유다가 멸망당한 죄, 즉 하나님을 우상으로 바꾼 죄란 다름 아닌 "다른이로서는 구원을 얻을 수 없나니 천하 인간에 구원을 얻을 만한 다른 이름을 우리에게 주신 일이 없음이니라"(행 4:12) 하신 그리스도를 배척한 죄였던 것입니다. 그리고 그리스도를 배척한다면 "내가 너를 심판하리라" 하신 "심판"만이 있을 뿐입니다.

3장

돌아 오라 너희의 배역함을 고치리라

[22]배역한 자식들아 돌아 오라 내가 너희의 배역함을 고치리라.

3장의 핵심적인 말씀은 "돌아 오라"는 말씀입니다. 모두 세 번 등장하는데 "여호와께서 가라사대 배역한 이스라엘아 돌아 오라 나의 노한 얼굴을 너희에게로 향하지 아니하리라"(12), "배역한 자식들아 돌아 오라 나는 너희 남편임이니라"(14), "배역한 자식들아 돌아 오라 너희의 배역함을 고치리라(22) 하고 부르고 계십니다.

하나님은 이스라엘을 "자식들"(14, 22)이라고 부르고 있습니다. 또한 그들에게 "남편"(14, 20)이라고 말씀합니다. 아버지가 탕자와 같은 자식을 향하여, 남편이 고멜과 같은 아내를 향하여 호소하듯이 하나님을 버리고 떠나간 그들에게 예레미야 선지자를 보내셔서 "돌아 오라"고 권면

하시는 것입니다. 그러므로 본 장의 주제가 "돌아 오라 너희의 배역함을 고치리라"가 될 수가 있습니다. 이를 네 다원으로 나누어 상고하겠습니다.

첫째 단원(1-5) **내게로 돌아올 수가 있단 말이냐**
둘째 단원(6-11) **이스라엘보다 더욱 패역한 유다**
셋째 단원(12-22상) **남은 자의 구원**
넷째 단원(22하-25) **이렇게 자복하면서 돌아 오라**

첫째 단원(1-5) 내게로 돌아올 수가 있단 말이냐

"세상에서 말하기를 가령 사람이 그 아내를 버리므로 그가 떠나 타인의 아내가 된다 하자 본부가 그를 다시 받겠느냐 그리하면 그 땅이 크게 더러워지지 않겠느냐 하느니라 나 여호와가 말하노라 네가 많은 무리와 행음하고도 내게로 돌아오려느냐"(1).

① 하나님께서는 알아듣기 쉽도록 예를 들어서 말씀합니다. 간음한 연고로 버림당한 아내가 타인의 아내가 되었다 하자 이럴 경우 그 아내가 돌아온다고 해서 본 남편이 다시 받을 수가 있겠느냐고 물으십니다. 이는 신명기 24:1-4에 근거한 예입니다. 그것은 결혼의 신성(神聖)을 위해서 불가하다는 것입니다. 이스라엘이 하나님에 대하여 이와 같은 처지라는 것입니다.

② "네 눈을 들어 자산을 보라 너의 행음치 아니한 곳이 어디 있느냐"(2) 하십니다. 삼각산에 기도하러 다닌 적이 있는데 그때 보니 큰 바위 아래마다 북어가 놓여있고 촛불을 켰던 흔적들이 있었습니다. 이스라엘 백성들이 이렇게 했다는 것입니다. 그리하여 "이 땅을 더럽힘"(2

하)으로 "그러므로 단비가 그쳐졌고 늦은 비가 없어졌느니라" 하십니다. 그러고도 "창녀의 낯을 가졌으므로 수치를 알지 못하고"(3) 하나님을 "나의 아버지"(4)라고 부른다는 것입니다.

③ 이처럼 "네가 많은 무리와 행음(우상숭배)하고도 내게로 돌아오려느냐" 하십니다. 얼른 보기에는 저들은 돌아 오려하는데 하나님이 받아주지 않겠다는 것처럼 들립니다. 이점에서 학자들은 고심을 합니다. 이 말씀은 전체 문맥, 특이 22절에 의해서 해석되어져야 하는 것입니다. "불가능하고, 염치없고, 황송하지만" 돌아오라는 것입니다. 그러면 "노한 얼굴로 너를 대하지 않을 것이요(12), 너희 배역함을 고치리라"(22) 하십니다.

돌아온 탕자가 말하기를 "아버지여 내가 하늘과 아버지께 죄를 얻었사오니 지금부터는 아버지의 아들이라 일컬음을 감당치 못하겠나이다" 고 말했습니다. 그것은 사실이었습니다. 그러나 아버지는 "살진 송아지를 잡으라 우리가 먹고 즐기자 이 내 아들은 죽었다가 다시 살아났으며 내가 잃었다가 다시 얻었노라"(눅 15:21-24) 하고 종으로 삼기는커녕 잔치를 벌렸습니다. 그래서 형이 불평을 한 것입니다. 그러나 이것이 아버지의 마음이요 사랑이십니다.

④ 본문을 보시면 "그리하면(버림받은 아내를 다시 받아드리면) 그 땅이 크게 더러워지지 않겠느냐"(1중) 하십니다. 여기에 중요한 요점이 있습니다. 구약의 성도들(선민 이스라엘)도, 신약의 성도들(이방인들인 우리들)도 하나님께 대하여 간음한 창녀와 같은 자들입니다. 그런데 하나님이 이를 용납하신다면 하나님의 거룩하심과 의로우심이 크게 손상이 될 것입니다. 그러므로 하나님은 우리의 죄를 자기 아들에게 대신 정죄하시고야 용납하실 수가 있으셨던 것입니다. 이것이 "자기도 의로우시며 또한 예수 믿는 자를 의롭다 하려 하심이니라"(롬 3:26)의 뜻입니다. 하나님은 저들의 배역을 자기 아들의 피로 치료해주셨던 것입니

다. 이를 셋째 단원에서 보게 될 것입니다 만 "내가 또 내 마음에 합하는 목자를 너희에게 주리니"(15) 하시면서 복음시대에 있게 될 일(16-18)을 말씀하시는 의도가 여기에 있는 것입니다.

하나님의 은혜란, 다시 말하면 복음이란 "세상적으로"(1상) 생각할 때에 있을 수 없는 일을 있게 하는 것이요, 불가능한 것을 가능케 한 것입니다. 이를 알았기에 사도 바울은 "의인을 위하여 죽는 자가 쉽지 않고 선인을 위하여 용감히 죽는 자가 혹 있거니와" 하고 말한 후에 "곧 우리가 원수 되었을 때에 그 아들의 죽으심으로 말미암아 하나님으로 더불어 화목되었은즉"(롬 5:7-10) 하고 상식적으로는 상상도 할 수 없는 일이 일어났다고 진술하고 있습니다. "내게로 돌아올 수가 있단 말이냐", 돌아올 수 없는 것을 돌아갈 수 있게 해주신 것이 값없이 거저 주시는 은혜요 복음인 것입니다.

둘째 단원(6-11) 이스라엘보다 더욱 패역한 유다

"요시야왕 때에 여호와께서 또 내게 이르시되 네가 배역한 이스라엘의 행한 바를 보았느냐 그가 모든 높은 산에 오르며 모든 푸른 나무 아래로 가서 거기서 행음하였도다"(6).

① "네가 배역한 이스라엘의 행한 바를 보았느니라"는 말씀은 북족 이스라엘이 우상숭배를 한 것을 가리키는 말씀입니다. 이를 말씀하는 의도는 북쪽 이스라엘을 위하여 엘리야, 엘리사, 호세아 같은 선지자를 보내셔서 그토록 돌아 오라(7)고 권면하였으나 끝내 회개치 않다가 앗수르에 의하여 멸망하고 내어쫓기(포로)는 것을 남쪽 유다가 똑똑히 보았으면서도,

② "그 패역한 자매 유다가 두려워 아니 하고 자기도 가서 행음함을

내가 보았노라"(8)는 말씀을 하기 위해서입니다. 이런 뜻입니다. 앞차가 난폭 운전을 하다가 전복된 것을 보았다면 뒤차가 마땅히 정신을 차려야함에도 "여호와께서 내게 이르시되 배역한 이스라엘은 패역한 유다 보다 오히려 의로움이 나타났나니"(11) 하십니다. 즉 유다에 비하면 북쪽 이스라엘이 차라리 나은 편이라는 말씀입니다.

이점을 에스겔 선지자를 통해서는 "그 아우(유다) 오홀리바가 이것을 보고도 그 형(이스라엘)보다 음욕을 더하며 그 형의 간음함보다 그 간음이 더 심하므로 그 형보다 더 부패하여졌느니라"(겔 23:11)고 말씀하셨던 것입니다. 하나님께서는 북쪽 이스라엘이 멸망한 후에도 남쪽 유다에게 130년 정도의 회개할 기회를 주셨습니다. 이렇게 하신 의도를 "여호와께서 그 종 다윗을 위하여 유다 멸하기를 즐겨하지 아니하셨으니 이는 저와 그 자손에게 항상 등불을 주겠다고 허(언약)하셨음이더라"(왕하 8:19)고 말씀합니다. 이러한 은혜를 입었으면서도 회개하지 않는 유다는 이스라엘 보다 더욱 나쁘다고 말할 수밖에 없는 것입니다. 많이 받은 자에게는 많이 달라 하시는 것입니다.

③ "그 패역한 자매 유다가 진심으로 내게 돌아오지 아니하고 거짓으로 할 뿐이니라"(10)고 말씀합니다. 열왕기하 22-23장에 의하면 요시야 왕 때에 대대적인 개혁운동이 일어났음을 보게 됩니다. 그런데 하나님은 저들의 회개가 "진심으로 내게 돌아오지 아니하고 거짓으로 할 뿐이니라"고 말씀합니다. 진실하지 않은 회개를 호세아서에서는 "에브라임(북쪽 이스라엘)아 내가 네게 어떻게 하랴 유다야 내가 네게 어떻게 하랴 너희의 인애가 아침 구름이나 쉬 없어지는 이슬같도다"(호 6:4) 하고 비 없는 구름, 쉬 없어지는 이슬에 비유합니다. 이것이 이스라엘보다 더욱 패역한 유다의 죄입니다.

이 말씀이 우리하고도 무관하지 않습니다. 주님은 말씀합니다. "또 실로암에서 망대가 무너져 치어 죽은 열 여덟 사람이 예루살렘에 거한 모든 사람보다 죄가 더 있는 줄 아느냐 너희에게 이르노니 아니라 너희도 만일 회개치 아니하면 다 이와 같이 망하리라"(눅 13:4-5).

셋째 단원(12-22상) **남은 자의 구원**

"너는 가서 북을 향하여 이 말을 선포하여 이르라 여호와께서 가라사대 배역한 이스라엘아 돌아 오라 나의 노한 얼굴을 너희에게로 향하지 아니하리라 나는 긍휼히 있는 자라 노를 한없이 품지 아니하느니라 여호와의 말이니라"(12).

① "너는 가서 북을 향하여 이 말을 선포하라"(12상) 하심은 북쪽 이스라엘을 향하여 선포하라는 말씀으로 여겨집니다. 그런데 그들은 이미 앗수르에 의하여 멸망하고 포로로 끌려간 상태입니다. 그렇다면 이 말씀이 어떤 의미가 있는 것일까? 먼저 유념해야할 점은 유다가 이스라엘보다 더 부패했다는 절망적인 말씀을 하신(11) 다음에 이 말씀(12)이 주어졌다는 점입니다. 그리하여 남쪽 유다도 불원간 북쪽의 전철을 밟을 수밖에 없는 상황에서 주어진 것입니다. 그렇다면 이스라엘이나 유다는 멸망 받아 마땅하지만 하나님께서 주권적으로 이루어 오신 구속사역은 어찌된단 말입니까? 여기에는 하나님의 거룩하신 이름이 걸려있는 것입니다. 이것이 문제인 것입니다.

② 그러므로 본 단원은 "내가 너희를 성읍에서 하나와 족속 중에서 둘을 택하여 시온으로 데려오겠고"(14하) 하신 말씀에 의하여 해석되어져야만 합니다. "성읍에서 하나와 족속 중에서 둘"을 택하시겠다는 것은 극히 적은 수가 남게 될 것을 뜻합니다. 이점을 이사야 선지자를 통해서는 "밤나무(예를 들면 북쪽 이스라엘), 상수리나무(남쪽 유다)가 베임을 당하여도 그 그루터기는 남아 있는 것같이 거룩한 씨가 이

땅의 그루터기니라"(사 6:13)고 말씀합니다. 이는 남은 자의 구원을 의미합니다. "남은 자 곧 야곱의 남은 자가 전능하신 하나님께로 돌아올 것이라"(사 10:21) 하십니다. 하나님은 구속사역 즉 하나님의 나라건설을 이 지점에 와서 중단하시거나 포기하시지 않고 포로 중에서도 남은 자가 있게 하시고, 이 그루터기를 통해서 그리스도라는 싹을 나게 하셔서 기어코 이루시겠다는 강력한 의지를 말씀하시는 것입니다.

③ "나 여호와가 말하노라 너희가 이 땅에서 번성하여 많아질 때에는 사람 사람이 여호와의 언약궤를 다시는 말하지 아니할 것이요 생각지 아니할 것이요 기억치 아니할 것이요 찾지 아니할 것이요 만들지 아니할 것이며"(16) 하십니다. 이렇게 할 "그 때"(17상)란 언제입니까?

④ "마음에 합하는 목자를 너희에게 주리니"(15상) 하신 복음시대인 것입니다. 31:31에서는 "보라 날이 이르리니 내가 이스라엘 집과 유다 집에 새 언약을 세우리라" 하십니다. 그러므로 옛 언약(언약궤로 상징)을 다시는 말하지 아니할 것이요 하신 것입니다.

⑤ "그 때에 유다 족속이 이스라엘 족속과 동행"(18) 하리라고 하나가 될 것을 말씀합니다. 이스라엘(사마리아)과 유다(예루살렘)만이 동행하게 되는 것이 아닙니다. 그 때에는 유대인과 이방인의 막힌 담도 허시고 하나로 만드실 것입니다.

⑥ 이상에서 말씀드린 내용들이 19절에서 "내가 스스로 말하기를 내가 어떻게 하든지 너를 자녀 중에 두며" 하신 말씀 속에 함의되어 있는 것입니다. ㉠ "내가 스스로 말하기를", 그렇습니다. 인간의 구원은 두 번째입니다. 첫째는 하나님 자신을 위하여, 이름을 위하여, 영광을 위하여 이루시고야 말 것입니다. ㉡ "어떻게 하든지", 그렇습니다. 기어코 이루시고야 말 것입니다. 이것이 "남은 자의 구원"입니다.

⑦ 이러한 하나님의 선하신 뜻을 알았다면 "배역한 자식들아 돌아오라 내가 너희의 배역함을 고치리라"(22) 하시는 하나님의 부르심에

기꺼이 응하여야 하지 않겠습니까!

넷째 단원(22하-25) 이렇게 자복하면서 돌아 오라

"보소서 우리가 주께 왔사오니 주는 우리 하나님 여호와이심이니이다"(22하).

여기 간절한 기도가 있습니다.

① 우리가 주께 돌아왔다고 말합니다(22하).

② 주는 우리 하나님 여호와시라고 말합니다.

③ 우상은 다 허사라고 말합니다(23상).

④ 구원은 진실로 우리 하나님 여호와께 있다고 고백합니다(23하).

⑤ 우상숭배의 결과는 "삼킬 뿐"이라고 말합니다(24).

⑥ 열조 때부터 오늘까지 범죄했다고 자복합니다(25).

이처럼 참회하는 기도가 누구의 기도인가가 문제입니다. 백성들의 기도는 아닐 것입니다. 그래서 예레미야의 기도라고 생각들 합니다. 그럴 수도 있습니다. 그런데 첫 말씀에 "보소서 우리가 주께 왔사오니"라는 대목은 예레미야의 기도라고 하기에는 어울리지가 않습니다. 그러므로 이 기도는 "이렇게 자복하면서 돌아 오라"고 제시된 기도문이라고 여겨집니다. 하나님께서 "배역한 자식들아 돌아 오라 내가 너희의 배역함을 고치리라"고 부르시는 음성을 듣고 "보소서 우리가 주께 왔사오니" 하고 응답하라는 또 다른 초청이라는 말씀입니다.

이런 경우가 호세아서에도 있습니다. "이스라엘아 네 하나님 여호와께로 돌아 오라 네가 불의함을 인하여 엎드러졌느니라 너는 말씀을 가지고 여호와께로 돌아와서 아뢰기를 모든 불의를 제하시고 선한 바를 받으소서 우리가 입술로 수송아지를 대신하여 주께 드리리이다 우리가 앗수르의 구원을 의지하지 아니하며 말(애굽)을 타지 아니하며 다시는 우리의 손으로 지은 것을 향하여 너희는 우리 신이라 하지 아니하오리니 이는 고아가 주께로 말미암아 긍휼을 얻음이니이다 할지니라" 하고 회개할 기도를 제시해주고 있습니다. 이렇게 회개하면서 돌아오기만 한다면,

⑦ 하나님은 "내가 저희의 패역을 고치고 즐거이 저희를 사랑하리니 나의 진노가 저에게서 떠났음이니라"(호 14:1-4) 하십니다. 그러나 이 말씀을 듣고도 이스라엘은, 그리고 유다는 돌아오지 아니하였던 것입니다.

4장

내가 그들에게 심판을 베풀 것이라

[12]이보다 더 강한 바람이 나를 위하여 오리니 이제 내가 그들에게 심판을 베풀 것이라.

3장이 "배역한 자식들아 돌아 오라 내가 너희의 배역함을 고치리라"는 회개에의 초청이라면 4장은 "내가 그들에게 심판을 베풀리라"는 심판의 경고입니다. "선포하며, 공포하며, 나팔을 불라"(5) 하십니다. 이는 전쟁이 임박했다는 신호입니다. 돌아오라는 권면과 "심판을 베풀 것이라"는 경고는 손바닥의 양면과 같은 것으로 회개를 촉구하는 말씀인 것입니다. 이를 세 단원으로 나누어 상고하겠습니다.

첫째 단원(1-4) **이렇게 행하고 돌아 오라**

둘째 단원(5-18) **전쟁의 경보를 들음이로다**

셋째 단원(19-31) **슬프고 아프다**

첫째 단원(1-4) 이렇게 행하고 돌아 오라

"유다인과 예루살렘 거민들아 너희는 스스로 할례를 행하여 너희 마음 가죽을 베고 나 여호와께 속하라 그렇지 아니하면 너희 행악을 인하여 나의 분노가 불같이 발하여 사르리니 그것을 끌 자가 없으리라"(4).

3장 첫 절에서 "내게로 돌아오려느냐" 하신 하나님은 4장 첫 절에서 "네가 돌아오려거든 내게로 돌아 오라"고 말씀합니다. 돌아오려거든,

① "가증한 것을 버리고"(1하) 돌아 오라 하십니다. 이는 우상을 버리라는 말씀입니다.

② "너희 묵은 땅을 갈고 가시덤불 속에 파종하지 말라"(3하) 하십니다. 우상을 숭배하는 동안은 어떤 상태에 있었습니까? "단비가 그쳤고 늦은 비가 없어졌느니라"(3:3) 하십니다. 그런 상태가 얼마나 지속되었을까요? 그리하여 그들의 심령은 굳을 대로 굳은 "묵은 땅"이 되고 말았던 것입니다. 호세아 선지자도 "지금이 곧 여호와를 찾을 때니 너희 묵은 땅을 기경(起耕)하라"고 회개를 촉구했습니다. 그렇게만 한다면 "마침내 여호와께서 임하사 의를 비처럼 너희에게 내리시리라"(호 10:12)고 외쳤던 것입니다. 묵은 땅과 같은 심령이 옥토가 되리라는 말씀입니다. 묵은 땅을 갈라는 말은 형식적이 아닌 진실한 회개를 의미합니다. 만일 묵은 땅을 갈지 않은 체 돌아온다면 어떻게 되는가? 주님은 말씀하시기를 "가시떨기에 뿌리웠다는 것은 말씀을 들으나 세상의 염려와 재리의 유혹에 말씀이 막혀 결실치 못하는 자요"(마 13:22) 하십니다.

③ "스스로 할례를 행하여 너희 마음 가죽을 베고 나 여호와께 속하라"(4상) 하십니다. 구약성경에서 할례를 "마음 가죽을 베라"는 것으로 해석하고 있는 이런 말씀을 대할 때마다 놀라움과 부끄러움을 금할 수가 없게 됩니다. 희미한 계시 하에서도 복음의 빛을 발견하고 있기 때문

입니다. 율법의 대명사라고 말할 수 있는 모세까지도 "그러므로 너희는 마음에 할례를 행하고 다시는 목을 곧게 하지 말라"(신 10:16, 30:6)고 말씀하고 있습니다. 이런 말씀은 신령한 복음이지 의문에 속한 율법이 아닌 것입니다. 사도 바울은 말씀합니다. "할례는 마음에 할지니 신령에 있고 의문에 있지 아니한 것이라"(롬 2:29).

그럼에도 불구하고 주님 당시의 유대인들은 할례가 마치 구원에 대한 전매특허인양 자랑하며 그리스도를 배척했던 것입니다. 심지어 초대교회 내에서까지 이방인 성도들에게 복음+할례를 주어야 구원을 얻는다고 주장할 정도였습니다. 오늘의 시대는 어떠한가? "그리스도의 영광의 복음의 광채"(고후 4:4)는 가리워 진 상태로 세례 받고, 교회 출석하고, 충성하는 것만으로 구원이 보장되는 양 신약적인 의문(儀文)에 속한 모습을 하고 있지는 아니한가? 이점에서 시편 50편이 도움이 될 것입니다. "내가 너의 제물(祭物)을 인하여는 너를 책망치 아니하리니 네 번제가 항상 내 앞에 있음이로다"(시 50:8) 하십니다. 즉 형식적으로는 나무랄 대가 없다는 말씀입니다. 그들을 향해서 "하나님을 잊어버린 너희여 이제 이를 생각하라 그렇지 않으면 내가 너희를 찢으리니 건질 자 없으리라 감사로 제사를 드리는 자가 나를 영화롭게 하나니 그 행위를 옳게 하는 자에게 내가 하나님의 구원을 보이리라"(시 50:22-23) 하십니다. 감사를 잃어버린다면 이는 하나님을 잃어버린 것이라고 말씀합니다.

④ "이렇게 행하고 돌아 오라", "그렇지 아니하면 나의 분노가 불같이 발하여 사르리니 그것을 끌 자가 없으리라"(4하)고 경고합니다.

둘째 단원(5-18) 전쟁의 경보를 들음이로다

"너희는 유다에 선포하며 예루살렘에 공포하여 이르기를 이 땅에서 나팔을 불라 하며 또 크게 외쳐 이르기를 너희는 모이라 우리가 견고한 성으로 들어가자 하고"(5).

① "나팔을 불라"(5)는 말씀은 전쟁이 일어났다는 신호입니다. 아직 실제로 일어난 것은 아닙니다. 그러므로 예레미야 선지자는 "이는 나의 심령 네가 나팔소리와 전쟁의 경보를 들음이로다"(19) 하고 이미 일어난 것으로 "심령"으로 듣고 있다는 것입니다. 그래서 이를 "선포하며, 공포하며, 나팔을 불라" 외칠 수가 있었던 것입니다.

② "내가 북방에서 재앙과 큰 멸망으로 이르게 할 것임이니라" (6) 하십니다. 이는 바벨론에 의한 침공을 의미합니다. 이 점이 사실적으로 묘사되어 있습니다.

③ 사자가 수풀에서 올라 왔다(7)고 말씀합니다.

④ 뜨거운 바람(11)이라고 말씀합니다.

⑤ 더 강한 바람(12)이라고 말씀합니다.

⑥ 구름 같이 올라오나니(13상) 합니다.

⑦ 그 병거는 회리바람 같고 그 말들은 독수리보다 빠르다(13하)고 말씀합니다.

⑧ "그 날에 왕과 방백들은 실심(失心)할 것이며 제사장들은 놀랄 것이며 선지자들은 깜짝 놀라리라"(9) 하십니다.

⑨ 그리하여 "내가 가로되 슬프도소이다 주 여호와여 주께서 진실로 이 백성과 예루살렘을 크게 속이셨나이다 이르시기를 너희에게 평강이 있으리라 하시더니 칼이 생명에 미쳤나이다"(10)고 말하게 되리라는 것입니다. 이 말은 예레미야가 하나님께 하는 말처럼 들리지만 거짓선지자들이 하나님의 이름을 빙자하여 "평강하다, 평강하다"(6:14) 한 말

을 빗대서 하는 말인 것입니다. 거짓선지자란 하나님의 이름으로 백성을 "속이는" 자인 것입니다. 에스겔서에서는 "여호와께서 말씀하셨다고 하는 자들이 허탄한 것과 거짓된 점괘를 보며 사람으로 그 말이 굳게 이루기를 바라게 하거니와 여호와가 보낸 자가 아니라"고 말씀합니다. 그들은 "내 백성을 유혹하여 평강이 없으나 평강이 있다 함이라 혹이 담을 쌓을 때에 그들이 회칠을 하는도다"(겔 13:6, 10)고 말씀합니다. 우리는 하나님의 말씀을 대언할 때에 담에 회칠을 하듯이 말하고 있지는 아니한가? 숙연한 마음으로 돌이켜보게 합니다.

⑩ 북방에서 재앙과 큰 멸망이 이르게 되는 까닭은 "이는 그가 나를 거역한 연고니라 여호와의 말이니라 네 길과 행사가 이 일들을 부르게 하였나니 이는 너의 악함이라 그 고통이 네 마음에까지 미치느니라"(17-18) 하십니다. 이것이 "전쟁의 경보를 들음이로다"입니다.

셋째 단원(19-31) 슬프고 아프다

"슬프고 아프다 내 마음 속이 아프고 내 마음이 답답하여 잠잠할 수 없으니 이는 나의 심령 네가 나팔소리와 전쟁의 경보를 들음이로다"(19).

전쟁의 경보를 들은 예레미야 선지자의 슬픔과, 창자가 끊어지듯 하는 고통의 토로(吐露)입니다. 23-26에는 "본즉"이라는 말이 다섯 번이나 나옵니다. 그는 전쟁의 경보만 들은 것이 아니라 전쟁의 실상을 바라보았던 것입니다.

① "내가 땅을 본즉 혼돈하고 공허하며"(23상),

② "하늘들을 우러른즉 거기 빛이 없으며"(23하) 합니다. 전쟁의 참화가 얼마나 비참했던지 마치 천지창조 이전의 상태, 즉 천지개벽을 한

것 같았다는 말입니다.

③ "내가 산들을 본즉 진동하며 작은 산들도 요동하며"(24),

④ "내가 본즉 사람이 없으며 공중의 새가 다 날아갔으며"(25),

⑤ "내가 본즉 좋은 땅이 황무지가 되었으며 그 모든 성읍이 여호와의 앞 그 맹렬한 진노 앞에 무너졌으니"(26) 합니다.

예레미야 선지자가 "슬프고 아픈 마음"을 가지고 하나님의 말씀을 선포할 수가 있었던 것은 경보를 "듣고", 닥쳐올 참상을 "바라보았기" 때문입니다. 이는 무엇을 의미하느냐 하면 자신이 예언하는 말씀이 이미 이루어진 사실을 보듯이 그대로 믿었음을 의미합니다.

이 말씀을 대하면서 자문하게 되는 것은 이 시대에 세움 받은 우리들도 "평강하다, 평강하다" 하면서 성도들을 "크게 속이고"(10) 있지는 아니한가? "너희가 이 시기를 알거니와 자다가 깰 때가 벌써 되었으니"(롬 13:11) 하신 자명종(自鳴鐘)의 "경보"(警報)를 듣지를 못하고 있는 것은 아닌가? 과연 우리는 시대의 징조를 보고 있는가? 예루살렘의 멸망에 비할 바가 아닌 최후심판과 지옥형벌을 외치면서 예레미야나 바울이 맛보았던 슬픔과 아픔의 마음을 가지고 "마음이 답답하여 잠잠할 수 없는"(19) 그런 심정으로 증거하고 있는가? 자문하지 않을 수가 없습니다.

5장

보수하지 않겠느냐

[9]나 여호와가 이르노라 내가 어찌 이 일들을 인하여 벌하지 아니하겠으며 내 마음이 이런 나라에 보수하지 않겠느냐.

5장에는 "이런 나라에 보수하지 않겠느냐"는 말씀이 두 번(9, 29) 나옵니다. 4장의 주제가 "내가 그들에게 심판을 베풀리라" 하셨는데 본 장에서는 심판의 당위성(當爲性)을 말씀하고 있는 것입니다. 소돔에서는 "내가 십 인을 인하여도 멸하지 아니하리라"(창 18:32) 하셨는데 하나님의 성이요 거룩한 도성이라 자부하는 예루살렘에서는 "공의를 행하며 진리를 구하는 자를 한 사람이라도 찾으면 내가 이 성을 사하리라"(1) 하십니다. 이런 지경에 이르렀다면 "내가 어찌 이들을 인하여 벌하지 아니하겠으며 내 마음이 이런 나라에 보수하지 않겠느냐"고 물으시는 것입니다. 이를 두 단원으로 나누어 상고하겠습니다.

첫째 단원(1-9) **한 사람이라도 찾으면 사하리라**

둘째 단원(10-30) **내가 진멸치는 아니하리라**

첫째 단원(1-9) 한 사람이라도 찾으면 사하리라

"너희는 예루살렘 거리로 빨리 왕래하며 그 넓은 거리에서 찾아보고 알라 너희가 만일 공의를 행하며 진리를 구하는 자를 한 사람이라도 찾으면 내가 이 성을 사하리라".

① "한 사람이라도 찾으면 내가 이 성을 사하리라" 하십니다. 이는 예루살렘 도성이 얼마나 부패하였는가를 단적으로 말해주고 있는 것입니다. 그렇다고 착각해서는 아니 됩니다. 당시에도 제사장들도 있었고, 선지자들도 있었으며(31), 성전에서는 예배가 드려지고(7:2) 있었다는 사실입니다.

② 그러나 "그들이 여호와의 사심으로 맹세할지라도 실상은 거짓 맹세니라"(2) 하십니다. 이는 저들의 신앙이, 예배가, 외식적(7:9-10)이었음을 나타내는 말씀인 것입니다. 예레미야는 예루살렘의 거리를 왕래하면서 공의를 행하며 진리를 구하는 자를 찾아보려고 합니다.

③ 그는 먼저 "비천하고 우준한"(4) 자들이 사는 곳에 가보았습니다. 그러나 그들은 "여호와의 길, 자기 하나님의 법을 알지를 못하고" 있었습니다.

④ 그래서 "내가 귀인들에게 가서 그들에게 말하리라"(5) 하고 자칭 "여호와의 길, 자기 하나님의 법을 안다 하는" 귀족들이 모여 사는 곳으로 가보았습니다. 그러나 "그들도 일제히 그 멍에를 꺾고 결박을 끊은지라" 합니다. 그들도 하나님의 말씀을 들으려하지 않았다는 것입니다. 그들은 비천한 자들과는 달리 배가 부르기 때문에 우상숭배에다가 "창

기의 집에 허다히 모여 행음"(7)하는 죄까지를 범하고 있었습니다. 그들을 가리켜 "살지고 두루 다니는 수말" 같다고 말씀합니다. 하나님은 "한 사람이라도 찾으면 사하리라" 말씀하셨지만 예레미야는 한 사람도 찾을 수가 없었습니다.

⑤ 이 지경에 이르렀다면 "나 여호와가 이르노라 내가 어찌 이 일들을 인하여 벌하지 아니하겠으며 내 마음이 이런 나라에 보수하지 않겠느냐"(9) 하십니다.

둘째 단원(10-31) 내가 진멸치는 아니하리라

"너희는 그 성벽에 올라가 훼파하되 다 훼파하지 말고 그 가지만 꺾어 버리라 여호와의 것이 아님이니라"(10).

본 단원에서도 저들의 죄악상에 대한 고발은 계속됩니다.

① "그들이 여호와를 인정치 아니했다"(12)고 말씀합니다.

② "선지자들을 바람이라 말씀이 그들의 속에 있지 아니한즉"(13) 했다는 것입니다. 이는 하나님의 말씀을 마이동풍(馬耳東風)격으로 흘려버렸음을 의미합니다.

③ 하나님께서는 저들이 흘려버린 예레미야 선지자의 말을 "내가 네 입에 있는 나의 말로 불이 되게 하고 이 백성으로 나무가 되게 하리니 그 불이 그들을 사르리라"(14) 하십니다.

④ 하나님은 저들의 무지(無知)를 바다의 파도만도 못하다고 통탄해하십니다. "내가 모래를 두어 바다의 계한(界限)을 삼되 그것으로 영원한 계한을 삼고 지나치지 못하게 하였으므로 파도가 흉용하나 그것을 이기지 못하며 뛰노나 그것을 넘지 못하느니라"(22) 하십니다.

⑤ "그러나 너희 백성은 배반하며 패역하는 마음이 있어서 이미 배

반하고 갔으며"(23) 하십니다. 즉 파도는 그 한계를 지키고 있는데 하나님의 백성들은 넘어서는 아니 될 그 한계를 이미 넘었다는 것입니다.

⑥ "이 땅에 기괴하고 놀라운 일이 있도다"(30) 하십니다. "이 땅에는 기막힌 일, 놀라 기절할 일"(공동번역)이 있다는 것입니다. 그것이 무엇일까요? "선지자들은 하나님의 말씀인양 거짓말을 하고, 제사장들은 강포로 다스리고, 백성들은 도리어 그것을 좋다고 하니 그러다가 끝내는 너희가 어찌하려느냐"(31), 이것이 기괴하고 놀라운 일이 아니고 무엇이겠습니까?

⑦ "내가 이 일들을 인하여 벌하지 아니하겠으며 내 마음이 이 같은 나라에 보수하지 않겠느냐 여호와의 말이니라"(29) 하십니다.

⑧ 하나님은 선언합니다. "나 여호와가 말하노라 이스라엘 족속아 보라 내가 한 나라를 원방(遠方)에서 너희에게 오게 하리니 곧 강하고 오랜 나라이라 그 방언을 네게 알지 못하며 그 말을 네가 깨닫지 못하느니라"(15) 하십니다. 이는 바벨론을 들어서 예루살렘을 심판하실 것을 의미합니다.

⑨ 그런 중에서도 "나 여호와가 말하노라 그 때에도 내가 너희를 진멸치는 아니 하리라"(18) 하십니다. 여기에 본 단원의 핵심이 있습니다. 10절에서도 "너희는 그 성벽(성에 비한다면)에 올라가 훼파하되 다 훼파하지 말고 (포도나무에 비한다면) 그 가지만 꺾어 버리라 여호와의 것이 아님이니라" 하십니다. 4:27에서도 "이는 여호와의 말씀에 이 온 땅이 황폐할 것이나 내가 진멸하지는 아니할 것이며" 하십니다. 여기에 소망이 있는 것입니다.

예레미야 선지자는 훗날 회상하기를 "중심에 회상한즉 오히려 소망이 있사옴은 여호와의 자비와 긍휼이 무궁하심으로 우리가 진멸되지 아니함이니이다"(애 3:21-22)고 회상하고 있습니다. 포로에서 귀환한 후에도 기도하기를 "우리의 악한 행실과 큰 죄로 인하여 이 모든 일을 당하였사오나 하나님이 우리 죄악보다 형벌을 경하게 하시고 이만큼 백성을 남겨 주셨사오니"(스 9:13) 하고 하나님의 자비와 긍휼을 찬양했던 것입니다.

바울 사도는 선민 유대인들이 그리스도를 배척함으로 버림을 당하는 이율배반 앞에 큰 근심과 고통이 있었습니다. 그런 중에 "이사야가 이스라엘에 관하여 외치되 이스라엘 뭇 자손의 수가 비록 바다의 모래 같을지라도 남은 자만 구원을 얻으리니"(롬 9:27) 하신 남은 자의 교리를 깨닫고는 안위를 받았던 것입니다. 그리하여 "그런즉 이와 같이 이제도 은혜로 택하심을 따라 남은 자가 있느니라"(롬 10:5)고 증거했습니다. 이것이 "내가 진멸치는 아니하리라" 하신 하나님의 긍휼입니다.

형제여, 현대교회에서는 진정 "기괴하고 놀라운 일이" 벌어지지 않기를 간절히 소원합니다. 어느 시대나 "은혜로 택하심을 따라 남은 자가" 있음을 믿으시기 바랍니다.

6장

옛적 길을 알아보고 그리로 행하라

[16]여호와께서 이같이 말씀하시되 너희는 길에 서서 보며 옛적 길 곧 선한 길이 어디인지 알아보고 그리로 행하라 너희 심령이 평강을 얻으리라 하나 그들의 대답이 우리는 그리로 행치 않겠노라 하였으며.

6장의 핵심은 "옛적 길을 알아보고, 그리로 행하라"는 데 있습니다. 옛적 길이란 아브라함과 이삭과 야곱과 모세와 다윗이 어떻게 믿었으며 어떻게 행하였는가 그 길이 "옛적 길"인 것입니다. 이를 알아보고 그대로 행하라 하십니다. 이는 만고불변의 진리입니다. 그 후손들이 멸망당할 처지에 이른 것은 다름이 아니라 이 옛적 길을 버렸기 때문입니다.

"예루살렘 중에서 피난하라, 나팔을 불라, 기호(봉화)를 들라 재앙과 큰 파멸이 북방에서 엿보아 옴이니라 아름답고 묘한 딸 시온을 내가 멸절하리니"(1-2) 합니다. 이것이 옛적 길을 버린 결과입니다. 그리고 "옛적 길을 알아보고 그리로 행하라" 하심은 오늘 이 시대가 더욱 그러합니다. 여기에 예레미야서가 우리에게 주는 메시지가 있는 것입니다. 이를 두 단원으로 나누어 상고하겠습니다.

첫째 단원(1-15) **이는 벌받을 성이라**
둘째 단원(16-30) **우리는 듣지 않겠노라**

첫째 단원(1-15) 이는 벌받을 성이라

"베냐민 자손들아 예루살렘 중에서 피난하라 드고아에서 나팔을 불고 벧학게렘에서 기호를 들라 재앙과 큰 파멸이 북방에서 엿보아 옴이니라"(1).

"나팔을 불고, 기호를 들라"는 말은 전쟁이 일어났다는 신호입니다. "재앙과 큰 파멸은 북방"으로부터 오게 된다고 말씀합니다. 22절에서도 "여호와께서 이같이 말씀하시되 보라 한 민족이 북방에서 오며 큰 나라가 땅 끝에서부터 떨쳐 일어나나니" 합니다. 이 계시는 첫 장에서 "북에서부터 기울어져 있는 끓는 가마"(1:13)로 보여주셨습니다. 하나님께서 바벨론을 들어서 심판하실 것에 대한 거듭된 경고인 것입니다.

① 하나님은 예루살렘을 가리켜 한마디로 "이는 벌받을 성이라"(6) 하십니다. 어찌하여 "터가 높고 아름다워 온 세계가 즐거워함이여 큰 왕의 성 곧 북방에 있는 시온산"(시 48:2)이 벌받을 성으로 전락하고야 말았단 말인가?

② "예루살렘아 너는 훈계를 받으라 그리하지 아니하면 내 마음이 너를 싫어하고 너로 황무케 하여 거민이 없는 땅을 만들리라"(8) 하십니다.

③ "보라 그 귀가 할례를 받지 못하였으므로 듣지 못하는도다 보라

여호와의 말씀을 그들이 자기에게 욕으로 여기고 이를 즐겨 아니하니"(10) 하십니다. 선지자가 슬프고 아픈(4:19) 마음으로 권면하는 말을 그들은 욕으로 여겼다고 말씀합니다.

④ "이는 그들이 가장 작은 자로부터 큰 자까지 다 탐남하며 선지자로부터 제사장까지 다 거짓을 행함이라"(13) 하십니다. 선지자나 제사장이 "거짓을 행함이라" 하심을 명심해야만 합니다. 그들이 범한 거짓이 무엇이란 말인가?

⑤ "그들이 내 백성의 상처를 심상히 고쳐주며 말하기를 평강하다, 평강하다"(14)고 말했다는 것입니다. 이것이 거짓이었다는 것입니다. 의사로 말한다면 악성 종양이 온 몸에 퍼져가고 있는데 이를 진찰하여 수술하려고 는 하지 않고 "괜찮습니다, 괜찮습니다" 하는 식이란 말입니다. 그들은 환자에게 듣기 좋은 말만하여 영합했던 것입니다. 이점을 5:31에서는 "선지자들은 거짓을 예언하며, 내 백성은 그것을 좋게 여기니"(5:31) 하고 말씀합니다. 그렇다면 닥쳐올 심판을 경고하는 예레미야의 말은 "욕으로 여기고"(10), 평강하다 하는 거짓말은 축복으로 여겼다는 말이 됩니다.

⑥ "그들이 가증한 일을 행할 때에 부끄러워하였느냐 아니라 조금도 부끄러워 아니 할 뿐 아니라 얼굴도 붉어지지 않았느니라 그러므로 그들이 엎드러지는 자와 함께 엎드러질 것이라 내가 그들을 벌하리니 그 때에 그들이 거꾸러지리라 여호와의 말이니라"(15) 하십니다.

하나님께서 예레미야 선지자를 통하여 지적하신 네 가지 증상이 현대교회와는 무관하다고 말할 수가 있단 말인가? ㉠ "훈계"를 받습니까? ㉡ 책망을 하면 반발하고 욕으로 여기고 있지는 아니합니까? ㉢ 그래서 설교자는 회중에게 영합하여 거짓을 말하고 있지는 아니합니까? ㉣ 오늘의 병적인 증상을 심상(尋常)한 것으로 여기고 있지는 아니합니까? 형제여, 잘못을 저지르고 얼굴이 붉어지는 것을 본 기억이 언제입니까? "부끄러워하고, 얼굴이 붉어지기는커녕" 도리어 대적하는 것을 보게 됩니다. 이 거대한 도시 서울은 "벌받을 성"은 아닙니까?

둘째 단원(16-30) 우리는 듣지 않겠노라

"내가 또 너희에게 파숫군을 세웠으니 나팔소리를 들으라 하나 그들의 대답이 우리는 듣지 않겠노라 하였도다"(17).

본 단원에서도 "딸 내 백성이 굵은 베를 두르고 재에서 굴며 독자를 잃음같이 슬퍼하며 통곡할지어다 멸망시킬 자가 홀연히 우리에게 올 것임이니라"(26) 하고 멸망의 경고는 계속되고 있습니다. 그런 중에서도 멸망을 피할 수 있는 두 가지 처방을 제시하고 있는데 그것이 16-17입니다. 그러므로 이를 주목해보아야만 합니다.

① "여호와께서 이같이 말씀하시되 너희는 길에 서서 보며"(16상) 하십니다. 가던 길(어그러진 길)을 멈춰라. 그리고 서서 자신을 살펴보라는 말입니다.

② "옛적 길 곧 선한 길이 어디인지 알아보고 그리로 행하라"(16중) 하십니다. "옛적 길"이란 묘사가 중요합니다. 18:15에서도 "대저 내 백성은 나를 잊고 허무한 것에게 분향하거니와 이러한 것들은 그들로 그 길 곧 그 옛길에서 넘어지게 하며 곁길 곧 닦지 아니한 길로 행케 하여"라고 저들의 잘못이 옛길에서 벗어나 딴 길로 접어들었기 때문임을 지적하고 있습니다.

"옛적 길"이란 믿음의 조상들이 행하던 진리의 길인 것입니다. "네 소년 때의 우의와 네 결혼 때의 사랑"(2:2)을 가리킵니다. 유월절 어린양의 피로 구속함을 받아 홍해를 육지처럼 건너던 그 길인 것입니다. "여호와께서 그들 앞에 행하사 낮에는 구름기둥으로 그들의 길을 인도하시고 밤에는 불기둥으로 그들에게 비취사 주야로 진행하게 하시던"(출 13:21) 그 길인 것입니다. "새 길, 새로운 말씀, 새로운 진리"란 없습니다. "너희는 사도들(신약)과 선지자들(구약)의 터 위에 세우심을 입은 자라 그리스도 예수께서 친히 모퉁이 돌이 되셨느니라"(엡 2:20) 하신 "이 닦아 둔 것 외에 능히 다른 터를 닦아 둘 자가 없다"(고전 3:11)고 단언합니다. 저들은 이 옛 길을 버렸던 것입니다. ㉠ 가던 길을 멈추고, ㉡ 옛적 길이 어디인지 알아보고 그리로 행하라 이것이 잘못을 바로잡는 방도입니다.

③ "옛적 길을 알아보고 그리로 행하라" 하시나 "그들의 대답이 우리는 그리로 행치 않겠노라 하였다"(16하)는 것입니다.

④ "내가 또 너희 위에 파숫군을 세웠으니 나팔소리를 들으라"(17상) 하십니다. 나팔을 불고 있는 파숫군이란 선지자를 가리킵니다. 하나님은 그 소리에 귀를 기울이라고 말씀합니다. 문제는 소리가 다른 두 나팔소리가 울리고 있다는데 있습니다. "재앙과 큰 파멸이 북방에서 옴이라"(1)고 외치는 소리와, "평강하다, 평강하다"(14)고 외치는 소리입니다. 백성들이 어느 나팔을 좋게 여기며 환영했을 것인가는 시대는 바뀌어도 동일한 것입니다.

⑤ "나팔소리를 들으라" 하시나 "그들의 대답이 우리는 듣지 않겠노라 하였도다"(17하) 하십니다.

⑥ 그래서 "땅이여 들으라"(19상) 하십니다. 이사야 선지자도 "하늘이여 들으라 땅이여 귀를 기울이라 여호와께서 말씀하시기를 내가 자식을 양육하였거늘 그들이 나를 거역하였도다"(사 1:2)고 탄식했던 것입니다. 자식이, 백성들이 듣지를 않으니까 하늘보고, 땅보고 들으라고 외치는 선지자의 심정이 어떠했겠습니까?

⑦ 그러므로 "이 백성에게 재앙을 내리리니 이것이 그들의 생각의 결과라 그들이 내 말을 듣지 아니하며 내 법을 버렸음이니라"(19하) 하

십니다.

⑧ 여기 유념해야할 말씀이 있는데 "시바에서 유향과 원방에서 향품을 내게로 가져옴은 어찜이뇨 나는 그들의 번제를 받지 아니하며 그들의 희생을 달게 여기지 않겠노라"(20)는 말씀입니다. 저들이 우상을 숭배했다는 말씀을 대하면서 하나님께 드리는 의식(儀式)을 폐한 양 여기기가 쉽습니다 만 아닙니다. 저들은 하나님께 드리기 위하여 시바의 좋은 유향과, 더 멀리 원방까지 가서 향품을 가져오는 열심을 내기도 했다는 것입니다.

⑨ 그러나 옛적 길을 벗어난 "그들의 번제를 받지 아니하며 희생제물을 달게 여기지 않노라"(20하) 하십니다. ㉠ 이사야 선지자를 통해서는 "너희가 내 앞에 보이러 오니 그것을 누가 너희에게 요구하였느뇨 내 마당만 밟을 뿐이니라 헛된 제물을 다시 가져오지 말라 분향은 나의 가증히 여기는 바요 월삭과 안식일과 대회로 모이는 것도 그러하니 성회와 아울러 악을 행하는 것을 내가 견디지 못하겠노라 내 마음이 너희의 월삭과 정한 절기를 싫어하나니 그것이 내게 무거운 짐이라 내가 지기에 곤비하였느니라"(사 1:12-14)고 말씀합니다.

㉡ 말라기 선지자를 통해서는 "만군의 여호와가 이르노라 너희가 내 단 위에 헛되이 불사르지 못하게 하기 위하여 너희 중에 성전 문을 닫을 자가 있었으면 좋겠도다 내가 너희를 기뻐하지 아니하며 너희 손으로 드리는 것을 받지도 아니하리라"(말 1:10) 하십니다. 그럼에도 불구하고 저들은 자신들의 예배를 하나님이 기쁘심으로 열납하시는 줄로 여겼으며 자신들의 신앙이 잘못되었음을 전연 알지 못하고 충성하는 줄로 여기고 있었던 것입니다. 왜 그러했습니까? 하나님의 말씀을 맡은 자들이 "백성의 상처를 심상히 고쳐주며 평강하다, 평강하다"하고 거짓을 말했기 때문입니다.

⑩ 결론은 "사람들이 그들을 내어버린 은이라 칭하게 될 것은 나 여

호와가 그들을 버렸음이니라"(30) 하십니다. 저들이 하나님을 버린 줄로 여기고 있으나 아닙니다. 하나님은 버림을 당하실 그런 분이 아니십니다. 결국 자신들이 하나님께 버림을 당하고 마는 것입니다. 하나님의 말씀, 곧 옛적 길을 버리면 그 결과는 하나님께 버림을 당한다는 것, 이것이 본 장이 현대교회를 향하여 외치는 나팔소리입니다. 어찌하겠습니까? 하나님의 말씀을 욕으로 여기면서 "우리는 그리로 행치 않겠노라, 우리는 듣지 않겠노라"(16-17) 할 것입니까? 그래도 "평강하다, 평강하다"는 낙관적이고 긍정적인 말만 할 것입니까?

7장

무익한 거짓말을 의뢰하지 말라

[3]만군의 여호와 이스라엘의 하나님이 이같이 말씀하시되 너희 길과 행위를 바르게 하라 그리하면 내가 너희로 이곳에 거하게 하리라.

본 장에서 예레미야 선지자는 실로 충격적인 말을 하고 있습니다. 성전 문에 서서 예배하러 들어가는 자들을 향하여 "이것이 여호와의 전이라 하는 거짓말을 믿지 말라"(4) 하고 외치고 있는 것입니다. 얼마나 엄청난 말입니까? 이 말씀은 5:1과의 대조적인 관점에서 고찰해야만 합니다. 예루살렘 넓은 거리를 빨리 왕래하면서 공의를 행하며 진리를 구하는 자가 한 사람이라도 있는가 찾아보라고 말씀하시던 하나님께서(5:1) 이번에는 예레미야 선지자에게 예루살렘 성전 문에 서서 여호와께 경배하러 들어가는 사람들을 향하여 "너희는 이것이 여호와의 전이라 여호와의 전이라 여호와의 전이라 하는 거짓말을 믿지 말라"(4) 하고 선포하라 명하신 것입니다. 어쩌다 예루살렘 도성이 이지경이 되고 말았는가?

그럼에도 불구하고 선지자나 제사장들은 "말하기를 평강하다, 평강하다"(6:14) 하고 거짓말을 했던 것입니다. 이 거짓말을 믿지 말라는 것입니다. 생각해보면 백성들이 참 선지자의 말보다는 거짓선지자들의 말을 믿은 데는 그럴만한 이유가 있었습니다. 첫째는 성전이 있었기 때문에 "평강"할 것을 믿었습니다. 둘째는 성전 안에 법궤가 있었기 때문에 "평강"할 것을 믿었던 것입니다. 지금의 우리들이 그 시대에 살고 있었다해도 하나님의 성전이 있는 예루살렘 도성이 "멸망하리라" 하는 부정적인 말보다는 "평강하리라" 하는 긍정적인 말을 믿었을 것이 아니겠습니까? 이점을 세 단원으로 나누어 상고하겠습니다.

첫째 단원(1-11) **성전을 의뢰하지 말라**
둘째 단원(12-20) **법궤를 의뢰하지 말라**
셋째 단원(21-34) **내 목소리를 들으라**

첫째 단원(1-11) 성전을 의뢰하지 말라

"여호와께로서 예레미야에게 말씀이 임하니라 가라사대 너는 여호와의 집 문에 서서 이 말을 선포하여 이르기를 여호와께 경배하러 이 문으로 들어가는 유다인아 다 여호와의 말씀을 들으라"(1-2).

하나님의 말씀은 무조건적으로 "이것이 여호와의 전이라" 하는 것이 거짓말이라고 말씀하고 있지 아니합니다. 또한 "이것이 여호와의 전이라 하는 거짓말을 믿지 말라"는 말을 먼저 하고 있지도 아니합니다.

① "만군의 여호와 이스라엘의 하나님이 이같이 말씀하시되 너희 길과 행위를 바르게 하라"(3상) 하십니다. 5절에서도 "길과 행위를 참으

로 바르게 하면" 하십니다. "길"이란 하나님과의 관계, 즉 6:16에서 말씀한 옛적 길을 의미합니다. 그러나 그들은 "바알에게 분향하며, 다른 신들을 좇음"(9)으로 어그러진 길로 가고 있었던 것입니다. "행위"란 사람과의 관계, 즉 "이웃들 사이에 공의를 행하며"(5하)를 뜻합니다. 그러므로 "이방인과 고아와 과부를 압제하지 말며 무죄한 자의 피를 이곳에서 흘리지 아니하며"(6상) 하고 말씀하시는 것입니다. 이처럼 죄는 크게 두 가지로 나타나게 됩니다. 이것이 "경건치 않음과 불의"(롬 1:18)입니다.

② "그리하면 내가 너희로 이 곳에 거하게 하리라"(3하) 하고 말씀합니다. "거하게 하시겠다"는 말씀을 먼저하고 있습니다. 7절에서도 "내가 너희를 이곳에 거하게 하리니 곧 너희 조상에게 영원 무궁히 준 이 땅에니라" 하고 말씀하십니다. 그렇게 되면 "이것이 여호와의 전"이 된다는 뜻이 됩니다. 하나님께서는 그들을 좇아내시려고 애굽으로부터 이곳으로 인도하여 내신 것이 아니라 거하게 하시려고 인도해 내셨습니다. 그리고 경계하시기를 "너희는 나의 모든 규례와 법도를 지켜 행하라 그리하여야 내가 너희를 인도하여 거하게 하는 땅이 너희를 토하지 아니하리라"(레 20:22) 하셨으나 이제 토해낼 지경에 이른 것입니다.

③ 만일 "길과 행위를 바르게 하지 아니하면" "에브라임 온 자손을 좇아냄같이 내 앞에서 너희를 좇아내리라"(15) 하십니다. "거하게 될 것이냐?, 좇아냄을 당할 것이냐?"

④ "내 이름으로 일컬음을 받는 이 집이 너희 눈에는 도적의 굴혈로 보이느냐"(11) 하십니다. 언제나 중요한 것은 포장이 아니라 내용물인 것입니다. 아무리 황금보석으로 꾸민 성전이라 하여도 그곳에 "도적질하며 살인하며 간음하며 거짓 맹세하며 바알에게 분향하며 너희의 알지 못하는 다른 신들을 좇는"(9) 사람들이 우글거리는 곳이라면 그곳은 다름 아닌 "도적의 굴혈"에 지나지 않았던 것입니다. "도적의 굴혈"이라는

말도 교훈적인 묘사로만 보아서는 부족합니다. "도적질하고 죽이고 멸망시키려는"(요 10:10) 사탄의 소굴이 되게 한다는 영적인 의미가 있는 것입니다. 주님 당시를 보십시오. 예루살렘 성전은 그리스도를 죽이려는 음모를 꾸미고 있는 사탄의 소굴이 되어 있었던 것입니다.

⑤ 그러면서도 뻔뻔스럽게도 "내 이름으로 일컬음을 받는 이 집에 들어와서, 우리가 구원을 얻었나이다 하느냐"(10)고 책망하십니다.

⑥ 예루살렘 성전이 여호와의 전이 아니던가? 그런데 어찌하여 이것이 "거짓말"이라고 말하라 하시는가? 그들은 하나님 자신(말씀)을 믿고 있는 것이 아니라 성전이 있기 때문에 안전하리라 하고 건물을 의뢰하고 있었기 때문입니다. 거짓선지자들은 히스기야 왕 당시에 앗수르 왕 산헤립이 예루살렘을 침공해 왔다가 "이 밤에 여호와의 사자가 나와서 앗수르 진에서 군사 십 팔만 오천을 친지라 아침에 일찍이 일어나 보니 다 송장이 되었더라"(왕하 19:35)는 역사적인 사실을 들어서 "평강하다, 평강하다"고 말했을 것입니다. 그러나 당시는 대대적인 회개운동이 전개되어 하나님과 바른 관계에 있었던 상황이었고, 지금은 "만일 공의를 행하며 진리를 구하는 자를 한 사람이라도 찾으면 내가 이 성을 사하리라"(5:1)고 말씀하시는 형편인 것입니다. 저들은 성전이라는 건물을 믿을 것이 아니라 길과 행위를 바르게 하여 하나님을 의뢰했어야만 옳았습니다. 하나님께서는 일찍이 솔로몬에게 "나의 계명과 법도를 지키지 아니하고 가서 다른 신을 섬겨 그것을 숭배하면 내가 이스라엘을 나의 준 땅에서 끊어 버릴 것이요 내 이름을 위하여 내가 거룩하게 구별한 이 전(殿)이라도 내 앞에서 던져 버리리라"(왕상 9:6-7)고 경고하셨던 것입니다.

⑦ 성전에는 "번제단, 물두멍, 속죄소" 등이 있습니다. 여기서 번제와 속죄제 등을 드렸습니다. 그런데 이것이 여호와의 전이 아니게 된 결정적인 요인은 그렇게 하면서 바알에게 분향도 했기 때문입니다. 이는 성

소를 통한 메시아 언약을 부인하는 행위였던 것입니다. 그렇다면 이는 이미 여호와의 전이라고 말할 수는 없는 것입니다.

⑧ 결론적으로 "길과 행위를 참으로 바르게 하는"(5) 것만이 이곳에 거하게 되는 길이요, 성전 건물이 안전을 보장하는 것은 아니라는 말씀인 것입니다.

당신은 지금 무엇을 의지하고 내가 "구원을 얻었나이다"(10) 말하고 있습니까? 지금도 성전이라고 말하고 있는 예배당 건물입니까? 세례입니까? 주일을 성수 했다는 예배의식입니까? 직분입니까? 그런 것들을 의뢰하고 있다면 그것은 "무익한 거짓말"(8)이 될 수가 있습니다. 구원은 "나는 길이요" 하신 오직 예수 그리스도에게만 있는 것입니다.

둘째 단원(12-20) **법궤를 의뢰하지 말라**

"너희는 내가 처음으로 내 이름을 둔 처소 실로에 가서 내 백성 이스라엘의 악을 인하여 내가 어떻게 행한 것을 보라"(12).

하나님께서는 "실로에 가서, 보라" 하십니다. 이 시점(時點)에 "실로"를 언급하시는 의도가 무엇일까요?

① 부패한 엘리 제사장 당시 하나님께서 저들의 죄악을 징벌하시기 위하여 블레셋군의 손에 붙이신 때가 있었습니다. 그러자 장로들은 "길과 행위를 바르게" 할 생각은 하지 않고 "어찌하여 우리로 오늘 블레셋 사람 앞에 패하게 하셨는고 여호와의 언약궤를 실로에서 우리에게로 가져다가 우리 중에 있게 하여 그것으로 우리를 우리 원수들의 손에서 구원하게 하자"(삼상 4:3) 하고 언약궤로 막아보려 하였다가 빼앗겼던 비극적인 사실을 상기시키기 위해서인 것입니다. 저들의 말을 유념하십시오. 사시는 하나님을 의뢰하고 있었던 것이 아니라 "그것으로 우리를

원수들의 손에서 구원하게 하자" 하고 "그것"이라는 법궤를 의지하고 있었던 것입니다.

② 그 후로 법궤는 다시는 실로로 돌아가지 않았으며, 예레미야 당시는 실로는 폐허만 남아있었을 뿐입니다. 지금 상황이 그때와 유사하기 때문에 "실로에 가보라"고 말씀하시는 것입니다.

③ 그러므로 하나님께서는 이사야 선지자를 통하여 "보라 주 만군의 여호와께서 예루살렘과 유다의 의뢰하며 의지하는 것을 제하여 버리시되"(사 3:1) 하심같이 저들이 의뢰하고 있는 "성전과, 법궤"를 없이하시려는 것입니다. 바벨론에 의하여 성전이 불타고 난 이후로 법궤의 행방을 아는 사람은 없었습니다. 마치 모세를 장사한 후 "오늘까지 그 묘를 아는 자 없으니라"(신 34:6)는 말씀과도 같습니다.

④ "내가 너희에게 말하되 새벽부터 부지런히 말하여도 듣지 아니하였고 너희를 불러도 대답지 아니하였느니라 그러므로 실로에 행함같이 너희가 의뢰하는 바 내 이름으로 일컬음을 받는 이 집 곧 너희와 너희 열조에게 준 이곳에 행하겠고 내가 너희 모든 형제 곧 에브라임 온 자손을 쫓아냄같이 내 앞에서 너희를 쫓아내리라"(13-15) 하십니다. 에브라임은 북 왕국의 열 지파를 일컫는 말입니다. 그들은 앗수르로 쫓겨났고, 유다는 바벨론으로 쫓겨날 위기에 직면해 있는 것입니다. 왜 그러합니까? 하나님 중심이 아니라 성전 중심, 하나님을 의뢰하는 것이 아니라 예배의식을 믿고 있었기 때문입니다.

⑤ "그런즉 너는 이 백성을 위하여 기도하지 말라 그들을 위하여 부르짖어 구하지 말라 내게 간구하지 말라 내가 너를 듣지 아니하리라"(16) 하십니다. 이 말씀은 예레미야에게 하신 말씀입니다. 이 백성을 위하여 "기도하지 말라, 구하지 말라, 간구하지 말라" 하심은 그동안 예레미야가 이 백성을 위하여 많은 기도와 간구로 부르짖어 구하였다는 것을 말해주고 있습니다. 그러나 이제는 구하지 말라는 것입니다. 왜냐

하면 저들의 죄악이 너무나 깊어서 "만회할 수 없는"(대하 36:16) 지경에 이르렀기 때문입니다. 이러한 말씀을 듣는 예레미야의 심정이 어떠했겠습니까? "여호와께서 내게 이르시되 모세와 사무엘이 내 앞에 섰다 할지라도 내 마음은 이 백성을 향할 수 없나니 그들을 내 앞에서 쫓아 내치라"(15:1) 하십니다.

⑤ 하나님은 "법궤를 의뢰"하고 있는 그들을 향해 "그러므로 주 여호와 내가 이같이 말하노라 보라 나의 진노와 분한을 이곳에 부으리니"(20) 하고 선언하십니다.

셋째 단원(21-34) 내 목소리를 들으라

"오직 내가 이것으로 그들에게 명하여 이르기를 너희는 내 목소리를 들으라 그리하면 나는 너희 하나님이 되겠고 너희는 내 백성이 되리라 너희는 나의 명한 모든 길로 행하라 그리하면 복을 받으리라 하였으나"(23).

① 본 단원의 중심점은 하나님이 원하시는 것이 오직 무엇인가를 말씀하고 있습니다. "오직 내가 이것으로 그들에게 명하여 이르기를 너희는 내 목소리를 들으라" 하십니다. 그러나 그들은 "청종치 아니했다"고 말씀합니다. 네 번이나 강조되어 있는데 "그들이 청종치 아니하며 귀를 기울이지도 아니하고"(24) 합니다. 26절에서도 "너희가 나를 청종치 아니하며 귀를 기울이지 아니하고 목을 굳게 하여 너희 열조보다 악을 더 행하였느니라" 하십니다. 하나님은 예레미야에게 "네가 그들에게 이 모든 말을 할지라도 그들이 너를 청종치 아니할 것이요 네가 그들을 불러도 그들이 네게 대답지 아니하리니"(27) 하십니다. 그러므로 그들을 가리켜 "너희는 너희 하나님 여호와의 목소리를 청종치 아니하며 교훈을

받지 아니하는 국민이라"(28)고 규정합니다.

② "교훈을 받지 아니하는 국민"을 향해 하나님은 "새벽부터 부지런히"(13) 말씀하셨으며 "애굽 땅에서 나온 날부터 오늘까지 내가 내 종 선지자들을 너희에게 보내었으되 부지런히 보내었다"(25)고 말씀합니다. 그러나 그들은 청종치 아니하였습니다.

③ 그들은 "청종치 아니한" 것만이 아니라 적극적으로 예배 대상을 우상으로 바꾸어버렸다는 것입니다. "내 이름으로 일컬음을 받는 집에 그들의 가증한 것(우상)을 두어 집을 더럽혔으며 힌놈의 아들 골짜기에 도벳 사당을 건축하고 그 자녀를 불에 살랐나니"(30-31) 하십니다. 이로 보건대 그들은 하나님도 섬기며 우상도 숭배했음을 알 수가 있습니다.

이를 왕하 17:33을 통해서 볼 수가 있습니다. "이와 같이 저희가 여호와도 경외하고 또한 어디서부터 옮겨왔든지 그 민족의 풍속대로 자기의 신들도 섬겼더라" 말씀하고 있습니다. 이러한 일은 어느 시대에나 있어 왔습니다. 이것이 혼합종교(混合宗教)입니다. 이점은 예레미야 당시보다 오늘이 더 심각한 상태라 할 것입니다. 스님이 성당에 와서 강론을 하고, 신부가 절에 가서 축사를 하는 시대를 살아가고 있습니다. 신학교 학장이 기독교 밖에도 구원이 있다고 공공연히 말하고 있습니다. 하나님의 말씀이 혼잡 되게 될 때(고후 2:17) 혼합종교가 되고 마는 것입니다.

④ 그리고 그 종말은 "살륙의 골짜기라 칭하리니"(32) 하신 멸망이 있을 뿐입니다.

⑤ 그들을 향하여 하나님께서는 "너희 희생의 번제물을 먹으라"(21) 하십니다. 이는 두려운 말씀인 것입니다. 왜냐하면 번제는 하나님께 온전히 드리는 헌신의 제사이기 때문에 인간이 먹을 수가 없는 것인데 "번제물을 먹으라" 하시기 때문입니다. 이런 뜻입니다. 너희들이 드리는

번제를 나는 받지 않겠다 너희나 "처먹으라"(공동번역).

⑥ 이런 문맥에서 23절은 핵심이 되는 말씀입니다. 하나님께서 그들의 열조를 애굽에서 인도하여 내실 때에 원하신 바는 제물이 아니라 "오직, 너희는 내 목소리를 들으라"(23상)는 것만을 명했다고 말씀합니다. 그러나 ㉠ "청종치 아니하며"(24상), ㉡ "등을 내게로 향하고"(24하), ㉢ "애굽 땅에서 나온 날부터 오늘까지", ㉣ 그리고 너희가 "너희 열조보다 악을 더 행하였느니라"(25-26) 하십니다. 그렇다면 청종해야 할 하나님의 명이 무엇입니까?

⑦ "그리하면 나는 너희 하나님이 되겠고 너희는 내 백성이 되리라"(23중)는 말씀을 통해서 깨닫게 됩니다. "너희 하나님, 나의 백성", 이는 예레미야서(31:1, 33, 32:38)뿐만이 아니라 성경 전체를 통해서도 핵심적인 주제입니다. 바로의 종이었던 저들이 어떻게 해서 하나님의 백성이 되었습니까? "너희를 구속하여 너희로 내 백성을 삼고 나는 너희 하나님이 되리라"(출 6:6-7) 하신 "구속"으로 말미암아 가능해진 것입니다. 그런데 저들을 구속한 유월절양은 그림자로 제시된 것일 뿐입니다. 성경은 말씀합니다. "그가(그리스도) 우리를 대신하여 자신을 주심은 모든 불법에서 우리를 구속하시고 우리를 깨끗하게 하사 선한 일에 열심 하는 친 백성이 되게 하려 하심이니라"(딛 2:14).

⑧ 그러므로 "너희는 나의 명한 모든 길로 행하라 그리하면 복을 받으리라"(23하) 하신 "복 받는 길"은 메시아언약을 믿고, 하나님의 백성답게 거룩한 삶을 살아가는 것임을 깨닫게 됩니다. 그런데 저들이 하나님의 말씀을 청종치 아니하고 우상을 숭배했다는 것은, 하나님이 이루어주시려는 메시아언약을 배척한 것임을 깨달아야만 하는 것입니다. "아시겠습니까? 주일성수, 십일조, 금식기도 같은 예배의식을 지킴으로 "우리가 구원을 얻었나이다"(10)고 자위하지 맙시다. 구원은 오직 예수 그리스도의 구속으로 말미암아서 뿐입니다. 그리고 오늘의 예배당을 가

리켜 "이것이 여호와의 전이라, 여호와의 전이라, 여호와의 전이라"고 말한다면 그것은 무익한 거짓말입니다.

여호와의 전은 예수 그리스도의 구속으로 말미암아 "너희 몸은 너희가 하나님께로부터 받은 바 성령의 전인 줄을 알지 못하느냐"(고전 6:19) 하신 형제의 몸입니다. 나아가 구원 얻은 성도들의 공동체인 교회가 하나님의 성전인 것입니다.

8장

딸 내 백성이 치료를 받지 못함은 어찜인고

[22]길르앗에는 유향이 있지 아니한가 그 곳에는 의사가 있
지 아니한가 딸 내 백성이 치료를 받지 못함은 어찜인고.

8장은 "여호와가 말하노라 그 때에"(1상) 이렇게 시작이 됩니다. 이는 앞 장 마지막에서 "그 때에 내가 유다 성읍들과 예루살렘 거리에 기뻐하는 소리, 신부의 소리가 끊쳐지게 하리니 땅이 황폐하리라"(7:34) 하신 바벨론에 의하여 예루살렘이 멸망 받게 될 때를 가리키는 말씀입니다. 8장에서는 "그 때"의 참상이 어떠함을 경고하고 있는 것입니다.

이처럼 계속적으로 두려운 심판을 경고하는 중에 심판 당할 유대인들을 "딸 내 백성"이라는 애칭으로 네 번(11, 19, 21, 22)이나 부르고 있습니다. "딸 내 백성이 상하였으므로 나도 상하여 슬퍼하며 놀라움에 잡혔도다"(21)고 말씀합니다. 이는 예루살렘의 멸망을 경고하되 가슴이

미여지는 아픔을 맛보면서 눈물로 경고하고 있음을 나타내주고 있습니다. 그렇다면 어찌하여 "딸 내 백성"이 멸망 즉 죽게 되었는가? 이는 약이 없어서도 아니요, 의사가 없기 때문도 아니라(22)고 말씀합니다. 선지자나 제사장들이 "딸 내 백성의 상처를 심상히 고쳐주며 말하기를 평강하다, 평강하다"(11) 하고 거짓말을 하고 있기 때문이라는 것입니다.

그러므로 8장의 주제가 "딸 내 백성이 치료를 받지 못함은 어찜인고"가 될 수가 있습니다. 이를 세 단원으로 나누어 상고하겠습니다.

첫째 단원(1-3) **그 때의 참상(慘狀)**
둘째 단원(4-17) **고집하고 돌아오지 않는 백성**
셋째 단원 (18-22) **선지자의 탄식**

첫째 단원(1-3) 그 때의 참상

"나 여호와가 말하노라 그 때에 사람들이 유다 왕들의 뼈와 그 방백들의 뼈와 제사장들의 뼈와 선지자들의 뼈와 예루살렘 거민의 뼈를 그 묘실에서 끌어내어".

본 단원은 그 때의 참상을 두 가지 일을 들어서 말씀하는 내용입니다.

① 먼저 죽은 자의 뼈도 무사치는 못할 것이라고 말씀함으로 "그 때의 참상"을 상징적으로 묘사하고 있습니다. 대적들이 무덤을 파헤쳐서 죽은 자들의 뼈를 묘실에서 끌어내어 "그 뼈가 거두이거나 묻히지 못하여 지면에서 분토같을 것"(2하)이라고 말씀합니다. 아모스 2:1에 의하면 모압 왕이 에돔을 정복하고는 왕의 뼈를 불살라 회를 만들었다는 내용이 있습니다. 이는 산 자를 모욕하는 것보다 더한 최대의 모욕이었던 것입니다.

㉠ 그토록 모욕을 당할 대상자들을 보면 "왕, 방백, 제사장, 선지자" 들를 들고 있는데 이들은 지도자 계급입니다. "딸 내 백성이 치료를 받지 못하고" 멸망을 당하게 한 일차적인 책임이 이들에게 있음을 나타내 주고 있는 것입니다. ㉡ 이점을 예레미야 애가에서는 "네 선지자들이 네게 대하여 헛되고 어리석은 묵시를 보았으므로 네 죄악을 드러내어서 네 사로잡힌 것을 돌이키지 못하였도다"(애 2:14)고 말씀하고 있습니다. 주님께서도 종교지도자들을 향해 "화 있을진저 외식하는 서기관들과 바리새인들이여 너희는 천국 문을 사람들 앞에서 닫고 너희도 들어가지 않고 들어가려 하는 자도 들어가지 못하게 하는도다"(마 23:13) 하고 그들의 책임이 화(禍)를 받아 마땅함을 책망하셨습니다. ㉢ 그런데 "예루살렘 거민의 뼈를 그 묘실에서 끌어내어"(1하) 하고 예루살렘 거민도 맨 나중에 언급하고 있는데 이는 지도자를 잘못 만난 백성들의 슬픔을 나타내는 것으로 여겨집니다.

② 다음으로 "이 악한 족속의 남아 있는 자"(3상) 즉 죽지 않고 살아남은 자들의 참상을 말합니다. 한마디로 "사는 것보다 죽는 것을 원하리라"(3하) 하십니다. 계시록 9:6에 보면 "그 날에 사람들이 죽기를 구하여도 얻지 못하고 죽고 싶으나 죽음이 저희를 피하리로다" 라는 묘사가 있습니다. 이것이 "그 때의 참상"입니다. 이 이상 그 때의 참상을 달리 표현할 말이 무엇이 있겠습니까?

③ 하나님의 백성이 어찌하여 이런 비참한 상태에 빠지게 되는가? "그들의 사랑하며 섬기며 순종하며 구하며 경배하던 해와 달과 하늘의 뭇 별"(2상) 이라는 말에서 찾을 수가 있는 것입니다. 누구를 "사랑하며, 섬기며, 순종하며, 구하며, 경배했다"는 것입니까? 하나님께 가 아닙니다. 일월성진(日月星辰)의 우상에게 그리하였다는 것입니다.

둘째 단원(4-17) 고집하고 돌아오지 않는 백성

"너는 또 그들에게 말하기를 여호와의 말씀에 사람이 엎드러지면 어찌 일어나지 아니하겠으며 사람이 떠나갔으면 어찌 돌아오지 아니하겠느냐"(4).

하나님은 그들이 "고집하고 돌아오지 않는" 잘못을 두 가지 비유를 들어서 설명합니다.

① 전장(戰場)에서 죽을 줄도 모르고 앞을 향하여 달려나가는 말과 같다(6하)고 말씀합니다. 전장을 향하여 달리는 말처럼 앞만 보고 돌진하는 것이 필요한 때도 있을 것입니다 만, 신앙생활이란 때로는 자신이 달려온 길을 뒤돌아다보며 곁길로 잘못 들지는 않았는가? 방향이 옳은가? 하고 궤도수정을 해야만 안전한 것입니다. 하나님께서는 그들을 향해 "골짜기 속에 있는 네 길(우상을 숭배하던)을 보라"(2:23) 하십니다. "뒤돌아 보라"고 말씀하시는 것입니다. 이런 의미에서 예레미야서에는 "길"에 대한 경계의 말씀이 많이 나옵니다. 40회 이상 나옵니다. "길을 바꾸었다"(2:36)고 경고합니다. "길을 굽게 하였다"(3:21)고 경계하십니다. "여호와의 길을 알지 못한다"(5:4-5)고 책망하십니다.

② 또한 철새 비유를 들어서 말씀합니다. "학, 반구, 제비, 두루미"(7) 등은 철새들인데 떠나 갔다가도 "그 올 때를 지키거늘 내 백성은 여호와의 규례를 알지 못하도다"(7하) 하고 떠나간 후로 고집하고 돌아오지 않는 딸 내 백성을 책망을 하십니다.

③ "그들이 거짓을 고집하고 돌아오기를 거절하도다"(5하) 하심을 유념해야만 합니다. 예루살렘 백성이 "거짓을 고집하고" 있다는 뜻이 무엇을 의미하는 것일까요? ㉠ "참으로 서기관의 거짓 붓이 거짓 되게 하였나니"(8하) 하고 그 원인이 어디에 있는가를 지적합니다. 서기관이란 하나님의 말씀을 맡아 기록하고 해석하고 교훈 하는 자입니다. 이들

이 거짓 교훈을 하고 있기 때문에 백성들이 "거짓을 고집하고 돌아오기를 거절"하는 원인이 여기에 있다는 것입니다. ㉡ 그러면서도 서기관들은 말하기를 우리에게는 "지혜가 있고, 율법이 있다"(8상)고 가장 진실인양 백성들을 오도(誤導)했던 것입니다.

④ 하나님은 "그들이 나 여호와의 말을 버렸으니 그들에게 무슨 지혜가 있으랴"(9) 하시면서 "수욕을 받으며 경황 중에 잡히리라"고 경고하십니다. 주님께서 일곱 번이나 "화 있을진저" 하고 저주하신 대상이 다름 아닌 "서기관들과 바리새인들"(마 23:13)이었음을 상기할 필요가 있습니다.

⑤ "선지자로부터 제사장까지 다 거짓을 행함이라"(10하) 하고 지적합니다.

⑥ "그들이 딸 내 백성의 상처를 심상히 고쳐 주며 말하기를 평강하다, 평강하다"(11) 하고 거짓말을 하고 있기 때문에 딸 내 백성이 거짓을 고집하고 돌아오지 않는 원인이 여기에 있다는 것입니다. "선생 된 우리가 더 큰 심판 받을 줄을 알라"(약 3:1) 하심은 시대를 초월한 경고인 것입니다.

⑦ "여호와께서 말씀하시되 내가 그들을 진멸 하리니"(13) 하십니다.

⑧ 14-17은 진멸 당할 그 때에 가서야 잘못을 깨닫게 되고, 속은 줄을 알게 되리라는 그런 뜻입니다. ㉠ "우리가 여호와께 범죄 하였으므로"(14), ㉡ "우리가 평강을 바라나 좋은 것이 없으며"(15) 하고 평강하다, 평강하다 한 거짓말에 속은 것을 알게 되리라는 것입니다. ㉢ "놀라움뿐이로다"(15하)고 말합니다. 그 놀라움뿐인 광경이 16-17인데 바벨론의 군사들을 "뱀과 독사"에 비하여 "너희를 물리라 하시도다" 합니다. 이것이 "고집하고 돌아오지 않는 백성"이 받을 마지막입니다.

셋째 단원(18-22) **선지자의 탄식**

"슬프다 나의 근심이여 어떻게 위로를 얻을 수 있을까 나의 중심이 번뇌하도다"(18).

① 본 단원은 예레미야의 탄식입니다. "딸 내 백성이 상하였으므로 나도 상하여 슬퍼하며 놀라움에 잡혔도다"(21)고 말씀합니다. 예레미야는 9:1에서는 "어찌하면 내 머리는 물이 되고 내 눈은 눈물 근원이 될꼬 그렇게 되면 살육 당한 딸 내 백성을 위하여 주야로 곡읍하리로다"고 말하고 있습니다. 애가(哀歌)에서는 "무릇 지나가는 자여 너희에게는 관계가 없는가 내게 임한 근심 같은 근심이 있는가"(1:12)고 묻고 있습니다. 이 말씀을 대하면서 내게도 이러한 슬픔과 상한 마음을 가지고 이 말씀을 상고하고 있는가? 아니면 지나가는 한 과객(過客)에 불과한 것은 아닌가 생각하게 합니다. 사도 바울도 "내게 큰 근심이 있는 것과 마음에 그치지 않는 고통이 있는 것을"(롬 9:2) 양심과 성령이 증거하는 바라고 말씀합니다.

② "딸 내 백성이 심히 먼 땅에서 부르짖는 소리로다"(19) 하고 바벨론에서 부르짖게 될 것을 듣고 있는 것입니다. 그들은 이르기를 "여호와께서 시온에 계시지 아니한가 그 왕이 그 중에 계시지 아니한가" 어찌하여 자신들을 버리셨는가 하고 슬피 부르짖을 것을 내다보고 있는 것입니다.

③ "추수 때가 지나고 여름이 다하였으나 우리는 구원을 얻지 못한다 하는도다"(20) 하고 절망에 빠지게 될 것을 바라보고 있습니다. 실제로 그들은 이렇게 부르짖었던 것입니다.

하나님이여 주께서 어찌하여 우리를 영원히 버리시나이까
어찌하여 주의 치시는 양을 향하여 진노의 연기를 발하시나이까

옛적부터 얻으시고 구속하사 주의 기업의 지파로 삼으신
주의 회중을 기억하시며 주의 거하신 시온산도 생각하소서,
주의 대적이 주의 회중에서 훤화하며 자기 기를 세워 표적을 삼았나이다
저희는 마치 도끼를 들어 삼림을 베는 사람 같으니이다
이제 저희가 도끼와 철퇴로 성소의 모든 조각품을 쳐서 부수고
주의 성소를 불사르며 주의 이름이 계신 곳을 더럽혀 땅에 엎었나이다(시 74:1-7).

예레미야 선지자는 그들이 이렇게 부르짖게 될 소리를 들으면서 슬픔과 놀라움에 탄식하고 있는 것입니다.

④ 하나님은 부르짖는 그들을 향해서 "어찌하여 그 조각한 신상과 이방의 헛된 것들로 나를 격노케 하였는고"(19하) 하고 우상숭배가 근본 원인임을 말씀하십니다. 구약의 성도들이 징벌을 받은 우상숭배! 신약의 성도들하고는 무관하단 말인가? 아닙니다. 성경은 말씀합니다. "이 세상이나 세상에 있는 것들을 사랑치 말라 누구든지 세상을 사랑하면 아버지의 사랑이 그 속에 있지 아니하리니, 탐심은 우상숭배니라"(요일 2:15, 골 3:5).

⑤ 결론에 이르러 선지자는 "길르앗에는 유향이 있지 아니한가 그곳에는 의사가 있지 아니한가 딸 내 백성이 치료를 받지 못함은 어찜인고"(22) 하고 탄식합니다. 그렇다면 유향은 무엇이며 의사는 누구란 말인가? "저가 말씀을 보내어 저희를 고치사 위경에서 건지시는도다"(시 107:20) 하고 치료하는 유향이 "말씀"임을 밝히고 있습니다. 이로 보건대 "딸 내 백성의 상처를 심상히 고쳐 주고 있는" 당시의 선지자들은 돌팔이 의사요, "배역한 자식들아 돌아오라 내가 너희의 배역함을 고치리라"(3:22)하시는 하나님의 말씀이 양약(良藥)임을 깨닫게 됩니다.

그리고 궁극적인 말씀과 의사는 예수 그리스도이십니다. 의사가 없고 약이 없어서 죽는다면 체념할 수도 있을 것입니다. 그러나 "길르앗에는 유향이 있지 아니한가 그 곳에는 의사가 있지 아니한가", 그런데도 치료를 거부하고 있다면 선지자는 탄식할 수밖에 없는 것입니다.

9장

녹이고 연단하리라

만군의 여호와께서 이같이 말씀하시되 보라 내가 내 딸 백
성을 어떻게 처치할꼬 그들을 녹이고 연단하리라.

9장도 죄를 책망하고 심판을 경고하는 내용입니다. 죄를 책망하는 것은 불의를 미워하기 때문이며, 심판을 경고하고 있는 것은 그래도 "내 딸 백성"을 사랑하기 때문입니다. 그러므로 하나님께서는 "내가 내 딸 백성을 어떻게 처치할꼬 그들을 녹이고 연단하리라" 하십니다. 이는 저들을 심판하시는 의도가 어디에 있는가를 보여주시는 대목입니다. 그렇게 해서라도 "자기 의견에 선한 대로 다른 그릇을 만들어"(18:4) 보시겠다는 것입니다. 그러므로 9장의 주제가 "녹이고 연단하리라"가 될 수가 있습니다. 이를 세 단원으로 나누어 상고하겠습니다.

첫째 단원(1-9) **죽이는 살과 같은 혀**

둘째 단원(10-22) **열국 중에 헤치리라**

셋째 단원(23-26) **하나님이 원하시는 것**

첫째 단원(1-9) 죽이는 살과 같은 혀

"그들의 혀는 죽이는 살이라 거짓을 말하며 입으로는 그 이웃에게 평화를 말하나 중심에는 해를 도모하는도다"(8). 여호와께서 말씀하시되 그들이 활을 당김같이 그 혀를 놀려 거짓을 말하며 그들이 이 땅에서 강성하나 진실하지 아니하고 악에서 악으로 진행하며 또 나를 알지 아니하느니라"(3).

① 예레미야 선지자는 "어찌하면 내 머리는 물이 되고 내 눈은 눈물 근원이 될꼬 그렇게 되면 살육 당한 딸 내 백성을 위하여 주야로 곡읍하리로다"(1)고 비탄(悲歎)해합니다. 선지자가 이처럼 비탄해함은 두 가지 면에서입니다. 첫째는 "딸 내 백성"이 살육(1하) 당할 것에 대한 비탄입니다. 둘째는 "딸 내 백성"의 패역(2하) 즉 죄를 슬퍼함에서 오는 비탄입니다. 이는 마치 "이 의인이 저희 중에 거하여 날마다 저 불법한 행실을 보고 들음으로 그 의로운 심령을 상하니라"(벧후 2:8) 하심과 같습니다.

② 그러므로 "어찌하면 내가 광야에서 나그네의 유할 곳을 얻을꼬 그렇게 되면 내 백성을 떠나가리니 그들은 다 행음하는 자요 패역한 자의 무리가 됨이라"(2) 하고 괴로워하는 것입니다. 이로부터 약 500년 후 주님은 예루살렘 "성을 보시고 우시며 가라사대 너도 오늘날 평화에 관한 일을 알았더면 좋을 뻔하였거니와 지금 네 눈에 숨기웠도다 날이 이를지라 네 원수들이 토성을 쌓고 너를 둘러 사면으로 가두고 또 너와 및 그 가운데 있는 네 자식들을 땅에 메어치며 돌 하나도 돌 위에 남기

지 아니하리니"(눅 19:41-44) 하시면서 눈물을 흘리셨던 것입니다. 이런 점이 예레미야로 하여금 주님의 인격을 가장 닮은 선지자라는 말을 듣게 하고 있습니다. 그러나 예레미야는 "내 백성을 떠나가리니" 하였으나 주님은 "예루살렘을 향하여 앞서서 가시더라"(눅 19:28) 합니다. 왜 그렇게 하셨습니까? 저들의 죄를 대신 담당하기 위해서입니다. 선지자가 슬퍼하며 우는 사회는 병든 사회입니다. 그 병의 근본 원인은 어디에 있을까요?

③ 본문을 보시면 "나를 알지를 아니하느니라"(3)고 말씀하고, "나 알기를 싫어하느니라"(6)고 말씀하고 있습니다. 하나님의 백성들이 하나님을 알지 않을 뿐만 아니라, 알기를 "싫어한다"는 데 병의 근본적인 원인이 있었던 것입니다. 이점을 호세아서에서는 "내 백성이 지식이 없으므로 망하는도다 네가 지식을 버렸으니 나도 너를 버려 내 제사장이 되지 못하게 할 것이요 네가 네 하나님의 율법을 잊었으니 나도 네 자녀들을 잊어버리리라"(호 4:6)고 말씀하고 있습니다. 그러므로 호세아 선지자는 "이스라엘아 네 하나님 여호와께로 돌아 오라. 너는 말씀을 가지고 여호와께 돌아 오라"(호 14:1-2)고 호소했던 것입니다. 신학이란 하나님을 아는 것으로 시작이 됩니다. 성경은 다름 아닌 하나님을 알게 하는 자기계시입니다.

④ 그렇다면 누가 백성들에게 하나님을 알게 해줄 것입니까? "지혜가 있어서 이 일을 깨달을 만한 자가 누구며 여호와의 입의 말씀을 받아서 광포할 자가 누구인고"(12) 하고 찾고 계십니다. 하나님을 알게 할 책임이 "여호와의 말씀"(12중)을 맡은 그 시대에 세움 받은 말씀의 사역자들에게 있습니다. 이것이 그들의 사명인 것입니다.

⑤ 그런데 다시 본문을 보시면 "그 혀를 놀려서 거짓을 말하며"(3), "그 혀로 거짓말하기를 가르치며"(5), "그들의 혀는 죽이는 살이라 거짓을 말하며 입으로는 그 이웃에게 평화를 말하나 중심에는 해를 도모

하는도다"(8)라고 말씀함을 보게 됩니다. "여호와의 말씀을 받아서 광포"(12중)해야할 자들의 혀가 거짓을 말하고 있다는 것입니다. 그러므로 "온전히 속이며"(4중), "그들은 각기 이웃을 속이며"(5상) 하고 속이고 있다고 말씀합니다.

⑥ 그런데 속이는데 머무는 것이 아니라 "그들의 혀는 죽이는 살이라"(8)고 말씀하고 있음을 주목해야만 합니다. 3절에서는 활을 당김 같이 그 혀를 놀려 거짓을 말하며"(3) 했는데, 8절에서는 "죽이는 살이라"고 말씀하는 것입니다. 그 입은 활과 같고, 그 입에서 나오는 말은 "살"과 같은데 죽이는 살 곧 독약이 묻은 살이라는 무서운 말씀인 것입니다. 그래서 백성들이 멸망하게 되었다는 말씀인 것입니다. 거짓 된 교훈이 얼마나 가공할 만한 결과를 낳게 되는 가를 보여주는 대목입니다.

이사야 선지자도 유다의 멸망을 경고하면서 "이 유다 사람들도 포도주를 인하여 옆 걸음 치며 독주로 인하여 비틀거리며 제사장과 선지자도 독주로 인하여 옆 걸음 치며 포도주에 빠지며 독주로 인하여 비틀거리며 이상을 그릇 풀며 재판할 때에 실수하나니"(사 28:7) 하고 잘못된 가르침을 "독주"(毒酒)에다 비하고 있습니다.

본문 앞에 선 현대교회의 모습은 어떠합니까? 하나님의 말씀을 대언해야할 입이 거짓을 말하여, 성도들을 온전히 속이며, 그리하여 그 입에서 나오는 말이 죽이는 살과 같은 것은 아닌가 돌이켜 보아야만 할 것입니다.

둘째 단원(10-22) 열국 중에 헤치리라

"여호와께서 말씀하시되 이는 그들이 내가 그들의 앞에 세운 나의 법을 버리고 내 목소리를 청종치 아니하며 그대로 행치 아니하고 그 마음의 강퍅함을 따라 그 열조가 자기에게 가르친 바알들을 좇았음이라" (13-14).

본 단원을 관찰해보면,

① "내가 예루살렘으로 무더기를 만들며, 성읍들로 황폐케 하여 거민이 없게 하리라"(11).

② "이 백성에게 쑥을 먹이며 독한 물을 마시우고"(15),

③ "열국 중에 그들을 헤치고 진멸되기까지 그 뒤로 칼을 보내리라"(16).

④ "사람의 시체가 분토같이 들에 떨어질 것이라"(22) 하고 말씀하십니다.

⑤ 그러므로 17-20에는 "곡, 애곡, 눈물, 호곡, 애곡, 애가"라는 말이 반복적으로 언급되어 있습니다. "이는 시온에서 호곡하는 소리가 들려 이르기를 우리가 아주 망하였구나 우리가 크게 수욕을 당하였구나"(19) 하고 애곡하게 될 것을 말씀합니다.

그렇다면 "딸 내 백성"이라고 사랑스레 부르시는 하나님의 백성들이 범한 죄가 무엇이기에 이런 끔찍한 징벌을 받게 된다는 말인가? 여호와께서 말씀하시되, ㉠ "나의 법을 버리고 내 목소리를 청종치 아니하며 그대로 행치 아니하고"(13), ㉡ "그 마음의 강퍅함을 따라 그 열조가 가르친 바알들을 좇았음이라"(14)고 말씀합니다.

이 말씀을 교훈적으로만 본다면 그 죄의 심각성을 깨닫지 못하게 됩니다. 구속사의 맥락으로 바라보면 이것이 어떤 죄임을 알게 되는가? "열조가 가르친 바알"이라는 말씀에서 빛을 받을 수가 있습니다. 그들 때에 와서 비로소 우상을 섬긴 것이 아니라 "열조가 가르쳐준" 죄라는 것입니다. 이를 더듬어 올라가 보면 그 원조(元祖)는 황금송아지 우상을 만들어 놓고 "이는 너희를 애굽 땅에서 인도하여 낸 너희 신이로다" (출 32:4) 한 것이 그 시발임을 알게 됩니다.

하나님은 그들의 열조를 애굽에서 인도하여 내신 후에 시내산에서 크게 두 가지를 명하셨습니다. 하나는 십계명이고 다른 한 가지는 성막입니다. 십계명과 성막을 주신 의미는 하나님의 백성답게 살아가면서(십계명) 그리스도(성막)를 대망(待望)케 하신 것입니다. 이를 청종하며 그대로 행하였더라면 복을 받았을 것입니다. 그런데 그들은 "나의 법을 버리고" 즉 하나님의 백성답게 살지를 않고 "바알을 좇음", 즉 그리스도를 배척한 죄를 범했던 것입니다. 다시 강조합니다만 유대인들이 열국 중에 헤침을 당하고 진멸 받게 된 죄는 다름 아닌 하나님, 곧 그리스도를 배척한 죄였던 것입니다. 그리고 "그 열조가 가르쳐준" 이 죄는 이 후에도 계속 되어서 그리스도가 자기 땅에 오시자 그들이 배척함으로 성전은 파괴되고 열국에 헤침을 당하는 것으로 재연이 되었던 것입니다.

셋째 단원(23-26) 하나님이 원하시는 것

"여호와께서 이같이 말씀하시되 지혜로운 자는 그 지혜를 자랑치 말라 용사는 그 용맹을 자랑치 말라 부자는 그 부함을 자랑치 말라"(23).

① 하나님은 먼저 "자랑하지 말라" 하십니다. 이렇게 말씀하시는 의도가 무엇인가? 하나님께서는 진멸 되리라 하시나 저들은 아니라 평강하다, 평강하다, 달리 말하면 염려 없다, 염려 없다 말하면서 헛된 것을 의지하며 자랑하고 있었기 때문입니다. 그렇다면 그들이 자랑한 것이 무엇인가?

① 서기관들은 자신에게 율법을 아는 "지혜"가 있노라고 자랑했습니다(8:8).

② 용사(군인)는 그 용맹, 즉 군사력을 자랑했습니다.

③ 부자는 그 부함, 즉 돈을 자랑했습니다. 또 있습니다.

④ 백성들은 성전이 있기 때문에 안전하다고 자랑했습니다(7:4).

⑤ 자신들의 몸에는 할례의 표가 있기 때문에 걱정이 없다고 자랑했습니다(25).

그러나 그들이 자랑하고 있는 성전, 율법, 서기관, 군대, 돈, 할례 등이 닥쳐올 멸망으로부터 저들을 구원하여주기는커녕 도리어 없느니만 못한 장애가 되고 있다는 말씀인 것입니다. 왜냐하면 이런 것들이 저들을 속이고 있기 때문입니다. 그리하여 회개할 기회를 빼앗아 갔던 것입니다. 주님 당시의 유대인들이 그러했음을 성경은 말씀해주고 있습니다. 그들은 할례가 구원을 가져다주는 양 자랑했고, 성전 미석을 자랑했으며, 율법의 의로는 흠이 없노라고 자랑했습니다. 그러나 주님은 돌 하나도 돌 위에 남지 않고 다 무너뜨리우리라 하십니다.

④ 본문은 말씀합니다. "이스라엘은 마음에 할례를 받지 못하였느니라"(26하). 그래서 저들을 "녹이고 연단하리라" 하십니다.

⑤ 하나님은 "자랑하는 자는 이것으로 자랑할지니 곧 명철하여 나를 아는 것과 나 여호와는 인애와 공평과 정직을 땅에 행하는 자인 줄 깨닫는 것이라 나는 이 일을 기뻐하노라 여호와의 말이니라"(24) 하십니다. "인애와 공평과 정직", 이는 하나님의 속성을 가리키는 말씀인데 그러므로 우리를 구원하심도 "인애(사랑)와 공평(공의)"으로 행하신 "정직"한 행사였음을 깨닫는 것이 중요합니다. 하나님의 "인애와 공평"이 자기 아들을 화목제물로 내어주신 십자가 사건에 동시에 나타난 것입니다. 이를 알고 하나님께로 돌아오는 길만이 신구약을 막론하고 유일한 구원의 방도인 것입니다. 하나님은 이를 알기를 원하고 계시는 것입니다. 하나님은 이를 기뻐하신다고 말씀하십니다.

10장

우준한 목자와 흩어진 양떼

[21]목자들은 우준하여 여호와를 찾지 아니하므로 형통치 못하며 그 모든 양떼는 흩어졌도다.

10장은 참 하나님과 우상을 대조해서 말씀하는 내용이 주를 이루고 있습니다. 우상을 섬기는 "사람마다 우준하고 무식하도다"(14) 합니다. 8절에서도 "그들은 다 무지하고 어리석은 것이니 우상의 도는 나무 뿐이라" 합니다. 이방인들은 그렇다해도 문제는 지혜로워야할 "목자들은 우준하여 여호와를 찾지 아니하고"(21) 우상을 숭배하고 있다는 데 있습니다. 이 우준한 목자들로 말미암아 "양떼는 흩어졌도다" 하십니다. 그러므로 본 장의 주제가 "우준한 목자와 흩어진 양떼"가 될 수가 있습니다. 이를 세 부분으로 나누어 상고하겠습니다.

첫째 단원(1-16) **열방의 길을 배우지 말라**

둘째 단원(17-22) **에워싸인 가운데 앉은 자여**

셋째 단원(23-25) **징계하시되 너그러이 하옵소서**

첫째 단원(1-16) **열방의 길을 배우지 말라**

"이스라엘 집이여 여호와께서 너희에게 이르시는 말씀을 들을지어다 여호와께서 이같이 말씀하시되 열방의 길을 배우지 말라 열방인은 하늘의 징조를 두려워하거니와 너희는 그것을 두려워 말라"(1-2).

① 첫 말씀이 "이스라엘 집이여, 열방의 길을 배우지 말라" 하십니다. 이 말씀을 "양떼는 흩어졌도다"(21)는 말씀과, 마지막 절(25)에서 "그들(바벨론)은 야곱을 씹어 삼켜 멸하고 그 거쳐를 황폐케 하였나이다" 한 말씀과 결부시켜 생각할 때, 바벨론의 1차 침공을 받아 포로로 끌려간 자들에게 주시는 말씀으로 여겨집니다. 이 때 다니엘과 세 친구도 끌려갔던 것입니다. 그러니까 바벨론에 머물고 있는 동안 열방이 섬기고 있는 우상숭배에 물이 들까보아 경계하는 말씀인 것입니다.

② 왜냐하면 "열방의 규례는 헛된 것이라 그 위하는 것은 산림에서 벤 나무요 공장의 손이 도끼로 만든 것이라"(3) 합니다. 그러니까 배우지 말라는 "열방의 규례"란 우상숭배임을 알게 됩니다.

③ 4-5은 이방 우상의 헛됨을 묘사하고 있는데, "그들이 은과 금으로 그것에 꾸미고 못과 장도리로 그것을 든든히 하여 요동치 않게 하나니 그것이 갈린 기둥 같아서 말도 못하며 걸어 다니지도 못하므로 사람에게 메임을 입느니라 그것이 화를 주거나 복을 주지 못하나니 너희는 두려워 말라 하셨느니라" 합니다.

하나님의 참되심

④ 이렇게 말씀한 후에 "여호와여 주와 같은 자 없나이다"(6상) 하고 하나님의 크고 위대하심을 진술합니다. 예레미야는 6-16에서 우상의 ㉠ "무지하고, 어리석음(8), ㉡ 우준하고, 무식하고, 거짓 것이요(14), ㉢ 헛것이요, 망령되이 만든 것이요, 멸망할 것"(15)임에 비하여,

⑤ "오직 여호와는 참 하나님이시오 사시는 하나님이시오 영원한 왕이시라(10), 여호와께서 그 권능으로 땅을 지으셨고 그 지혜로 세계를 세우셨고 그 명철로 하늘들을 펴셨으며"(12) 하고 창조주 하나님의 위대하심을 찬양하고 있습니다. 이처럼 하나님과 우상을 대비해서 말씀하고 있는 의도를 16절에서 보게 됩니다.

⑥ "야곱의 분깃은 이 같지 아니하시니 그는 만물의 조성자요 이스라엘은 그 산업의 지파라 그 이름은 만군의 여호와시니라" 합니다. 이 구절 중에서 "야곱의 분깃, 이스라엘은 그 산업의 지파라"는 말씀을 음미해보아야만 합니다. ㉠ "야곱의 분깃"이란 이토록 크고 위대한 하나님이 이스라엘의 분깃, 즉 이스라엘의 몫이요, "이스라엘의 하나님"이라는 뜻입니다. ㉡ 그리고 "이스라엘은 그 산업의 지파"란 이스라엘은 하나님의 산업이요, 소유란 말씀입니다. 이보다 더한 축복은 없습니다. 그러므로 모세는 임종머리에서 "이스라엘이여 너는 행복자로다 여호와의 구원을 너같이 얻은 백성이 누구뇨"(신 33:29) 하고 감격해 했던 것입니다.

이 복이 신약에 와서는 ㉢ "우리가 예정을 입어 그 안에서 기업이 되었으니"(엡 1:11) 하고 성도들이 하나님의 기업임을 말씀하고, ㉣ 또한 "이는 우리의 기업에 보증이 되사"(엡 1:14) 하고 하나님이 우리의 기업임을 말씀하고 있습니다. 이점을 명심하고 "열방의 길을 배우지 말라" 고 경계하고 있는 것입니다. 우리는 다니엘과 세 친구가 이를 명심하고

훌륭하게 승리하였음을 알고 있습니다.

⑦ 그들은 "열방의 길을 배우지 말라" 하심에 머문 것이 아니라 "너희는 이같이 그들(이방인들)에게 이르기를 천지를 짓지 아니한 신들은 땅 위에서, 이 하늘 아래서 망하리라 하라"(11) 하신 사명까지 잘 감당했던 것입니다. 첫째 단원의 사상이 시편 115편에 그대로 나타나 있습니다.

여호와여 영광을 우리에게 돌리지 마옵소서 우리에게 돌리지 마옵소서
오직 주의 인자하심과 진실하심을 인하여 주의 이름에 돌리소서
어찌하여 열방으로 저희 하나님이 이제 어디 있느냐 말하게 하리이까
오직 우리 하나님은 하늘에 계셔서 원하시는 모든 것을 행하셨나이다
저희 우상은 은과 금이요 사람의 수공물이라
입이 있어도 말하지 못하며 눈이 있어도 보지 못하며
귀가 있어도 듣지 못하며 코가 있어도 맡지 못하며
손이 있어도 만지지 못하며 발이 있어도 걷지 못하며
목구멍으로 소리도 못하느니라
우상을 만드는 자와 그것을 의지하는 자가 다 이와 같으리로다
이스라엘아 여호와를 의지하라
그는 너희 도움이시오 너희 방패시로다"(1-9).

"열방의 길을 배우지 말라"는 말씀이 우리에게는 어떻게 적용되는가? 성도들은 이 세상에 살고 있으나 세상에 속한 사람들은 아닌 것입니다. "그러므로 내가 이것을 말하며 주 안에서 증거하노니 이제부터는 이방인이 그 마음의 허망한 것으로 행함 같이 너희는 행하지 말라. 오직 너희는 그리스도를 이같이 배우지 아니하였느니라"(엡 4:17-20) 하십니다.

둘째 단원(17-22) 에워싸인 가운데 앉은 자여

"에워싸인 가운데 앉은 자여 네 꾸러미를 이 땅에서 수습하라 여호와께서 이같이 말씀하시되 보라 내가 이 땅에 거하는 자를 이 번에는 내어 던질 것이라 그들을 괴롭게 하여 깨닫게 하리라 하셨느니라"(17-18).

① 첫째 단원이 포로로 끌려간 자들에게 하신 당부라면 본 단원은 "에워싸인 가운데 앉은 자", 즉 포위 당한 예루살렘에 남아있는 자들에게 하시는 경고인 것입니다. "네 꾸러미를 이 땅에서 수습하라 여호와께서 이같이 말씀하시되 보라 내가 이 땅에 거하는 자를 이 번에는 내어 던질 것이라" 하십니다. 어찌하여 "내어 던질 것이라" 하시는가?

② 느부갓네살은 3차에 걸쳐서 예루살렘을 침공했는데, 1차 공격을 받고도 회개할 줄을 몰랐습니다. 남은 자들은 도리어 "너희는 여호와에게서 멀리 떠나라 이 땅은 우리에게 주어 기업이 되게 하신 것이라"(겔 11:15) 하고 말했던 것입니다. 이런 뜻입니다. 저들이 끌려간 것은 죄를 졌기 때문이며 남아있는 자신들은 안전하리라고 여겼다는 말입니다. 그들을 향해서 "내어 던질 것이라 그들을 괴롭게 하여 깨닫게 하리라"(18) 하고 더욱 엄한 징벌이 기다리고 있음을 말씀하십니다.

③ 어찌하여 저들이 이처럼 우둔하게 되었단 말인가? 이점에서 다시 한번 경성케 하는 말씀이 있는데 "목자들은 우준하여 여호와를 찾지 아니하므로 형통치 못하며 그 모든 양떼는 흩어졌도다"(21) 라는 말씀입니다. 여기 "목자와 양떼"가 등장합니다. 목자가 잘못해서 결국 양떼들이 흩어지게 되었다는 것입니다. 이는 예레미야 선지자를 통해서만 하신 말씀이 아닙니다. ㉠ 이사야 선지자를 통해서도 "그 파수군들은 소경이요 다 무지하며 벙어리 개라 능히 짖지 못하며 다 꿈꾸는 자요 잠자기를 좋아하는 자니, 몰각한 목자들이라"(사 56:9-12) 하고 책망하십

니다. ㉡ 에스겔 선지자를 통해서도 "목자가 없으므로 그것들이 흩어지며 흩어져서 모든 들짐승의 밥이 되었도다"(겔 34:1-10) 하고 탄식합니다. ㉢ 예레미야는 예루살렘이 멸망당한 후에 애가를 통해서 "네 선지자들이 네게 대하여 헛되고 어리석은 묵시를 보았으므로 네 죄악을 드러내어서 네 사로잡힌 것을 돌이키지 못하였도다 저희가 거짓 경고와 미혹케 할 것만 보았도다"(애 2:14) 하고 그들이 흩어지게 된 책임이 목자들에게 있음을 지적하고 있습니다.

셋째 단원(23-25) 징계하시되 너그러이 하옵소서

"여호와여 내가 알거니와 인생의 길이 자기에게 있지 아니하니 걸음을 지도함이 걷는 자에게 있지 아니하니이다 여호와여 나를 징계하옵시되 너그러이 하시고 진노로 하지 마옵소서 주께서 나로 없어지게 하실까 두려워하나이다"(23-24).

본 단원은 예레미야 선지자의 기도입니다. 하나님의 징벌이 불가피한 것이라면,

① "여호와여 나를"(24상) 합니다. 예레미야는 저들이라고 말하고 있는 것이 아니라 "나를 징계하옵시되" 하고 자신과 동족(同族)을 일체(一體)화 시키고 있습니다. 자신은 선민 이스라엘 민족이라는 몸에 붙어있는 한 지체임을 고백하고 있는 것입니다. 그러므로 "여호와여 나를" 하는 말속에는 저들의 잘못이 나의 잘못이요, 자신의 책임이라는 의미가 있습니다. 여기에 주의 종 된 자의 책임과 아픔이 있는 것입니다. 그래서 "슬프다 내 상처여 내가 중상을 당하였도다"(19) 하고 마치 자신이 중병에 걸린 것처럼 말했던 것입니다.

② "징계하옵시되"(24중) 합니다. 예레미야는 징계를 거두어달라고

구하고 있지 아니합니다. "녹이고 연단"(9:7)을 받아 마땅함을 인정하고 있는 것입니다. 예레미야는 "무릇 징계가 당시에는 즐거워 보이지 않고 슬퍼 보이나 후에 그로 말미암아 연달한 자에게는 의의 평강한 열매를 맺게"(히 12:11) 될 것을 알았던 것입니다.

③ 다만 "너그러이 하시고 진노로 하지 마옵소서"(24하) 하고 구하고 있는 것입니다. "진노로 하지 마옵소서" 라면 무엇으로 해달라는 말인가? 긍휼히 여기심으로 해달라는 것입니다. 하박국 선지자도 "진노 중에라도 긍휼을 잊지 마옵소서"(합 3:2) 하고 간구 했습니다. 하나님은 이렇게 응답하십니다. "너희를 향한 나의 생각은 내가 아나니 재앙이 아니라 곧 평안이요 너희 장래에 소망을 주려 하는 생각이라"(29:11). 51:5에서는 "대저 이스라엘과 유다가 이스라엘의 거룩하신 자를 거역하므로 죄과가 땅에 가득하나 그 하나님 만군의 여호와에게 버림을 입지 아니하였나니" 하십니다. 징계하실 지라도 버리시지 않겠다는 말씀입니다.

④ 영영히 버림을 당할 자란 "주를 알지 못하는 열방과 주의 이름으로 기도하지 아니하는 족속들에게 주의 분노를 부으소서 그들은 야곱을 씹어 삼켜 멸하고 그 거처를 황폐케 하였나이다"(25) 한 "주를 알지 못하는(믿지 않는) 자"인 것입니다.

주를 알지 아니하는 열방과
주의 이름을 부르지 아니하는 열국에 주의 노를 쏟으소서
저희가 야곱을 삼키고 그 거처를 황폐케 함이니이다.
우리 구원의 하나님이여 주의 이름의 영광을 위하여 우리를 도우시며
주의 이름을 위하여 우리를 건지시며 우리 죄를 사하소서(시 79:6-9).

11장

언약을 이루시려는 하나님

[5]내가 또 너희 열조에게 한 맹세 곧 그들에게 젖과 꿀이 흐르는 땅을 주리라 한 언약을 이루리라 한 것인데 오늘날이 그것을 증거하느니라 하라 하시기로 내가 대답하여 가로되 아멘 여호와여 하였노라

11장에는 중요한 말씀과 중대한 사건이 나옵니다. 중요한 말씀은 "내가 또 너희 열조에게 한 맹세 곧 그들에게 젖과 꿀이 흐르는 땅을 주리라 한 언약을 이루리라 한 것인데 오늘날이 그것을 증거하느니라"(5) 하신 "언약을 이루려하심"이라는 말씀이고, 중대한 사건이란 "여호와께서 또 내게 이르시되 유다인과 예루살렘 거민 중에 반역이 있도다"(9) 한 "반역사건"입니다. 그러니까 하나님은 언약을 이루려하시는 데 인간이 반역을 하고 있다는 말씀이 됩니다. 본 장은 이 중요한 말씀과, 중대한 사건을 중심으로 해석되어야만 예루살렘의 멸망과, 열방에 흩으신 이유를 알게 되고, 이 말씀이 오늘 우리에게 어떻게 적용이 되는가를 깨

닫게 되는 것입니다. 이를 세 단원으로 나누어 상고하겠습니다.

첫째 단원(1-8) **열조에게 한 맹세**
둘째 단원(9-17) **반역을 꾀한 이스라엘과 유다**
셋째 단원(18-23) **도살장으로 끌려가는 어린양**

첫째 단원(1-8) 열조에게 한 맹세

"여호와께로부터 예레미야에게 임한 말씀이라 가라사대 너희는 이 언약의 말을 듣고 유다인과 예루살렘 거민에게 고하라"(1-2).

본 단원에는 "언약"(言約)이라는 말이 여섯 번(2, 3, 4, 5, 6, 8)이나 등장합니다. "이 언약의 말을 듣고 유다인과 예루살렘 거민에게 고하라"(2) 하십니다. 그렇다면 이 언약이 무슨 언약이고 어떻게 연결되고 있는가를 주목하시기 바랍니다. 이것은 구속사의 맥락을 일깨워주는 중요한 말씀이기 때문입니다.

① "이 언약의 말을 좇지 않는 자는 저주를 받을 것이니라"(3) 하십니다. 유다가 멸망의 위기에 처한 것은 언약을 좇지 않은데 그 원인이 있었던 것입니다.

② "이 언약은 내가 너희 열조를 쇠풀무 애굽 땅에서 이끌어 내던 날(출애굽 때)에 그들에게 명한 것이라"(4상)고 말씀하십니다.

③ 더 거슬러 올라갑니다. "내가 또 너희 열조에게 한 맹세(아브라함에게 하신), 곧 그들에게 젖과 꿀이 흐르는 땅을 주리라 한 언약"(5상)이라고 말씀하심으로 언약의 성격을 분명히 나타내십니다.

④ 그 "언약을 이루리라 한 것"(5중)이라고 말씀합니다. 하나님께서 아브라함에게 하신 언약이 무엇이며, 그 핵심이 어디에 있는가? 요약하

면 ㉠ 땅을 주리라, ㉡ 자손을 주리라, ㉢ 천하만민이 복을 받으리라고 언약하셨습니다. 그 언약이 일차적으로는 아브라함에게 이삭을 주시고, 그 자손에게 가나안 땅을 주심으로 성취되었습니다 만, 궁극적인 이루심은 아브라함의 자손으로 그리스도를 보내셔서 천하만민이 복을 받게 하시려는데 있는 것입니다. 가나안 땅을 주심은 그 자손이 태어날 땅을 예비하기 위해서였던 것입니다. 이를 알았기에 베드로는 "하나님이 너희 조상으로 더불어 세우신 언약의 자손이라 아브라함에게 이르시기를 땅 위의 모든 족속이 너의 씨를 인하여 복을 받으리라 하신"(행 3:25) 약속대로 그리스도를 보내주셨다고 증거했으며, 사도 바울은 "이 약속들은 아브라함과 그 자손에게 말씀하신 것인데 여럿을 가리켜 그 자손들이라 하지 아니하시고 하나를 가리켜 네 자손이라 하셨으니 곧 그리스도라"(갈 3:16) 하고 증거했던 것입니다.

⑤ 이런 맥락에서 바라볼 때에 "이 언약의 말을 좇지 않는 자는 저주를 받을 것이니라"(3) 하심이 윤리적인 죄도 포함됩니다만, 결정적인 요인은 메시아언약을 믿지 않는 죄임을 깨닫게 되는 것입니다.

⑥ 예레미야 선지자가 하나님의 말씀을 듣고 "내가 대답하여 가로되 아멘 여호와여 하였노라"(5하), 진실로 그러합니다 하고 응답한 것은 이러한 하나님의 원대한 계획을 인식했기 때문일 것입니다. 이것이 "열조에게 한 맹세"입니다.

둘째 단원(9-17) 반역을 꾀한 이스라엘과 유다

"여호와께서 또 내게 이르시되 유다인과 예루살렘 거민 중에 반역이 있도다"(9).

① "반역이 있도다" 하십니다. "반역"(叛逆)이란 역적모의를 했다는

것으로 성경상 중대한 사건인 것입니다. 그렇다면 누구에게 역적모의를 했다는 말인가? 이점에서 통찰력을 가지고 깨달아야할 점은 구약성경의 중심주제가 그리스도를 증거(요 5:39)하는데 있다는 점입니다. 하나님께서는 지금 백성들로 하여금 그리스도를 구주로 섬김으로 구원에 이르게 하시려는 구속사역을 이루어 나가고 계시는 것입니다. 이것이 아브라함과 다윗에게 세워주신 언약입니다. 그러므로 "반역이 있도다" 라는 말씀은 하나님을 배신했다는 의미도 포함됩니다 만, 메시아언약, 즉 하나님이 세워주실 "왕"을 반역했다는 뜻임을 깨달아야만 하는 것입니다. 하나님은 아무나 섬길 수가 있는 줄로 아십니까? 아닙니다. 그리스도의 중보사역, 즉 화목제물이 되어주심이 없이는 하나님을 섬김도 불가능한 것입니다. 그러므로 구약의 성도들도 속죄제, 화목제 등을 통해서 하나님을 섬길 수가 있었던 것입니다. 그리스도를 떠나서는 하나님을 섬길 수도 없는 것입니다. 이는 신구약이 동일한 것입니다(엡 2:12).

② 그러므로 "이스라엘 집과 유다 집이 내가 그 열조와 맺은 언약을 파하였도다"(10) 하고 그들이 "메시아언약"을 파하음을 말씀합니다.

③ 이러한 반역은 "내 말 듣기를 거절한 자기들의 선조의 죄악에 돌아가서"(10상) 하고 선조(先祖) 때부터 있었음을 말씀하십니다. 이를 더듬어 올라가 보면 ㉠ 열 지파가 "우리가 다윗과 무슨 관계가 있느뇨 이새의 아들에게 업이 없도다 이스라엘아 그 장막으로 돌아가라"(왕상 12:16) 하면서 다윗 언약을 버리고 떨어져나가 북쪽 이스라엘을 세우고 송아지 우상을 섬긴 것, 이것이 반역이었던 것입니다.

㉡ 사무엘 당시 저들이 왕을 요구하여 그리스도의 계보인 유다 지파가 아닌 베냐민 지파 출신 사울을 왕으로 삼은 사건도 반역이라고 말할 수가 있습니다. 그때 하나님께서는 사무엘에게 "그들이 너를 버림이 아니요 나를 버려 자기들의 왕이 되지 못하게 함이니라"(삼상 8:7)고 말씀하셨습니다. ㉢ 시내산에서 금송아지를 만들어 놓고 "이는 너희를 애

굽 땅에서 인도하여 낸 너희 신이로다"(출 32:4) 하였을 때에 이는 명백한 반역이었던 것입니다. 그들은 유월절 어린양의 피로 구속을 받았지 "은이나 금같이 없어질 것으로 한 것이 아니었던"(벧전 1:18) 것입니다.

㉣ 반역의 근원은 에덴 낙원에서 일어났습니다. 하나님의 말씀을 버리고 사탄의 유혹에 속아서 하나님의 언약을 파하였을 때 인류의 반역은 시작되었던 것입니다. 그러므로 반역의 배후조종자는 사탄이요, ㉤ 반역의 궁극적인 목표는 메시아왕국을 파괴하려는데 있는 것임을 명심해야만 합니다. 주님은 말씀하십니다. "농부들이 그(사랑하는 아들)를 보고 서로 의논하여 가로되 이는 상속자니 죽이고 그 유업을 우리의 것으로 만들자 하고 포도원 밖에 내어쫓아 죽였느니라"(눅 20:14-15). 여기가 반역의 절정인 것입니다.

④ 그러므로 본문을 관찰해보십시오. "반역이 있도다" 하심이 단순한 윤리적인 죄가 아니라 다른 신, 다른 주, 다른 왕을 섬긴 죄임을 보게 됩니다. ㉠ "그 분향하는 신들에게 가서 부르짖을지라도 그 신들이 그 곤액(환난) 중에서 절대로 그들을 구원치 못하리라"(12). ㉡ "유다야 네 신들이 네 성읍의 수효와 같도다, 곧 바알에게 분향하는 단을 쌓았도다"(13). ㉢ "바알에게 분향함으로 나의 노를 격동한 이스라엘 집과 유다 집의 악을 인하여 그를 심은 만군의 여호와 내가 그들에게 재앙을 선언하였느니라"(17) 하십니다. 북쪽 "이스라엘"은 반역으로 인하여 이미 심판을 받았습니다. 그런데 남쪽 유다가 이를 보고도 정신을 차리지 못하고 반역함으로 "이스라엘 집과 유다 집이 내가 그 열조와 맺은 언약을 파(破)하였도다"(10) 하십니다. 그들은 다름이 아니라 "언약을 이루리라"(5) 하시는 그 언약을 이루지 못하도록 반역을 꾀하고 있는 사탄의 궤계에 속고 있었던 것입니다.

셋째 단원(18-23) 도살장으로 끌려가는 어린양

"나는 끌려서 잡히러 가는 순한 어린양과 같으므로 그들이 나를 해하려고 꾀하기를 우리가 그 나무와 과실을 함께 박멸하자 그를 산 자의 땅에서 끊어서 그 이름으로 다시 기억되지 못하게 하자 함을 내가 알지 못하였나이다"(19).

① 본 단원에서는 예레미야를 죽이려는 음모가 있음을 말씀합니다. 예레미야는 모르고 있었으나 "여호와께서 내게 알게 하셨으므로 내가 그것을 알았나이다"(18)고 말합니다. 하나님은 아나돗 사람들이 "네 생명을 취하려고 찾아 이르기를 너는 여호와의 이름으로 예언하지 말라 두렵건대 우리 손에 죽을까 하노라 하도다"(21) 하고 알려주셨던 것입니다. 아나돗은 제사장의 성읍이요, 바로 예레미야의 고향(1:1)입니다. 제사장들이자, 고향 사람들이 예레미야를 왜 죽이려는 것일까요? 이유는 오직 하나 그가 여호와의 이름으로 예언한다는 이유 때문입니다.

② 그러므로 이 대목은 "반역이 있도다" 하신 말씀과 연관이 있는 것입니다. 주의 이름으로 보냄을 받은 사자를 죽이려는 음모는 다름이 아니라 그를 보낸 그 주(主)를 죽이려는 반역 행위와 같은 것이기 때문입니다.

③ 그러므로 "나는 끌려서 잡히려 가는 순한 어린양과 같다"(19) 하고 의미심장한 말을 하고 있습니다. 이점에서 예레미야는 그리스도의 예표로 등장합니다. 이 묘사는 이사야 선지자가 "그가 곤욕을 당하여 괴로울 때에도 그 입을 열지 아니하였음이여 마치 도수장으로 끌려가는 어린양과 털 깎는 자 앞에 잠잠한 양같이 그 입을 열지 아니하였도다"(사 53:7) 한 메시아 예언으로 우리를 인도해줍니다. 주님은 말씀합니다. "세상이 너희를 미워하면 너희보다 먼저 나를 미워한 줄을 알라, 나를 미워하는 자는 또 내 아버지를 미워하느니라"(요 15:18, 23). 이 일

에 고향 사람, 제사장 성읍이 앞장섰음을 유념하시기 바랍니다. 하나님은 "내가 아나돗 사람에게 재앙을 내리리니"(23) 하고 선언하십니다.

형제여, 지상에 있는 모든 민족, 모든 사람들은 두 진영(陣營) 중 어느 한 편에 속해있습니다. "언약을 이루시려는 하나님"께 속해있는 전사들이 있고, 반역하는 진영에 속한 대적자들도 있습니다. 언약을 이루시려는 하나님 편에 서 있는 자는 "먼저 그 나라와 그의 의를 구하는" 사람들입니다.

12장

자기 집을 버린 하나님의 슬픔

7 내가 내 집을 버리며 내 산업을 내어 던져 내 마음의 사랑하는 것을 그 대적의 손에 붙였노라.

예레미야서의 중심주제는 심판에 대한 경고입니다. 이럴 경우 하나님의 의지(意志)만이 부각되기 쉽습니다. 감정과 눈물도 없으신 차디찬 하나님으로 말입니다. 그런데 본 장과 다음 장을 통해서 하나님의 감성(感性)을 대할 수가 있습니다.

예레미야 선지자가 자신의 고난을 호소하자 하나님은 자기 집을 버리며 산업을 내어 던질 수밖에 없는 하나님 자신의 슬픔을 나타내십니다. 그러므로 12장을 통해서 하나님의 사랑과 인간의 배은망덕을 대하게 됩니다. 이를 세 단원으로 나누어 상고하겠습니다.

첫째 단원(1-6) **요단의 창일한 중에서는 어찌하겠느냐**

둘째 단원(7-13) **내 산업이 삼림 중의 사자같이 되었도다**
셋째 단원(14-17) **산업으로 다시 인도하리니**

첫째 단원(1-6) 요단의 창일한 중에서는 어찌하겠느냐

① "여호와여 내가 주와 쟁변할 때에는 주는 의로우시니이다 그러나 내가 주께 질문하옵나니 악한 자의 길이 형통하며 패역한 자가 다 안락함은 무슨 연고니이까"(1).

본 단원은 예레미야의 질문에 하나님께서 답하시는 구도입니다. 예레미야는 믿었던 고향 사람들에게 배척을 당하고 죽이려는 음모가 있음을 알게 되자 깊은 회의에 빠진 듯 합니다. 그래서 하나님께 질문을 합니다. "악한 자의 길이 형통하며 패역한 자가 다 안락함은 무슨 연고니이까". 이런 의문은 시편에서도 대하게 됩니다.

하나님이 참으로 이스라엘 중
마음이 정결한 자에게 선을 행하시나
나는 거의 실족할 뻔하였고
내 걸음이 미끄러질 뻔하였으니
이는 내가 악인의 형통함을 보고
오만한 자를 질시하였음이로다(시 73:1-3).

그리고 이런 말씀을 성경에 기록케 하심은 이러한 의구심이 성도들에게 일반적으로 제기되는 의문이기도 하기 때문입니다.

② "주께서 그들을 심으시므로 그들이 뿌리가 박히고 장성하여 열매를 맺거늘"(2상) 합니다. 이는 "하나님이 그 해를 악인과 선인에게 비취

게 하시며 비를 의로운 자와 불의한 자에게 내리시는"(마 5:45) 일반 은총을 의미합니다. 하나님의 백성들뿐만이 아니라 불신자들도 하나님의 은총을 입고 살아가는 것입니다.

③ 그런 은총을 입었으면서도 "그들의 입은 주께 가까우나 그 마음은 머니이다"(2하) 합니다. 이는 불신자들을 가리키는 말이 아니라 하나님의 백성이라 하면서 형식적으로 섬기는 자들을 가리킵니다. 주님께서도 "외식하는 자들아 이사야가 너희에게 대하여 잘 예언하였도다 일렀으되 이 백성이 입술로는 나를 존경하되 마음은 내게서 멀도다 사람의 계명으로 교훈을 삼아 가르치니 나를 헛되이 경배하는도다"(마 15:7-9) 하고 책망하셨습니다.

④ 여기 악인의 특성이 나타나는데 "이 땅 거민이 악하여 스스로 말하기를 그가 우리의 결국을 보지 못하리라(4하) 한다는 말입니다. "결국을 보지 못한다"는 말은 예레미야가 경고하는 심판, 그런 종말이 자신들과는 상관이 없는, 그런 결국이 자기들에게는 미치지 않을 것이라는 뜻입니다. 즉 그들은 천년만년 "형통과, 안락"(1)을 누리게 되리라고 여기고 있다는 것입니다. 그들 말대로 "결국"을 보지 못하게 될까요?

⑤ 예레미야가 이렇게 말함은 악한 자의 길이 형통함을 질시했기 때문일 것입니다. 그에게 하나님은 말씀하십니다. "네가 보행자와 함께 달려도 피곤하면 어찌 능히 말과 경주하겠느냐 네가 평안한 땅에서는 무사하려니와 요단의 창일한 중에서는 어찌하겠느냐"(5). 여기 "보행자, 평안한 땅"은 고향 아나돗을 가리키고, "달리는 말과, 요단의 창일"은 앞으로 예루살렘에서 겪게 될 더 혹심한 환난과 핍박을 의미합니다. 아나돗이란 작은 고을에서의 핍박을 두려워하고 불평한다면 "요단의 창일한 중에서는 어찌하려느냐" 하십니다. 하나님은 예레미야를 격려하심으로 앞으로 닥칠 환난을 대비시키고 계십니다.

⑥ 그렇다면 "우리의 결국을 보지 못하리라" 한 대로 악인이 영영 형

통하고 안락할 것인가? 앞에서 인용한 시편 73편에서는 "내가 어찌면 이를(악인이 형통함) 알까 하여 생각한즉 내게 심히 곤란하더니 하나님의 성소에 들어갈 때에야 저희 〈결국〉을 내가 깨달았나이다"고 말하고 있습니다. "주께서 참으로 저희를 미끄러운 곳에 두시며 파멸에 던지시니 저희가 어찌 그리 졸지에 황폐되었는가 놀람으로 전멸하였나이다"(시 73:16-19) 하고 그들의 결국이 졸지에 황폐하게 되고, 전멸하였다고 진술하고 있습니다.

둘째 단원(7-13) 내 산업이 삼림 중의 사자같이 되었도다

본 단원은 예레미야가 하나님께 "내가 주께 질문하옵나니 악한 자의 길이 형통하며 패역한 자가 다 안락함은 무슨 연고니이까"(1) 하면서 "양을 잡으려고 끌어냄과 같이 그들을 끌어내시되 죽일 날을 위하여 그들을 예비하옵소서"(3) 하고 호소한 데 대한 답변이라 할 수가 있습니다. 하나님은 예레미야가 고발하고 있는 그들을 가리켜,

① "내 집"(7상),

② "내 산업"(7중),

③ "마음의 사랑하는 것"(7하),

④ "내 포도원"(10상),

⑤ "나의 낙토(樂土)"(10하)라고 말씀합니다.

그런 내 집을 "버리며", 내 산업을 "내어 던져", 내 마음의 사랑하는 것을 "그 대적의 손에 붙였노니"(7) 하십니다. 그리하여 낙토가 "황무지"(10)가 되게 하시겠다는 것입니다. 이렇게 말씀하심은 "마음의 사랑하는" 자를 징벌하시는 하나님의 마음이 어떠하심을 나타내시는 말씀입니다.

⑥ "이 땅이 슬퍼하며, 그 황무지가 나를 향하여 슬퍼하는도다"(4, 11) 라고 말씀하고 있는데 이는 땅이 슬퍼하고 있는 것이 아니라 하나님의 마음을 나타낸 것이 아니겠습니까? 다음 장에서는 "너희가 이를 듣지 아니하면 나의 심령이 너희 교만을 인하여 은근히 곡할 것이며 여호와의 양 무리가 사로잡힘을 인하여 눈물을 흘려 통곡하리라"(13: 17) 하십니다. 어찌하여 성전(내 집)을 버리셔야만 했고, 택하신 산업을 내어 던져, 마음에 사랑하는 것을 그 대적의 손에 붙이셔야만 하는가?

⑦ 마음에 사랑하는 "내 산업(이스라엘)이 삼림 중에 사자같이 되었다"(8상)고 말씀합니다. 그들은 더 이상 목자가 인도하는 대로 따라가는 순한 양이 아니라 "사자"(獅子)가되었다고 말씀합니다.

⑧ "나를 향하여 그 소리를 발하고"(8중), 즉 포효하면서 대어들고 있다고 말씀합니다.

⑨ "내 산업이 내게 대하여 무늬 있는 매가 아니냐"(9) 하십니다. "무늬 있는 매"란 고기를 뜯어먹는 사나운 육식조를 가리키는 말입니다. 이러한 묘사는 시편 22편에 수록된 메시아 예언으로 우리를 인도해줍니다. ㉠ "많은 황소가 나를 에워싸며 바산의 힘센 소들이 나를 둘렀으며 내게 그 입을 벌림이 찢고 부르짖는 사자 같으니이다"(12-13), ㉡ "나를 사자 입에서 구하소서"(21) 합니다. ㉢ "개들이 나를 에워쌌으며 악한 무리가 나를 둘러 내 수족을 찔렀나이다"(16) 합니다. 그렇습니다. 하나님의 아들을 십자가에 못박을 당시의 그들은 마치 맹수와 같고, 사나운 육식조와 같았던 것입니다. 이것이 "유다인과 예루살렘 거민 중에 반역이 있도다"(11:9) 하신 반역이었던 것입니다.

⑩ 이 말씀이 어째서 예레미야의 질문에 대한 답변이 되느냐 하면 주님께서 잡히시던 날 밤에 제자들을 향하여 "세상이 너희를 미워하면 너희보다 먼저 나를 미워한 줄을 알라"(요 15:18)고 말씀하신 그런 뜻에서입니다.

셋째 단원(14-17) 산업으로 다시 인도하리니

"내가 내 백성 이스라엘게 산업으로 준 산업을 다치는 나의 모든 악한 이웃에게 대하여 나 여호와가 이같이 말하노라 보라 내가 그들을 그 땅에서 뽑아 버리겠고 유다 집은 그들 중에서 뽑아내리라"(14).

① "나의 모든 악한 이웃"이란 하나님의 산업인 이스라엘을 침공하는 이방 나라들을 가리킵니다. 북쪽 이스라엘은 앗수르에 망했고, 남쪽 유다도 바벨론에 의하여 멸망당할 처지에 놓인 것입니다. 하나님께서 그들을 징벌의 도구로 사용하시지만, 그들이 이스라엘보다 선하기 때문도 아니며, 하나님의 산업(선민 이스라엘)을 "다치는"(침략) 행위가 죄없다 할 수는 없는 것입니다. 그래서 "그 땅에서 뽑아 버리겠다", 즉 그들도 심판하시겠다고 선언하시는 것입니다.

② 그런데 본 단원의 중심점은 여기에 있는 것이 아니라 그들이 사로잡고 있는 "유다 집은 그들 중에서 뽑아 내리니"(14하), 즉 해방시켜서 "내가 그들을 뽑아낸 후에 내가 돌이켜 그들을 긍휼히 여겨서 각 사람을 그 산업으로 각 사람을 그 땅으로 다시 인도하리니"(15) 하시는 데 중심점이 있는 것입니다. 즉 포로에서 돌아오게 하여 회복시켜주시겠다고 말씀하십니다. 이렇게 말씀하신 하나님께서는 포악한 바벨론을 바사를 들어서 뽑아버리시고 마음에 사랑하는 하나님의 산업은 바벨론에서 뽑아 귀환하게 하셨던 것입니다. 이것이 하나님의 "긍휼"입니다.

③ 성경은 한 걸음 더 나아가고 있습니다. 이방 나라들이 바알을 버리고 "그들이 내 백성의 도를 부지런히 배우면" 하나님께로 돌아오면 "그들이 내 백성 중에 세움을 입으려니와"(16), 즉 이방인도 구원에 참여하게 될 것을 말씀하고 있습니다. 이 말씀은 "그는 우리의 화평이신지라 둘(유대인과 이방인)로 하나를 만드사 중간에 막힌 담을 허시고"(엡 2:14) 한 신약시대에 예수 그리스도로 말미암아 성취될 말씀인 것

입니다. 만일 "그들이 그리하지 아니하면 내가 반드시 그 나라를 뽑으리라 뽑아 멸하리라"(16-17) 하고 복음을 배척하면 그 결국은 멸망임을 말씀하십니다.

④ 그러므로 "내가 내 집을 버리며 내 산업을 내어 던져 내 마음의 사랑하는 것을 그 대적의 손에 붙였노니"(7) 하신 말씀이 예루살렘을 바벨론에 붙이실 것에 멈추는 말씀이 아닌 것입니다. 성경은 말씀합니다. "자기 아들을 아끼지 아니 하시고 우리 모든 사람을 위하여 내어주신 이가"(롬 8:32), 이것이 "내 마음의 사랑하는 것을 그 대적의 손에 붙였노니"의 절정인 것입니다. 이는 결코 비약이 아닙니다. 하나님께서 "내 집"을 헐도록 내어주신 그 "성전"이 누구에 대한 모형인가를 아는 사람이라면 그렇게는 말하지 못할 것입니다. 모형인 성전은 저들의 죄값으로 헐렸지만, 참 성전 되시는 그리스도께서는 우리 죄 때문에 헐리셔야만 했습니다. 이를 알았다면 좀 어려운 일을 당한다고 "무슨 연고니이까" 하고 하나님과 "쟁변"(1)할 겁니까?

13장

영광이 변하여 저주가 됨

[17]너희가 이를 듣지 아니하면 나의 심령이 너희 교만을 인하여 은근히 곡할 것이며 여호와의 양무리가 사로잡힘을 인하여 눈물을 흘려 통곡하리라

13장에서는 두 비유, 곧 "베 띠"와 "포도주" 비유를 들어서 유다에게 임했던 영광이 어찌하여 저주로 변하게 되었는가를 말씀하는 내용입니다. 하나님의 복을 거부하게 되면 복만 상실하게 되는 것이 아니라 화를 당하게 되는 것입니다. 이를 세 단원으로 나누어 상고하겠습니다.

첫째 단원(1-11) **썩어버린 베 띠**

둘째 단원(12-14) **병에 가득 찬 포도주**

셋째 단원(15-27) **교만하지 말지어다**

첫째 단원(1-11) 썩어버린 베 띠

"여호와께서 이같이 내게 이르시되 너는 가서 베 띠를 사서 허리에 띠고 물에 두지 말라 하시기로 내가 여호와의 말씀대로 띠를 사서 내 허리에 띠니라"(1-2).

① 하나님께서 "베 띠 비유"를 말씀하시게 된 의도가 11절에 나타나 있습니다. "나 여호와가 말하노라 띠가 사람의 허리에 속함같이 내가 이스라엘 온 집과 유다 온 집으로 내게 속하게 하여 그들로 내 백성이 되게 하며 내 이름과 칭예와 영광이 되게 하려 하였으나" 하십니다. ㉠ "내게 속하게 하여"(11상), ㉡ "그들로 내 백성이 되게 하며"(11상), ㉢ "내 이름과 칭예와 영광이 되게"(11중) 하셨다는 것입니다. 이것이 "베 띠를 사서 네 허리에 띠라"는 행동계시를 통해서 표현되고 있습니다.

② 베 띠는 이스라엘 민족을 가리킵니다. 그런데 그 베 띠를 하나님께서 허리에 띠셨다는 것입니다. 여기에는 두 가지 의미가 있습니다. ㉠ "내게 속하게 하여" 하신 "속함"입니다. 하나님은 예레미야에게 띠를 하나 준비하라고 만 말씀하신 것이 아닙니다. "네 허리에 띠라" 명하셨습니다. 옷이나 장식을 통 털어 띠만큼 몸에 밀착되어 있는 것은 없다 하겠습니다. 띠는 밀착되어있는 것만이 아니라 질끈 동여맨 허리띠를 생각해보십시오. 이스라엘은 하나님께 이렇게 "속하여" 있었습니다.

㉡ 뿐만 아니라 허리띠는 품위 있게 하는 장식품이기도 했습니다. 챔피온 벨트를 연상해 보십시오. 이사야 49:18에 "네 눈을 들어 사방을 보라 그들이 다 모여 네게로 오느니라 나 여호와가 이르노라 내가 나의 삶으로 맹세하노니 네가 반드시 그 모든 무리로 장식을 삼아 몸에 차며 띠기를 신부처럼 할 것이라" 하십니다. 이것이 "내 이름과 칭예(稱譽)와 영광이 되게 하셨다"는 의미입니다. 이것이 하나님께서 허리에 차신 베 띠로 비유한 이스라엘의 신분과 지위였던 것입니다.

③ 그런데 "이 악한 백성이 내 말을 듣기를 거절하고 그 마음이 강퍅한 대로 행하며 다른 신들을 좇아 그를 섬기며 그에게 절"(10)을 했다고 말씀합니다.

④ 그리하여 그 띠를 "유브라데 바위틈에 감추라"(4) 하십니다. 유브라데는 바벨론에 있는 강입니다. 이는 그들이 바벨론으로 옮겨지게 될 것을 나타냅니다.

⑤ 결국 그토록 영화롭던 베 띠는 "썩어서 쓸데없이 되었다"(7)고 말씀합니다. 이는 ㉠ 그들의 부패상을 상징합니다. ㉡ 나아가 버림받게 될 것을 나타냅니다. ㉢ 9절에서는 "내가 유다의 교만과 예루살렘의 큰 교만을 이같이 썩게 하리라" 하십니다. ㉣ 이 비유를 통해서 말씀하고자 하는 바는 "썩어서 쓸데없이 된" 자신들의 부패한 모습을 깨닫게 하여 회개를 촉구하기 위해서입니다.

둘째 단원(12-14) 병에 가득 찬 포도주

"그러므로 너는 이 말로 그들에게 이르기를 이스라엘의 하나님 여호와의 말씀에 모든 병이 포도주로 차리라 하셨다 하라"(12상).

① 그렇게 말하면 그들은 "모든 병이 포도주로 찰 줄을 우리가 어찌 알지 못하리요"(12하), 다시 말하면 포도주를 병에 차도록 담는 것은 당연하지 않느냐 하고 비웃을 것이라는 것입니다. 그러나 이는 하나님의 진노의 포도주(계 19:15)를 상징하는 말씀이었던 것입니다.

② 그러므로 "너는 다시 그들에게 이르기를 여호와의 말씀에 보라 내가 이 땅의 모든 거민과 다윗의 위에 앉은 왕들과 제사장들과 선지자들과 예루살렘 모든 거민으로 잔뜩 취하게 하고 또 그들로 피차 충돌하여 상하게 하되 부자간에도 그러하게 할 것이라 내가 그들을 불쌍히 여기

지 아니하며 관용치 아니하며 아끼지 아니하고 멸하리라 하셨다 하라"(13-14)고 말씀하시는 것입니다. 그토록 영화롭던 베 띠가 썩어서 쓸데없이 된 것만이 아니라 진노의 포도주를 마시게 되리라고 말씀합니다.

셋째 단원(15-27) 교만하지 말지어다

"너희는 들을지어다 귀를 기울일지어다 교만하지 말지어다 여호와께서 이같이 말씀하시느니라"(15).

"베 띠 비유와, 포도주 비유"를 말한 예레미야 선지자는 그들을 향하여,

① "교만하지 말지어다"(15)고 경고합니다. 그들은 포효하는 사자같이, 짐승을 뜯어먹는 무늬 있는 매(12:8-9)같이 되었다고 말씀했습니다. 이는 그들이 교만하여졌다는 증거입니다. "교만은 패망의 선봉이요 거만한 마음은 넘어짐의 앞잡이니라"(잠 16:18) 한 대로 모든 악의 뿌리라 할 것입니다. 그들을 향해 교만하지 말라고 경고하면서,

② "그가 흑암을 일으키시기 전, 너희 발이 흑암한 산에 거치기 전, 너희 바라는 빛이 사망의 그늘로 변하여 침침한 흑암이 되게 하시기 전에 너희 하나님께 영광을 돌리라"(16)고 권면합니다. "…전(前), …전, …하시기 전에" 회개하라고 촉구합니다.

③ "너희가 이를 듣지 아니하면 나의 심령이 너희 교만을 인하여 은근히 곡할 것이며 여호와의 양 무리가 사로잡힘을 인하여 눈물을 흘려 통곡하리라"(17)고 말합니다. 사도 바울도 "그러므로 너희가 일깨어 내가 삼 년이나 밤낮 쉬지 않고 눈물로 각 사람을 훈계하던 것을 기억하라"(행 20:31)고 권면했습니다. 이런 점이 예레미야와 바울이 닮았다고 말하는 이유이기도 합니다. 오늘날은 웃으면서 설교하고, 회중들을 웃

기는 것이 인기가 있습니다. 그러나 복음은, 그리고 하나님의 진노는 웃으면서 농담하듯 전해도 되는 내용이 아닌 것입니다. 도리어 성경은 "슬퍼하며 애통하며 울지어다 너희 웃음을 애통으로, 너희 즐거움을 근심으로 바꿀지어다 주 앞에서 낮추라 그리하면 주께서 너희를 높이시리라"(약 4:9-10) 하고 말씀하십니다.

④ "너는 왕과 왕후에게 고하기를 스스로 낮추어 앉으라 관 곧 영광의 면류관이 내려졌다 하라"(18) 합니다. 이 경고는 "저(느부갓네살)가 여호야긴(왕)을 바벨론으로 사로잡아 가고 왕의 모친(왕후)과 왕의 아내들과 내시와 나라에 권세 있는 자도 예루살렘에서 바벨론으로 사로잡아 가고"(왕하 24:15) 하고 그대로 성취되고야 말았던 것입니다.

⑤ "너는 눈을 들어 북방에서 오는 자들을 보라(20), "너의 친구 삼았던 자를 그가 네 수령으로 세우실 때에 네가 무슨 말을 하겠느냐"(21) 합니다. 이는 바벨론이 침공하여 느브갓네살이 그들의 수령(首領)이 될 것을 가리키는 경고입니다.

⑥ "네가 심중에 이르기를 어찌하여 이런 일이 내게 임하였는고 하겠으나 네 죄악이 크므로 네 치마가 들리고 네 발뒤꿈치가 상함이니라"(22) 하십니다. 그렇다면 "죄악이 큼이라" 하신 그 큰 죄가 무엇일까요?

⑦ "내가 너의 간음(우상숭배)과 사특한 소리와 들의 작은 산 위에서 행한 네 음행(우상숭배)의 비루하고 가증한 것을 보았노라" (27상) 하십니다. 10절에서 이미 "다른 신들을 좇아 그를 섬기며 그에게 절하니 그들이 이 띠의 쓸데없음같이 되리라" 하고 그들이 멸망을 자초한 큰 죄는 다름이 아니라 다른 신을 섬긴 우상숭배였음을 말씀했던 것입니다. 그렇다면 구약의 성도들이 정절을 지키며 하나님만을 섬기는 방도가 무엇이겠습니까? 하나님께만 속죄제와 화목제 등을 드리면서 하나님과의 바른 관계를 유지해 나가는 것이었습니다. 이것은 무엇을 의미

하느냐 하면 구약의 성도들도 중보자 그리스도의 대속을 통해서만이 하나님과의 관계성을 유지할 수가 있음을 의미합니다. 그런데 다른 신을 섬겼다는 것은 하나님은 물론 명백히 그리스도를 배척한 행위였음을 인식해야만 합니다.

⑧ 이를 단적으로 말해주고 있는 것이 23절인 것입니다. "구스인이 그 피부를, 표범이 그 반점을 변할 수 있느뇨 할 수 있을진대 악에 익숙한 너희도 선을 행할 수 있으리라"(23) 하고 전적타락, 전적무능한 인간이 율법의 행위로 의롭다함을 얻음의 불가능성을 말씀하고 있습니다.

⑨ 그러하기 때문에 하나님께서는 지금 행함으로가 아닌 "믿음"으로 구원 얻는 방도를 마련해 나가고 계시는 중입니다. 오직 믿음만이 구원의 방도라는 것은 신약의 성도들만이 아니라 구약의 성도들도 동일하다는 것을 인식한다는 것은 중요한 요점입니다. 그렇다면 누구의 무엇을 믿는 믿음입니까? 오직 그리스도의 대속을 믿는 믿음입니다. 그런데 저들이 그리스도의 대속을 상징하는 제물을 드리면서, 동시에 우상에게도 제물을 드렸다는 것은 다름 아닌 혼합종교가 되었음을 나타냅니다.

교회가 가장 경계해야할 점이 바로 이 점입니다. 사도 바울이 선봉에서서 싸운 싸움이 혼합종교와의 싸움이었습니다. 그들은 예수를 부인하거나, 믿지 말라고 한 것이 결코 아니었습니다. 다만 예수를 믿으면서 동시에 할례도 행해야한다고 주장했던 것입니다. 그들을 가리켜 "다른 복음은 없나니 다만 어떤 사람들이 너희를 요란케 하여 그리스도의 복음을 변하려 함이라 그러나 우리나 혹 하늘로부터 온 천사라도 우리가 너희에게 전한 복음 외에 다른 복음을 전하면 저주를 받을지어다"(갈 1:7-8) 하고 격앙된 저주를 한 것도 복음이 혼잡 됨을 경계하고 진리를 보수하기 위해서였던 것입니다. 계시록에 보면 주님께서 "발람의 교훈을 지키는 자들이 있도다. 니골라당의 교훈을 지키는 자들이 있도다"(계 2:14-15) 하고 책망하심을 보게 됩니다. 이것이 혼합종교에 대한 경계인 것입니다. 초대교회에 비하면 현대교회는 복음이 얼마나 더 변질 된 시대입니까? 이 심각성을 인식하고 있습니까?

왜 예수를 믿지 않는 것입니까? 교만 때문입니다. 어찌하여 예수를 믿으면서 복음을 혼잡 되게 합니까? 십자가의 도가 어리석게 보이기 때문에 이를 각색하려는 교만 때문입니다. 복음이 혼잡 되게 되면 "썩어버린 베띠" 같이 되고 말 것입니다. "영광이 변하여 저주"가 되고 맙니다. 그 결국은 "진노의 포도주"를 마시게 되고야 말 것입니다.

14장

용납하실 수 없는 죄

[12]그들이 금식할지라도 내가 그 부르짖음을 듣지 아니하겠고 번제와 소제를 드릴지라도 내가 그것을 받지 아니할 뿐 아니라 칼과 기근과 염병으로 그들을 멸하리라.

14장은 예레미야 선지자가 3차에 걸쳐 간구 하나 "너는 이 백성을 위하여 복을 구하지 말라"(11) 하고 거절하시는 내용입니다. 이는 그들의 죄악이 만회할 수 없이(대하 36:16) 되었음을 말해줍니다. 본 장은 "가뭄"이라는 말로 시작이 됩니다. 본 장에는 "칼과, 기근"이라는 말이 6번(12, 13, 15, 15, 16, 18)이나 나옵니다. "가뭄"은 "칼"(전쟁)을 들어 심판하기에 앞서 "기근"을 통해 회개를 촉구하는 하나님의 징벌이었던 것입니다. 그러나 본문을 관찰해보면 곤비하여 애통하며 부르짖으나 하나님을 구하지 아니하며 물을 찾으나 하나님을 찾지 않음을 보게 됩니다. 그러므로 예레미야 선지자의 간구를 거절하시는 것입니다. 이를 세 단원으로 나누어 상고하겠습니다.

첫째 단원(1-9) **가뭄으로 인한 예레미야의 간구**

둘째 단원(10-18) **하나님의 거절과 그 원인**

셋째 단원(19-22) **예레미야의 간구**

첫째 단원(1-9) 가뭄으로 인한 예레미야의 간구

"가뭄에 대하여 예레미야에게 임한 여호와의 말씀이라 유다가 슬퍼하며 성문의 무리가 곤비하여 땅에 앉아 애통하니 예루살렘의 부르짖음이 위에 오르도다"(1-2).

2-6은 가뭄으로 고통을 당하는 광경입니다.

① 온 나라가 슬퍼하며,

② 예루살렘 성이 부르짖고(2),

③ 귀인들도 물을 얻지 못하며(3),

④ 농부들도 경작할 수 없으며(4),

⑤ 들짐승들도 헐떡(6)이는 상황으로 묘사되어 있습니다.

이는 유독 가뭄에 국한 된 문제만은 아닌 것입니다. 하나님의 백성들은 자연이나 상황을 들어서 말씀하시는 하나님의 음성을 들을 수 있어야만 하는 것입니다. 이 점이 아모스 4장에 잘 나타나 있는데 "너희가 내게로 돌아오지 아니하였느니라" 하는 말씀이 다섯 번이나 반복적으로 나옵니다. ㉠ 기근으로 징계하였으나 "너희가 내게로 돌아오지 아니하였느니라 이는 여호와의 말씀이니라"(6). ㉡ 가뭄으로 징계하였으나 "너희가 내게로 돌아오지 아니하였느니라 이는 여호와의 말씀이니라"(8). ㉢ 풍재와 깜부기 재앙으로 징계하였으나 "너희가 내게로 돌아

오지 아니하였느니라 이는 여호와의 말씀이니라"(9). ㉤ 염병과 전쟁으로 징계하였으나 "너희가 내게로 돌아오지 아니하였느니라 이는 여호와의 말씀이니라"(10). ㉥ 지진(성을 무너뜨림)으로 징계하였으나 "너희가 내게로 돌아오지 아니하였느니라 이는 여호와의 말씀이니라"(11) 하십니다.

"그러므로 이스라엘아 내가 이와 같이 네게 행하리라 내가 이것을 네게 행하리니 이스라엘아 네 하나님 만나기를 예비하라"(암4:12) 하십니다. 이는 이제 심판 받을 각오를 하라는 최후통첩이었던 것입니다. 예레미야 당시에도 그러했던 것입니다. 그러나 서두에서도 말한바와 같이 이러한 혹심한 가뭄과 기근을 당했으면서도 하나님께로 돌아가자 하는 회개운동이 일어나고 있지 않다는 사실입니다. "예루살렘의 부르짖음이 위에 오르도다"(2하) 라는 표현은 회개의 부르짖음이 아니라 고통의 절규를 나타냅니다. 이를 말해주는 것이 예레미야 선지자의 고독한 간구가 말해주고 있습니다.

예레미야의 간구

"여호와여 우리의 죄악이 우리에게 대하여 증거할지라도 주는 주의 이름을 위하여 일하소서 우리의 타락함이 많으니이다 우리가 주께 범죄하였나이다"(7).

① 7절 한 절 속에는 "우리"라는 말이 네 번이나 나오는데 "우리"와 결부 된 것은 "죄악, 타락, 범죄" 뿐입니다. 예레미야 선지자는 회개할 줄 모르는 온 백성들을 대신하여 "우리의 죄악, 우리의 타락, 우리가 주께 범죄하였나이다" 하고 자신을 백성들과 연대하여 죄를 인정하면서 자복하고 있는 것입니다.

② 그런데 예레미야는 "주는 주의 이름을 위하여 일하소서" 하고 간

구합니다. 이 점이 중요합니다. "우리"는 멸망 받아 마땅하지만(우리의 죄악이 우리에 대하여 증거할지라도) 주는 주님의 이름, 곧 명예를 위하여 구속사역을 이루어나가소서 하는 간구입니다. 하나님의 구원계획에는 하나님의 이름, 곧 명예가 걸려있음을 명심해야만 합니다. 그러므로 중단하시거나, 미완성에 끝이는 일이란 없습니다. 반드시 이루시고야 마는 것입니다. 이를 알았기에 다니엘도 "나의 하나님이여 주 자신을 위하여 하시옵소서 이는 주의 성과 주의 백성이 주의 이름으로 일컫는 바 됨이니이다"(단 9:19) 하고 간구했던 것입니다.

③ 그러므로 예레미야 선지자도 "이스라엘의 소망이시오 곤란한 때의 구원자시여 어찌하여 이 땅에서 거류하는 자같이, 하룻밤을 유숙하는 행인같이 하시나이까 어찌하여 놀라 벙벙 하는 자 같으시며 구원치 못하는 용사 같으시니이까 여호와여 주는 오히려 우리 중에 계시고 우리는 주의 이름으로 일컬음을 받는 자이오니 우리를 버리지 마옵소서"(8-9) 합니다. 이 기도에서는 가슴 절절함이 묻어나고 있습니다. ㉠ 하나님을 "이스라엘의 소망, 곤란할 때의 구원자"라고 부릅니다. ㉡ 그런 하나님이 지금 자신들에게는 "이 땅에서 거류하는 자 같고, 하룻밤을 유숙하는 행인 같고, 놀라 벙벙하여 구원치 못하는 용사 같으시다" 하고 진술합니다. "하룻밤을 유숙하는 행인"이란 자신들이 당면하고 있는 곤란에 대하여 나 몰라라 하고 하룻밤 유숙하고 떠나는 타인 같다는 뜻입니다. 하나님이 내게 대하여 이와 같으시다 하고 생각 될 때가 있습니다. 그럴 경우는 참으로 답답하고 절망적인 때인 것입니다. 그러나 그럴 때도 그 책임은 "우리가 주께 범죄 하였나이다"(7하) 한 우리의 책임임을 잊어서는 아니 됩니다.

둘째 단원(10-18) 하나님의 거절과 그 원인

"여호와께서 이 백성에 대하여 말씀하시되 그들이 어그러진 길을 사랑하여 그 발을 금하지 아니하므로 나 여호와가 그들을 받지 아니하고 이제 그들의 죄를 기억하고 그 죄를 벌하리라 하시고 여호와께서 또 내게 이르시되 너는 이 백성을 위하여 복을 구하지 말라"(10-11) 하고 거절하십니다.

① "그 발을 금하지 않았다"는 말은 우상을 찾는 그 발을 금하지 안았다는 말입니다.

② 그러므로 우상숭배를 끊어버리지 않은 체 "그들이 금식할지라도 내가 그 부르짖음을 듣지 아니하겠고 번제와 소제를 드릴지라도 내가 그것을 받지 아니할 뿐 아니라 칼과 기근과 염병으로 그들을 멸하리라"(12) 하십니다.

여기 중요한 요점이 있는데 "번제와 소제를 드릴지라도 받지 않게다"는 말씀이 그것입니다. 이를 일반적인 말로 여겨서는 아니 됩니다. ㉠ 이사야 선지자를 통해서도 "헛된 제물을 다시 가져오지 말라"(사 1:13)고 거절하셨으며, ㉡ 심지어 "소를 잡아 드리는 것은 살인함과 다름이 없고 어린 양으로 제사드리는 것은 개의 목을 꺾음과 다름이 없으며 드리는 예물은 돼지의 피와 다름이 없다"(사 66:3)고 까지 말씀하십니다. ㉢ 말라기 선지자를 통해서는 "내 단 위에 헛되이 불사르지 못하게 하기 위하여 너희 중에 성전 문을 닫을 자가 있었으면 좋겠도다"(말 1:10) 라고 말씀하셨습니다. 이것이 예사 일입니까?

제사제도는 하나님이 정하신 것이 아니가? 그런데 어찌하여 받지 않으리라 하시는가? 그 제사제도의 의미를 모르고 형식적으로 드리는 것을 거부하시는 것입니다. 드리는 제물이 그리스도의 대속을 상징하고 있다는 이 진리를 떠나서라면 제사제도는 돼지 머리 놓고 굿하는 것이

나 별반 다를 바가 없는 것입니다. 그래서 이사야는 "분향하는 것은 우상을 찬송함과 다름이 없이 하는 그들"(사 66:3하)을 책망했던 것입니다. 그런 하나님께서 우상도 숭배하면서, 하나님께 제물도 드리는 것을 하나인들 받으시겠습니까?

예레미야의 간구

"이에 내가 가로되 슬프도소이다 주 여호와여 보시옵소서 선지자들이 그들에게 이르기를 너희가 칼을 보지 아니하겠고 기근은 너희에게 이르지 아니할 것이라 여호와께서 이 곳에서 너희에게 확실한 평강을 주시리라 하나이다"(13) 하고 아뢥니다. 이에 대하여 하나님께서 답변하시기를,

① "선지자들이 내 이름으로 거짓 예언을 하도다"(14상),

② "나는 그들을 보내지 아니하였고"(14중),

③ "그들에게 명하거나 이르지 아니하였거늘 그들이 거짓 계시와 복술과 허탄한 것과 자기 마음의 속임으로 너희에게 예언하도다"(14하) 하십니다.

④ 그러므로 거짓말하고 있는 "그 선지자들은 칼과 기근에 멸망할 것이요"(15),

⑤ "그들의 예언을 받은 백성은 기근과 칼로 인하여 예루살렘 거리에 던짐을 입을 것이라"(16) 하십니다. 말씀을 맡은 자의 책임의 막중함과, 선생 된 자가 더 큰 심판을 받을 줄 알라 하신 말씀을 일깨워주는 대목입니다.

⑥ "너는 이 말로 그들에게 이르라 내 눈이 밤낮으로 끊치지 아니하고 눈물을 흘리리니 이는 처녀 딸 내 백성이 큰 파멸, 중한 창상을 인하여 망함이라"(17) 하십니다. 이것이 심판을 시행하시는 하나님의 마음

이요, 그 말씀을 받아서 외치는 선지자의 심장(心臟)인 것입니다. 반역하는 저들을 "처녀 딸 내 백성"이라고 부르십니다. 처녀라 하실 때 하나님은 신랑이 되시고, 딸이라 하실 때 하나님은 아버지가 되시며, 내 백성이라 하실 때 하나님은 왕이 되시기 때문입니다.

예레미야의 간구

"주께서 유다를 온전히 버리시나이까 주의 심령이 시온을 싫어하시나이까 어찌하여 우리를 치시고 치료하지 아니하시나이까 우리가 평강을 바라도 좋은 것이 없고 치료받기를 기다려도 놀람을 보나이다"(19) 하고 또 다시 예레미야는 하나님께 탄원을 합니다. 이는 하나님을 원망하거나 불평하는 말이 아닙니다. "내게 큰 근심이 있는 것과 마음에 그치지 않는 고통이 있는 것을 내 양심이 성령 안에서 나로 더불어 증거하노니"(롬 9:2) 한 동일한 심령으로 간구하고 있는 것입니다.

① "여호와여 우리가 우리의 악과"(20상),

② "우리 조상의 죄악을 인정하나이다 우리가 주께 범죄하였나이다"(20하) 하고 또 다시 죄를 자복합니다. 그리고 간구 하기를,

③ "주의 이름을 위하여 우리를 미워하지 마옵소서",

④ "주의 영광의 위를 욕되게 마옵소서",

⑤ "우리와 세우신 주의 언약을 기억하시고 폐하지 마옵소서" (21) 합니다. ①-②에는 "우리"라는 말이 4번이나 나오는데 "우리는 죄 뿐" 입니다. 그럴지라도 ③-⑤에서는 "주의 이름, 주의 영광, 주의 언약"이라고 말씀합니다. 이는 "주의 이름을 위하여 일하소서"(7) 하는 뜻입니다. 이 점이 우리가 간구할 때에 확고하게 붙잡고 있어야할 요점입니다. 여기에 "소망"(8상)이 있기 때문입니다. 여기에 "구원"(8중)이 있기 때문입니다.

⑥ 이를 알았기에 예레미야는 "열방의 허무한 것 중에 능히 비를 내리게 할 자가 있나이까, "우리 하나님 여호와여 그리하는 자가 주가 아니시니이까 그러므로 우리가 주를 앙망하옵는 것은 주께서 이 모든 것을 만드셨음이니이다"(22) 하고 찬양하고 있는 것입니다. 이 간구에 대하여 하나님께서는 다음 장 1-4을 통해서 거절하심을 보게 됩니다. ㉠ 이는 저들의 병의 증상이 얼마나 중한 가를 말해줍니다. ㉡ 저들의 죄악이 불의(사람과의 죄)였다면 벌써 용납하셨을 것입니다. ㉢ 그러나 경건치 아니함, 즉 다른 신을 섬긴 반역죄이기 때문에 그들을 받으실 수가 없으셨던 것입니다. 이것이 "용납하실 수 없는 죄"입니다.

15장

만회할 수 없게 된 이스라엘

[1]여호와께서 내게 이르시되 모세와 사무엘이 내 앞에 섰다 할지라도 내 마음은 이 백성을 향할 수 없나니 그들을 내 앞에서 쫓아 내치라.

예레미야 선지자의 간구(14:19-22)에 대하여 하나님께서는 "모세와 사무엘이 내 앞에 섰다 할지라도 내 마음은 이 백성을 향할 수 없나니"(1) 하고 거절하십니다. 14-15장에 걸쳐서 예레미야의 탄원에 대하여 하나님께서는 세 번(14:10-12, 14-18, 15:1-4)이나 거절하십니다. 이에 대하여 역대하에서는 "그 백성이 하나님의 사자를 비웃고 말씀을 멸시하며 그 선지자를 욕하여 여호와의 진노로 그 백성에게 미쳐서 만회(挽回)할 수 없게 하였으므로 하나님이 갈대아 왕의 손에 저희를 다 붙이시매"(대하 36:16-17) 라고 말씀합니다. 그러므로 15장의 주제가 "만회할 수 없게 된 이스라엘"이 될 수가 있습니다. 이를 세 단원으로 나누어 상고하겠습니다.

첫째 단원(1-9) **하나님의 거절과 저들에게 임할 재앙**
둘째 단원(10-14) **선지자의 탄식과 하나님의 위로**
셋째 단원(15-21) **선지자의 약함과 하나님의 격려**

첫째 단원(1-9) 하나님의 거절과 저들에게 임할 재앙

"그들이 만일 네게 말하기를 우리가 어디로 나아가리요 하거든 너는 그들에게 이르기를 여호와의 말씀에 사망할 자는 사망으로 나아가고 칼을 받을 자는 칼로 나아가고 기근을 당할 자는 기근으로 나아가고 포로될 자는 포로 됨으로 나아갈지니라 하셨다 하라"(2).

예레미야가 자기 민족을 위해서 얼마나 기도와 도고와 간구를 드렸기에 하나님께서 "너는 이 백성을 위하여 기도하지 말라 그들을 위하여 부르짖어 구하지 말라 내게 간구하지 말라 내가 너를 듣지 아니하리라(7:16, 11:14), 여호와께서 또 내게 이르시되 너는 이 백성을 위하여 복을 구하지 말라"(14:11) 하셨을까요? 그러시면서 "모세와 사무엘이 내 앞에 섰다 할지라도 내 마음은 이 백성을 향할 수 없나니",

① "그들을 내 앞에서 쫓아 내치라"(1하).

② "그들을 열방에 흩으리라"(4하).

③ "그 대적의 칼에 붙이리라"(9하) 하십니다. 왜 이토록 만회할 수 없게 되었는가?

④ "므낫세가 예루살렘에 행한 바를 인하여"(4) 라고 말씀합니다. 므낫세의 행한 바가 열왕기하 21장에 기록되어 있는데 그가 범한 결정적인 죄악은 불의뿐만이 아니라 경건치 아니함, 즉 아들을 몰록에게 제물

로 바치며 바알 신상과 아세라 목상을 하나님의 성전 안에까지 세우는 극악을 범함으로 유다 왕들 중에서 최악의 왕이 된데 있습니다.

⑤ "여호와께서 가라사대 네가 나를 버렸다"(6상)고 말씀합니다. "네가 나를 버렸고" 하심은 격렬한 표현입니다. 손가락으로 왕, 제사장, 선지자, 백성들을 하나 하나 가리키면서 "네가, 네가" 하시는 묘사인 것입니다.

⑥ "내게서 물러갔으므로"(6중) 하십니다.

⑦ "내가 뜻을 돌이키기에 염증이 났음이로다"(6하) 하십니다. 이것이 "모세와 사무엘이 내 앞에 섰다 할지라도 내 마음은 이 백성을 향할 수 없나니" 하신 이유입니다.

⑧ 그러므로 "그들이 만일 네게 말하기를 우리가 어디로 나아가리요 하거든 너는 그들에게 이르기를 여호와의 말씀에 사망할 자는 사망으로 나아가고 칼을 받을 자는 칼로 나아가고 기근을 당할 자는 기근으로 나아가고 포로 될 자는 포로 됨으로 나아갈지니라 하셨다 하라"(2) 하십니다. 여기에는 두 가지 의미가 있는데 아주 냉정한 말씀입니다. 첫째는 나와는 상관이 없다 너희가 당하라 하고 그들을 버리셨음을 뜻합니다. 둘째는 기근을 피한 자는 칼에 망하고, 칼을 피한 자는 포로가 된다는, 피할 방도가 없다는 뜻입니다.

둘째 단원(10-14) **선지자의 탄식과 하나님의 위로**

"내게 재앙이로다 나의 모친이여 모친이 나를 온 세계에게 다툼과 침을 당할 자로 낳으셨도다"(10상).

① 예레미야 선지자는 자신의 간구가 하나님에 의하여 거절을 당하자 낙심천만하여 자기를 낳아준 모친을 원망합니다. 생일을 원망한다는

것은 그가 약하여졌음을 의미합니다. 욥도 순전을 잘 지키며 인내하다가 "나의 난 날이 멸망하였었더라면, 남아를 배었다 하던 그 밤도 그러하였었더라면, 어찌하여 내가 태에서 죽어 나오지 아니하였던가 어찌하여 내 어미가 낳을 때에 내가 숨지지 아니하였던가"(욥 3:1-11) 하고 생일을 저주하였던 것입니다.

② "내가 꾸어주지도 아니하였고 사람이 내게 꿔이지도 아니하였건만 다 나를 저주하는도다"(10하) 합니다. 이 말은 저들에게 무슨 손해를 끼친 일이 없는데도 저들이 나를 저주한다는 말입니다. 이는 예레미야의 탄식하는 말입니다.

하나님의 격려

③ "여호와께서 가라사대 내가 진실로 너를 강하게 할 것이요 너로 복을 얻게 할 것이며"(11상) 하십니다. 예레미야는 "내게 재앙이로다" 하고 자신이 화를 당한 자라고 말하고 있는데 하나님께서는 "너로 복을 얻게 할 것이라" 하고 복 받은 자라고 말씀하십니다.

④ "내가 진실로 네 대적으로 재앙과 환난의 때에 네게 간구하게 하리라"(11하) 하십니다. "네 대적으로 재앙과 환난의 때에 네게 간구하게 하리라"는 말은 선지자에게는 더 없는 위로와 격려가 되는 말씀인 것입니다. 왜냐하면 "그 말이 응하리니 응할 때에는 그들이 한 선지자가 자기 가운데 있었던 줄을 알리라"(겔 33:33)는 그런 뜻이기 때문입니다. 그때에야 참 선지자와 거짓 선지자의 구별이 확연히 드러나게 되는 것입니다. 14:14에서는 "선지자들이 내 이름으로 거짓 예언을 하도다 나는 그들을 보내지 아니하였고 그들에게 명하거나 이르지 아니하였거늘" 하셨는데 본문에서는 "재앙과 환난의 때에 네게 간구하리라" 하고 예레미야가 선포한 말이 그대로 응하게 될 때에야 거짓선지자들의

말을 믿었던 백성들이 굴복하게 될 것임을 말씀하십니다.

사도 바울도 거짓교사들에 의해서 많은 어려움을 당했습니다. 그들은 바울이 개척한 고린도교회에 내려가서 이간을 붙였던 것입니다. 바울은 말씀합니다. "너희가 대강 우리를 아는 것같이 우리 주 예수의 날에 너희가 우리의 자랑이 되고 우리가 너희 자랑이 되는 것이라"(고후 1:14). 지금이 아닙니다. "주 예수의 날"입니다. 그 날에 성도들에게 자랑이 되는 목회자가 되기를 원했습니다. 또한 그 날에 저들이 바울에게 자랑스런 존재가 되기를 열망했습니다. 하나님께서는 지금 고독한 중에 박해를 당하고 있는 예레미야 선지자에게 이렇게 되리라고 위로를 하고 계시는 것입니다.

셋째 단원(15-21) 선지자의 약함과 하나님의 격려

"만군의 하나님 여호와시여 나는 주의 이름으로 일컬음을 받는 자라 내가 주의 말씀을 얻어먹었사오니 주의 말씀은 내게 기쁨과 내 마음의 즐거움이오나"(16).

본 단원에서는 선을 행하다가 약하여진 선지자의 모습을 대하게 됩니다. 예레미야 선지자가 선을 행하다가 낙심하고 피곤함을 느낀 시점은 사역을 시작한지 20년 이상이 경과한 시점입니다. 창세기 16 :3에 의하면 아브라함이 하갈을 첩으로 취한 시점을 "아브람이 가나안 땅에 거한지 십 년 후이었더라"고 말씀하고 있음을 보게 됩니다. 아들을 주시겠다는 약속을 10년이나 믿고 기다렸지만 주시지 않자 첩을 얻었다는 뜻이 됩니다. 10년이면 강산도 변한다는데 아브라함도 참을 만큼 참았다는 뜻일까요? 형제가 선을 행하다가 낙심하고 피곤함을 느끼기 시작한 시점은 사역을 시작한지 몇 년이 지난 때였습니까? 예레미야 선지자도 참을 만큼 참았고, 기다릴 만큼 기다린 것일까요?

① 자신의 신분은 "주의 이름으로 일컬음을 받는 자라"(16상) 하고 주의 종임을 고백합니다.

② "내가 주의 말씀을 얻어먹었사오니"(16중) 하고 주의 종의 양식은 주의 말씀임을 고백합니다. 이는 중요한 요점입니다. 다른 사람에게 먹여주기에 앞서서 자신이 먼저 얻어먹어야만 하는 것입니다. 주님께서도 "내게는 너희가 알지 못하는 양식이 있느니라" 하시면서 "나의 양식은 나를 보내신 이의 뜻을 행하며 그의 일을 온전히 이루는 이것이니라"(요 4:32-34)고 말씀하셨습니다.

③ 그리하여 "주의 말씀은 내게 기쁨과 내 마음의 즐거움"이라고 말합니다. 즉 자신이 먼저 은혜를 입고 감격과 감동이 있어야만 하는 것입니다. 이것이 "그 배에서 생수의 강이 흘러나리라"(요 7:38) 하신 의미이기도 합니다. 설교자의 배에서 생수의 강이 흘러내릴 때에 청중들은 비로소 은혜를 받게 되는 것입니다. 시편기자도 "내 마음에서 좋은 말이 넘쳐"(시 45:1)라고 진술하고 있습니다. 설교자들에게 이보다 더 큰 격려는 없습니다. 반면 이 감동이 매 말라 버렸다면 이보다 더한 고통은 없는 것입니다. 만사를 중단하고 목마른 사슴이 시냇물을 찾기에 갈급함같이 주의 말씀을 갈망해야하는 것입니다.

④ "내가 기뻐하는 자의 회에 앉지 아니하며 즐거워하지도 아니하고 주의 손을 인하여 홀로 앉았사오니"(17중) 합니다. 이는 "악인의 꾀를 좇지 아니하며 죄인의 길에 서지 아니하며 오만한 자의 자리에 앉지 아니한"(시 1:1) 선지자의 고독을 나타냅니다. "주의 손을 인하여"라는 말은 주의 손에 붙잡혀, 달리 표현하면 "하나님의 말씀에 붙잡혀"(행 18:5), 또는 "심령에 매임을 받아"(행 20:22) 라는 그런 뜻입니다.

⑤ "나의 고통이 계속하며 상처가 중하여 낫지 아니함은 어찜이니이까 주께서는 내게 대하여 물이 말라 속이는 시내같으시리이까"(18) 하

고 질문을 합니다. 여기에 선지자의 고통과 피곤함이 함께 나타나고 있습니다. ㉠ 예레미야는 지금까지 예루살렘이 심판 받아 멸망당할 것만을 선포했습니다. 여기에 상처가 중하여 낫지 아니함과 같은 고통이 있었던 것입니다. ㉡ 반면 이토록 하나님의 말씀을 선포했음에도 아무런 반응이 없다는 것입니다. 이런 때에 선지자는 피곤함을 느끼게 되는 것입니다. 어찌하여 하나님의 말씀이 "불 같이, 반석을 쳐서 부스러뜨리는 방망이 같이"(23:29) 역사하시지 않는가? 그래서 "주께서는 내게 대하여 물이 말라 속이는 시내같으시리이까" 하고 말하고 있는 것입니다.

이런 피곤이 엄습해 오는 시점은 예레미야가 사역을 시작한지 20년 이상이 지났을 시점에서입니다. 아무리 외쳐도 백성들은 회개하지 않았고, 이제 하나님께서도 예레미야의 기도를 거절하고 계십니다. 그리하여 예레미야는 마치 로뎀나무 아래 앉아서 죽기를 구하던 엘리야(왕상 19:4) 같이 낙망하고 있는 것입니다. 이에 대한 하나님의 응답이 19-21입니다.

하나님의 격려

① "여호와께서 이같이 말씀하시되 네가 만일 돌아오면"(19상) 하십니다. 주의 종이 이러한 말을 듣게 된다는 것은 슬픈 일입니다. 하나님께서는 지금까지 예레미야를 통해서 "배역한 자식들아 돌아 오라"(3:14, 22)고 외치셨습니다. 그러나 그들은 "돌아오기를 싫어하고(5:3), 돌아오기를 거절하고(8:5), 돌이키지 아니"(15:7)하였습니다. 그런데 이제 예레미야 선지자를 향하여 "네가 만일 돌아오면" 하고 말씀하고 있다는 것은 무엇을 의미하는가? 예레미야 마저 사명을 저버리고 떠나가고 있음을 말해줍니다. 하나님께서는 이런 날이 올 것을 아시고 그를 선지자로 세우시면서 "보라 내가 오늘날 너로 그 온 땅과 유다 왕들과 그

족장들과 그 제사장들과 그 땅 백성 앞에 견고한 성읍, 쇠기둥, 놋성벽이 되게"(1:18) 하였다고 미리 격려하셨던 것입니다. 그러나 "돌아 오라, 돌아 오라" 외치던 예레미야가 결국 약하여져서 돌아가고 만 것입니다.

② 그러므로 "그들은 네게로 돌아오려니와 너는 그들에게로 돌아가지 말지니라"(19하) 하고 말씀하십니다.

③ "네가 만일 천한 것에서 귀한 것을 취할 것 같으면 너는 내 입같이 될 것이라"(19중) 하십니다. 이는 예레미야가 귀한 것, 즉 얻은 먹은 주의 말씀을 버리고 천한 것을 취했음을 말해주고 있습니다. 그 "천한 것"이 무엇을 의미할까요? "내가 다시는 여호와를 선포하지 아니하며 그 이름으로 말하지 아니하리라"(20:9) 한 말씀에 대한 확신을 잊어버린 그런 것은 아닐는지요? 그러므로 "네가 만일 천한 것에서 귀한 것을 취할 것 같으면 너는 내 입같이 될 것이라" 하고 사명을 회복하게 될 것을 말씀하시는 것입니다.

④ 이렇게 견책하신 후에 "내가 너로 이 백성 앞에 견고한 놋 성벽이 되게 하리니"(20) 하고 처음에 격려하셨던 말씀으로 다시 굳게 하시며 강하게 하십니다. "놋 성벽"이란 묘사는 "포학자의 기세가 성벽을 충돌하는 폭풍과 같을 때에도"(사 25:4) 염려할 것이 없다는 하나님의 보장인 것입니다.

⑤ "내가 너를 악한 자의 손에서 건지며 무서운 자의 손에서 구속하리라"(21) 하십니다.

이상의 말씀은 일차적으로는 예레미야에게 하신 말씀입니다. 그런데 이 말씀을 성경에 기록케 하심으로 예레미야 선지자만을 위해서가 아니라 선을 행하다가 피곤하여 낙심하게 될 그 시대 시대의 주의 종들을 위로하고 격려하는 말씀이 된 것입니다.

16장

하나님의 손과 능을 보이시려는 하나님

[21]여호와께서 가라사대 보라 이번에 그들에게 내 손과 내 능을 알려서 그들로 내 이름이 여호와인줄 알게 하리라.

하나님께서 예레미야에게 "이 땅에서 아내를 취하지 말며 자녀를 두지 말지니라"(2) 하십니다. 이는 심판의 참상과 그 때가 임박했음을 알리는 전주곡이기도 합니다. 그런데 여기 중요한 계시가 있습니다. "보라 이 번에 그들에게 내 손과 내 능을 알려서 그들로 내 이름이 여호와인줄 알게 하리라"(21) 하십니다. 여기에 징계의 목적이 있습니다. 패역한 백성들을 "심판"하심으로 하나님의 "손과 능"을 알리시고, 저들을 포로에서 귀환케 하심으로 하나님의 "손과 능"을 알리시려는 것입니다. 이스라엘 백성들이 출애굽 할 수 있었던 것도 "여호와가 강한 손과 편 팔로 너를 거기서 인도하여 내신"(신 5:15) 것이요, 장차 바벨론에서 인도하여 내심도 하나님의 "손과 능"으로 말미암아서인 것입니다.

그러므로 바벨론에서의 구원경험을 한 자들은 "애굽 땅에서 인도하여 내신 여호와의 사심으로 맹세하지 아니하고, 그 모든 쫓겨났던 나라(바벨론)에서 인도하여 내신 여호와의 사심으로 맹세하리라"(14-15) 하십니다. 이를 세 단원으로 나누어 상고하겠습니다.

첫째 단원(1-9) **임박한 환난**
둘째 단원(10-13) **우리의 죄악은 무엇이뇨**
셋째 단원(14-21) **쫓아낸 너희를 돌아오게 하리라**

첫째 단원(1-9) 임박한 환난

"여호와의 말씀이 또 내게 임하니라 가라사대 너는 이 땅에서 아내를 취하지 말며 자녀를 두지 말지니라"(1-2).

본 단원에서 하나님은 예레미야에게 세 가지를 분부하십니다.

① "너는 이 땅에서 아내를 취하지 말며 자녀를 두지 말지니라"(2) 하십니다. 이는 임박한 환난 때문입니다. 말하자면 주님께서 말씀하신 바 "그 날에는 아이 밴 자들과 젖먹이는 자들에게 화가 있으리로다"(마 24:19) 하신 그런 뜻에서입니다. 이때 되어진 일을 시편에서는 이렇게 진술하고 있습니다.

하나님이여 열방이 주의 기업에 들어와서 주의 성전을 더럽히고
예루살렘을 돌무더기가 되게 하였나이다
저희가 주의 종들의 시체를 공중의 새에게 밥으로 주며
주의 성도들의 육체를 땅 짐승에게 주며
그들의 피를 예루살렘 사면에 물같이 흘렸으며

그들을 매장하는 자가 없나이다(시 79:1-3).

그로부터 약 500년 후에 또다시 주님은 예루살렘 성을 보시고 우시며 "날이 이를지라 네 원수들이 토성을 쌓고 너를 둘러 사면으로 가두고 또 너와 및 그 가운데 있는 네 자식들을 땅에 메어치며 돌 하나도 돌 위에 남기지 아니하리니 이는 권고 받는 날을 네가 알지 못함을 인함이니라"(눅 19:41-44) 하고 환난의 참상을 말씀하셨습니다. 그리고 두 경고는 역사적으로 그대로 성취되고야 말았던 것입니다.

선지자 예레미야가 "이 곳에서 생산한 자녀와 이 땅에서 그들을 해산한 어미와 그들을 낳은 아비가, 칼과 기근에 망하고 그 시체는 공중의 새와 땅 짐승의 밥이 되리라"(3-4) 선포하면서 자신은 아내를 취하고 자녀를 생산한다면 어찌되겠습니까? 그는 입으로 증거한 말씀을 삶을 통해서 확증했던 것입니다.

② "상가에 들어가지 말라 가서 통곡하지 말며 그들을 위하여 애곡하지 말라"(5상) 하십니다. 예루살렘 전체가 "칼과 기근에 망하고 그 시체는 공중의 새와 땅 짐승의 밥이 되리라"(4하) 하고 보다 큰 멸망을 선포하면서, 보다 작은 한 사람의 죽음을 인하여 상가에 들어가서 애곡하고 있다면 자신이 전한 말을 스스로 부정하는 것이 될 것이기 때문입니다.

③ "너는 잔치 집에 들어가서 그들과 함께 앉아 먹거나 마시지 말라"(8) 하십니다. 왜 이렇게 말씀하시는 것일까요? 선지자가 "보라 기뻐하는 소리와 즐거워하는 소리와 신랑의 소리와 신부의 소리가 이곳에서 끊어지게 되리라"(9)고 외치면서 자신은 잔치 집에 들어가서 그들과 함께 앉아서 먹고 마시며 즐거워하고 있다면 자신의 설교를 스스로가 부인하는 결과가 될 것이기 때문입니다.

하나님께서 선지자에게 하신 분부를 통해서 각성하게 됨은 설교자란 말로만 전하는 것이 아니라 "행함과 진실함"(요일 3:18)으로 전해야만 한다는 점입니다. 말로 전하기는 쉽습니다. 그러나 자신이 설교한 대로 살아간다는 것은 쉬운 일이 아닙니다. 이 점을 바울 사도는 "이는 우리의 복음이 말로만 너희에게 이른 것이 아니라, 우리가 너희 가운데서 너희를 위하여 어떠한 사람이 된 것은 너희 아는 바와 같으니라"(살전 1:5) 하고 말로만 전한 것이 아니라 "어떠한 사람이 된", 즉 삶과 인격을 통해서 전했다고 말씀하고 있습니다.

둘째 단원(10-13) 우리의 죄악은 무엇이뇨

"네가 이 모든 말로 백성에게 고할 때에 그들이 네게 묻기를 여호와께서 우리에게 이 모든 큰 재앙을 광포하심은 어찜이며 우리의 죄악은 무엇이며 우리가 우리 하나님 여호와께 범한 죄는 무엇이뇨 하거든"(10).

"우리가 우리 하나님 여호와께 범한 죄는 무엇이뇨" 하리라는 것입니다. 이는 심각한 문제입니다. 지금까지 하나님께서는 "죄악을 책망하고, 큰 재앙을 광포"하셨습니다. 그런데 정작 장본인들은 자신들의 잘못을 모르고 있다는 것입니다. 말라기 선지자 때에도 "내 이름을 멸시하는 제사장들아" 하고 책망하시니까, "우리가 어떻게 주의 이름을 멸시하였나이까"(1:6) 하고 항변했고, "여호와를 괴로우시게 하고도, 우리가 어떻게 여호와를 괴로우시게 하였나이까"(2:17) 했으며, "완악한 말로 나를 대적하고도, 우리가 무슨 말로 주를 대적하였나이까"(3:13) 하고 도리어 대들고 있는 것을 보게 됩니다. 죄를 범한 것만이 문제가 아니라 더욱 치명적인 문제는 "우리가 우리 하나님께 범한 죄가 무엇이뇨" 하고 자신의 잘못을 모르고 있다는데 있는 것입니다. 하나님께서는 그들의 죄악상을 세 가지로 말해 주라 하십니다.

① "너희 열조가 나를 버리고 다른 신들을 좇아서 그들을 섬겼기"(11) 때문(과거)이라고 말해 주라 하십니다.

② "너희가 너희 열조보다 더욱 악을 행하였도다"(12) 라고(현재) 대답하라 하십니다.

③ "이 땅에서 쫓아내면, 거기서 주야로 다른 신들을 섬길"(13) 것(미래)이라고 말해 주라 하십니다.

이 말씀 속에는 과거와, 현재와, 미래에 걸쳐서 하나님을 버리고 다른 신을 좇을 것이 포함되어 있습니다. 우리가 구약성경을 상고하면서 가장 치명적인 죄가 다른 신, 곧 우상숭배였음을 깨달아야만 합니다. 그리고 다시 강조합니다 만, 저들이 다른 신을 섬김으로 멸망 받게 된 죄악이란 다름이 아니라 궁극적으로 그리스도를 배척한 죄라는 점입니다. 생각해보십시오. 저들이 진정으로 속죄제와 화목제의 의미를 깨닫고, 하나님께 상번제를 드리면서 하나님을 섬겼다면 이는 그림자를 통하여 그리스도의 대속을 믿은 것이 되고, 이로 인하여 하나님과의 교제를 유지할 수가 있었기 때문입니다.

그렇다면 구약시대 내내 그토록 끈질기게 다른 신을 섬겼다는 우상숭배의 문제가 현대교회에는 어떻게 관계가 있는가 하는 것이 문제로 대두되게 됩니다. 우리들도 "우리의 죄악은 무엇이며 우리가 우리 하나님 여호와께 범한 죄는 무엇이뇨" 하고 이점을 모르고 있거나 항변하고 있는지도 모릅니다. 성경은 말씀합니다. "그러므로 너희가 그리스도와 함께 다시 살리심을 받았으면 〈위엣 것〉을 찾으라 거기는 그리스도께서 하나님 우편에 앉아 계시느니라 〈위엣 것〉을 생각하고 〈땅에 것〉을 생각지 말라 이는 너희가 죽었고 너희 생명이 그리스도와 함께 하나님 안에 감취었음이니라 우리 생명이신 그리스도께서 나타나실 그 때에 너희도 그와 함께 영광 중에 나타나리라 그러므로 〈땅에 있는 지체〉를 죽이라 곧 음란과 부정과 사욕과 악한 정욕과 탐심이니 탐심은 우상숭배니라 이것들을 인하여 하나님의 진노가 임하느니라"(골 3:1-6). "땅에 것과, 위엣 것"이라는 말이 두 번씩 강조되어있습니다. 땅에 것은 생각지 말고 위엣 것을 생각하라 하십니다. 땅에 것은 죽이고 위엣 것을 찾으라 말씀합니다. 그리고 도달한 결론이 "탐심은 우상숭배니라" 하십니다.

탐심(貪心)은 우상숭배

① 하나님의 자녀들이 땅에 것을 생각하고, 땅에 것을 찾는, 이것이 탐심이요 우상숭배라고 말씀합니다.

② 그리스도인들은 어찌하여 위엣 것을 찾아야만 한다고 말씀합니까? "너희가 죽었고 그리스도와 함께 다시 살리심을 받았기" 때문이라고 말씀합니다.

③ 그러므로 땅에 것에 마음을 둔다는 것은 십자가의 대속교리를 망각하고 있기 때문이며, 결국 "그리스도께서 나타나실 때에 너희도 그와 함께 영광 중에 나타나리라"(골 3:4) 하신 언약을 불신한다는 증거인 것입니다.

④ 그렇다면 지금 우리는 어떻게 하고 있습니까? 땅에 것을 죽이기는커녕 오히려 북돋우고있는 것은 아닌지요? 성경은 "탐심은 우상숭배니라"고 말씀하면서 "이것들을 인하여 하나님의 진노가 임하느니라"고 경고하고 있습니다.

셋째 단원(14-21) 쫓아낸 너희를 돌아오게 하리라

"여호와께서 가라사대 그러나 보라 날이 이르리니 다시는 이스라엘 자손을 애굽 땅에서 인도하여 내신 여호와의 사심으로 맹세하지 아니하고 이스라엘 자손을 북방 땅과 그 모든 쫓겨났던 나라에서 인도하여 내신 여호와의 사심으로 맹세하리라 내가 그들을 그 열조에게 준 그들의 땅으로 인도하여 들이리라"(14-15).

① "내가 그들을 그 열조에게 준 땅으로 인도하여 들이리라"(15하) 하고 이스라엘이 돌아오게 될 것을 말씀하십니다.

② "열방이 땅 끝에서 주께 이르러"(19중) 하고, 이방이 회개하고 돌아올 것을 말씀합니다. 이방인들이 "땅 끝에서 주께 이르러 말하기를 우리 열조의 계승(우상숭배)한 바는 허무하고 망탄하고 무익한 뿐이라 인생이 어찌 신 아닌 것을 자기의 신으로 삼겠나이까"(19-20) 하고 회개하리라고 말씀합니다. 이 일이 언제 어떻게 해서 가능하여 지는가? 이스라엘의 회복이나, 열방의 구원사건은 신약시대에 예수 그리스도의 구속으로 말미암아 가능하여질 일을 전망(展望)하는 말씀입니다.

하나님 나라건설, 곧 하나님께서 이루시는 구속사역은 야곱의 자손들을 "애굽 땅에서 인도하여 내심"(14)으로 이루어지는 것이 아닙니다. 또한 쫓겨났던 바벨론에서 돌아오게 하심(15)으로 회복되는 것도 아닙니다. 주님의 초림 만으로 성취되는 것도 아닙니다. "인자가 구름을 타고 능력과 큰 영광으로 오는 것을 보리라" 하신 재림 때 완성되는 것입니다. 그리고 돌아오게 하시는 궁극적인 목적은 "내 손과 내 능을 알려서 그들로 내 이름이 여호와인줄 알게 하리라"(21)에 있는 것입니다.

17장

복과 저주

[7]그러나 무릇 여호와를 의지하며 의뢰하는 그 사람은 복을 받을 것이라.

17장에는 두 길이 제시되어 있습니다. "그 사람은 저주를 받을 것이라(5하), 그 사람은 복을 받을 것이라"(7하) 하십니다. 지금 유다인들은 복을 버리고 저주(멸망)의 길을 가고 있는 것입니다. 이 두 가지 길은 신구약성경 전체에 걸쳐있습니다. 그리고 모든 사람들은 이 두 길 중의 어느 한 길을 가고 있는 것입니다. 이 두 길과 결부하여 두 가지 주제가 강조되어 있는데 그것은 "마음과, 안식일"입니다. 죄가 마음 판에 새겨졌고(1), 마음이 여호와에게서 떠났으며(5), 결국 만물보다 거짓되고 심히 부패한 것은 마음이라(9)고 말씀합니다. 또한 안식일이라는 말이 7번이나 나오는데 이를 준수하면 복을 받게 되고, 만일 이를 청종치 아니하면 저주를 당하게 될 것이라고 경고합니다. 그렇다면 "복과 저주"

가 "마음과, 안식일"이라는 주제와 어떤 연관과 의미가 있을까요? 이를 세 단원으로 나누어 상고하겠습니다.

첫째 단원(1-11) **여호와를 의지하고 의뢰하라**
둘째 단원(12-18) **나를 고치소서 구원하소서**
셋째 단원(19-27) **안식일에 대한 경계**

첫째 단원(1-11) 여호와를 의지하고 의뢰하라

"유다의 죄는 금강석 끝 철필로 기록되되 그들의 마음 판과 그들의 단 뿔에 새겨졌거늘"(1).

저들은 "우리의 죄악은 무엇이며 우리가 우리 하나님 여호와께 범한 죄는 무엇이뇨"(16:10) 하고 항변했습니다. 이에 대해 그들의 죄가,

① "금강석 끝 철필로 기록되되"라고 말씀합니다. ㉠ 이는 돌에 각인(刻印)이 되듯 명명백백함을 뜻합니다. ㉡ "네가 잿물로 스스로 씻으며 수다한 비누를 쓸지라도 네 죄악이 오히려 내 앞에 그저 있으리니"(2:22) 하심같이 지을 수가 없다는 뜻입니다.

② "그들의 마음 판과 그들의 단 뿔에 새겨졌거늘" 하십니다. 이는 그들 자신도 부인할 수 없는 명백한 사실이라는 것입니다.

③ "그들의 자녀가, 아세라들을 생각하도다"(2) 합니다. 이는 저들의 죄가 자녀들을 통해서도 나타난다는 뜻입니다. 즉 부모들이 우상숭배하는 것을 보면서 자란 그들의 자녀들의 언행심사를 통해서 나타난다는 것입니다.

④ 그러므로 "내가 네게 준 네 기업에서 네 손을 뗄(박탈) 것이며 또 내가 너로 너의 알지 못하는 땅(바벨론)에서 네 대적을 섬기게 하리

니"(4) 하십니다.

⑤ "나 여호와가 이같이 말하노라 무릇 사람을 믿으며 혈육으로 그 권력을 삼고 마음이 여호와에게서 떠난 그 사람은 저주를 받을 것이라"(5)고 말씀합니다. "마음이 여호와를 떠났다"는 말을 명심해야만 합니다. 이 점을 이사야 선지자를 통해서는 "이 백성이 입으로는 나를 가까이 하며 입술로는 나를 존경하나 그 마음은 내게서 멀리 떠났나니"(사 29:13)하고 말씀합니다. 문제는 마음입니다. 그런데 저들은 입으로는 하나님을 섬기고, 마음으로는 우상을 숭배했다는 것입니다. 유념해야할 것은 저들은 우상을 숭배하면서도 하나님께 대한 예배의식(禮拜儀式)을 폐한 것은 아니었다는 점입니다. 그들의 신앙은 혼합종교가 되어서 하나님도 섬기고 복을 준다는 이방 신도 섬겼던 것입니다. 이를 가리켜 "마음이 여호와에게서 떠난 사람"이라고 말씀합니다. 이것이 "저주를 받을 것이라" 한 저주의 길입니다.

⑥ 이와는 대조적으로 "그러나 무릇 여호와를 의지하며 여호와를 의뢰하는 그 사람은 복을 받을 것이라"(7)고 말씀합니다. "의지하며, 의뢰하는 사람"이라고 말씀하심을 또한 명심해야만 합니다. 이 점을 바울 사도는 그의 최후 서신에서 "나의 의뢰한 자를 내가 알고 또한 나의 의탁한 것을 그 날까지 저가 능히 지키실 줄을 확신함이라"(딤후 1:13)고 고백하고 있습니다. 어떤 의미에서 하나님을 의뢰(믿는)하기는 쉽습니다. 그러나 의탁(믿고 맡기는)하는 것이 진정한 믿음인 것입니다. "그는 물가에 심기운 나무가 그 뿌리를 강변에 뻗치고 더위가 올지라도 두려워 아니하며 그 잎이 청청하며 가무는 해에도 걱정이 없고 결실이 그치지 아니함 같으리라"(8) 하십니다. 이것이 복을 받는 길이라고 말씀합니다.

⑦ 이렇게 말씀한 후에 "만물보다 거짓되고 심히 부패한 것은 마음이라"(9)고 말씀합니다. 이는 예레미야 당시의 마음만이 그러하다고 말

씀하고 있는 것이 아닙니다. 시조 아담으로부터 오늘에 이르기까지 사람의 마음은 언제나 그러하다는 것입니다. 그러므로 나 자신도 예외일 수는 없는 것입니다. ㉠ "거짓되다"는 말은 자신이 죄인임을 숨기려는 성품입니다. ㉡ "심히 부패했다"는 말은 자력으로는 치료할 수 없음을 나타냅니다. ㉢ "만물보다" 더하다고 말씀합니다. 이것이 사람의 "마음이라"는 것입니다.

⑧ "누가 능히 이를 알리요 마는 나 여호와는 심장을 살피며 폐부를 시험하고 각각 그 행위와 그 행실대로 보응하나니"(9-10) 합니다. 여기서 "심장을 살피며 폐부를 시험"한다 함은 사람의 깊고 은밀한 곳, 즉 마음을 감찰하신다는 뜻입니다. 이를 신약성경에서는 "혼과 영과 및 관절과 골수를 찔러 쪼개기까지 하며 또 마음의 생각과 뜻을 감찰하나니 지으신 것이 하나라도 그 앞에 나타나지 않음이 없고 오직 만물이 우리를 상관하시는 자의 눈앞에 벌거벗은 것같이 드러나느니라"(히 4:12-13)고 말씀하고 있습니다. 그런 하나님께서 보실 때에 신사 숙녀인양 외식하는 인간의 마음이 "만물보다 거짓 되고 심히 부패"하다는 것입니다.

사도 바울은 이 말씀을 염두에 두고 한 말씀일까요? 로마서에서 죄론(罪論)을 강론하는 중에 이렇게 말씀하고 있습니다. "사람은 다 거짓되되 오직 하나님은 참되시다 할지어다"(롬 3:4). 성경을 상고하면서 하나님의 신실하심에 대하여 인간의 배은망덕을 보면서 "사람은 다 거짓되되 오직 하나님은 참되시다 할지어다" 라는 결론에 이를 수밖에 없게 됩니다. 여기 요점이 있는데 이처럼 타락하고 부패한 인간이 "무릇 사람을 믿으며 혈육으로 그 권력을 삼고"(5) 거들먹거릴 것인가? 아니면 회개하고 겸손히 "여호와를 의지하며 여호와를 의뢰할"(7) 것인가? 여기에 복과 저주가 갈라지게 되는 것입니다.

둘째 단원(12-18) 나를 고치소서 구원하소서

"여호와여 주는 나의 찬송이시오니 나를 고치소서 그리하시면 내가 낫겠나이다 나를 구원하소서 그리하시면 내가 구원을 얻으리이다"(14).

본 단원은 예레미야의 기도입니다. 예레미야의 기도를 관찰해보면 "복을 받는 길과 저주를 받는 길"에 대한 진술임을 보게 됩니다. 하나님을 "영화로우신 보좌여 원시부터 높이 계시며 우리의 성소이시며 이스라엘의 소망이신 여호와여"(12-13상) 하고 부르고 있습니다.

① "무릇 주를 버리는 자는 다 수치를 당할 것이라 무릇 여호와를 떠나는 자는 흙에 기록되리니"(13상) 하고 저주의 길을 말합니다. "흙에 기록" 될 자들이 있고, 주님께서 "너희 이름이 하늘에 기록된 것으로 기뻐하라"(눅 10:20) 하신 하늘에 기록 될 자들이 있습니다.

② "이는 생수의 근원이신 여호와를 버림이니이다"(13하) 하고 흙에 기록되는 그 이유를 말해주고 있습니다. 2:13에서도 "생수의 근원 되는 나를 버렸다"고 말씀하고 있는데, 구속사의 맥락으로 바라보면 생수의 근원 되시는 하나님이, 임마누엘 하심으로 신약에서는 그리스도가 생수의 근원이 되심을 보게 됩니다. 그러므로 주님께서는 "누구든지 목마르거든 내게로(생수의 근원) 와서 마시라"(요 7:37) 하고 초청하십니다. 그 생수의 근원을 버리게 되면 그의 이름이 땅에 기록될 수밖에 없는 것입니다.

③ 예레미야 선지자가 〈생수의 근원〉을 언급한 후에 "나를 고치소서 그리하시면 내가 낫겠나이다. 나를 구원하소서 그리하시면 내가 구원을 얻으리이다"(14) 하고 말씀하고 있는 것은 의미심장합니다. 예레미야 선지자는 지금까지 왕과 방백과 제사장들과 선지자들과 백성들을 향하여 죄를 책망하며 심판을 경고했습니다. 그랬던 예레미야가 "여호와여 나를 고치소서 그리하시면 내가 낫겠나이다 나를 구원하소서 그리하시

면 내가 구원을 얻으리이다" 하고 간구하고 있는 것입니다. "만물보다 거짓되고 심히 부패한 것은 (사람의) 마음이라" 하였을 때에 예레미야는 자신의 거짓과 부패를 본 것은 아닐까요? "생수의 근원"이 모든 사람에게 필요한 이유가 여기에 있는 것입니다.

④ "그들이 내게 이르기를 여호와의 말씀이 어디 있느뇨 이제 임하게 할지어다 하나이다"(15) 하고 아룁니다. 이는 저들이 예레미야를 향하여 비웃는 말입니다. 네가 여호와의 이름으로 선포한 심판에 대한 경고가 어찌되었느냐 어디 이루어보라는 그런 뜻입니다. 이는 주의 이름으로 예언한 모든 주의 종들이 겪었을 조롱일 것입니다. 홍수심판을 경고하던 노아도 이런 조롱을 받았을 것입니다. 성경은 "말세에 기롱하는 자들이 와서 자기의 정욕을 좇아 행하며 기롱하여 가로되 주의 강림하신다는 약속이 어디 있느뇨"(벧후 3:3-4) 하고 조롱할 것이라고 말씀합니다. 성경은 "그때(노아의 때) 세상은 물의 넘침으로 멸망하였으되, 이제 하늘과 땅은 그 동일한 말씀으로 불사르기 위하여 간수하신 바 되어 경건치 아니한 사람들의 심판과 멸망의 날까지 보존하여 두신 것이니라"(벧후 3:6-7) 하고 대답합니다.

⑤ "나는 목자의 직분에서 물러가지 아니하고 주를 좇았사오며 재앙의 날도 내가 원치 아니하였음을 주께서 아시는 바라"(16) 합니다. 이는 ㉠ 자신이 선지자가 된 것도 하나님의 강권에 의해서요, ㉡ 예루살렘이 멸망하리라고 선포한 것도 자신이 원해서가 아니라 하나님의 명에 순종하였음을 나타냅니다.

⑥ 그러므로 "내 입술에서 나온 것이 주의 목전에 있나이다"(16하) 합니다. 이는 하나님의 말씀을 대언하는 설교자들이 명심해야할 말씀입니다. 설교자의 입술에서 나온 말이 회중(會衆)들 앞에만 놓이게 되는 것이 아닙니다. 먼저는 "주의 목전"(目前)에 있게 되기 때문입니다. 이를 알았기에 사도 바울은 "우리는 수다한 사람과 같이 하나님의 말씀을

혼잡하게 하지 아니하고 곧 순전함으로 하나님께 받은 것같이 〈하나님 앞과〉 그리스도 예수 안에서 말하노라"(고후 3:17)고 말씀했던 것입니다. 바울이야말로 "내 입술에서 나온 것이 주의 목전(하나님 앞에)에 있나이다"를 명심한 종이었습니다. 17-18에서 "배나 되는 멸망으로 그들을 멸하소서"(18하) 하고 간구 하기에 이른 것은 죄를 회개하지 않을 뿐만이 아니라 그 위에 하나님의 말씀을 조롱(15)하는 죄까지를 범했음을 더했기 때문입니다.

셋째 단원(19-27) **안식일에 대한 경계**

"여호와가 이같이 말씀하시되 너희는 스스로 삼가서 안식일에 짐을 지고 예루살렘 문으로 들어오지 말며 안식일에 너희 집에서 짐을 내지 말며 아무 일이든지 하지 말아서 내가 너희 열조에게 명함같이 안식일을 거룩히 할지어다"(21-22).

① 하나님께서는 예레미야에게 "너는 가서 유다 왕들의 출입하는 평민의 문과 예루살렘 모든 문에 서서 무리에게"(19-20) 선포하라고 명하십니다. 그 내용은 안식일을 거룩하게 지키라는 말씀입니다. 21-23은 안식일에 대한 경계요, 24-26은 안식일을 거룩하게 지키면 그들에게 임하게 될 축복의 말씀입니다. 그리고 결론은 경고인데 "너희가 나를 청종치 아니하고 안식일을 거룩케 아니하여 안식일에 짐을 지고 예루살렘 문으로 들어오면 내가 성문에 불을 놓아 예루살렘 궁전을 삼키게 하리니" 하십니다.

② 열조들에게도 안식일 준수를 명하였으나 "그들은 청종치 아니하며 귀를 기울이지 아니하며 그 목을 곧게 하여 듣지 아니하며 교훈을 받지 아니하였느니라"(23) 하고 조상 때부터 지켜지지 아니하였음을

상기시킴으로 주의를 환기시켜주고 있습니다. 성경을 상고해보면 안식일을 범한 죄는 "죽일지니라" 하심을 보게 됩니다. "너희는 안식일을 지킬지니 이는 너희에게 성일이 됨이라 무릇 그 날을 더럽히는 자는 죽일지며 무릇 그 날에 일하는 자는 그 백성 중에서 그 생명이 끊쳐지리라 엿새 동안은 일할 것이나 제 칠 일은 큰 안식일이니 여호와께 거룩한 것이라 무릇 안식일에 일하는 자를 반드시 죽일지니라"(출 31:14-15) 하고 엄명을 하십니다. 그리고 이에 대한 한 예까지 성경에 수록하고 있습니다. 안식일에 어떤 사람이 나무하는 것을 발견하게 되었습니다. "어떻게 처치할는지 지시하심을 받지 못한 고로 가두었더니 여호와께서 모세에게 이르시되 그 사람을 반드시 죽일지니 온 회중이 진 밖에서 돌로 그를 칠지니라"(민 15:32-36)고 명하셨습니다.

자, ㉠ 안식일 준수가 이제까지의 문맥과 어떤 관련이 있는 것일까요? ㉡ 또한 구속사라는 맥락에서 바라볼 때에 어떤 의미가 있기에 이를 범하는 것을 용납지 아니하시고 이를 지키도록 조상 때부터 계속적으로 엄명하셨다는 말인가?

③ 먼저 유념해야할 점은 안식일을 지키라는 계명이 출애굽 당시 시내산에서 주어졌다는 것과, 모세가 이를 해석하기를 "너는 기억하라 네가 애굽 땅에서 종이 되었더니 너의 하나님 여호와가 강한 손과 편 팔로 너를 거기서 인도하여 내었나니 그러므로 너의 하나님 여호와가 너를 명하여 안식일을 지키라 하느니라"(신 5:15) 하고 안식일 준수를 창조원리가 아니라 출애굽과 결부시킨 구속원리로 재해석해주고 있다는 점입니다.

④ 이런 맥락에서 이스라엘이 가나안에 정착하게 된 것을 "안식을 주셨다"(수 21:44, 22:4)고 말씀하고 있습니다. 그런데 성경은 "만일 여호수아가 저희에게 안식을 주었더면 그 후에 다른 날을 말씀하지 아니하셨으리라"(히 4:8) 하고 그것이 참 안식에 대한 그림자였음을 말씀합

니다.

⑤ 그러므로 주님은 "이러므로 인자는 안식일에도 주인이니라"(막 2:28) 하고 안식일도 주님에 대한 증거, 즉 참 안식을 주시는 분임을 말씀하셨습니다. 이런 맥락(脈絡)에서 바라볼 때에만 하나님께서 왜 그토록 안식일 준수를 명하셨으며, 어찌하여 안식일을 범하게 되면 "죽임을 당할지니라", 또는 "끊쳐지리라" 하고 그 결말은 사망인가를 깨닫게 됩니다.

⑥ 그러므로 본문에서도 안식일 준수 명령이 동떨어진 것이 아니라 ㉠ 그들이 다른 신, 즉 우상을 숭배하고(2), ㉡ "생수의 근원이신 여호와를 버림이니라"(13), ㉢ "여호와에게서 떠난 그 사람은 저주를 받을 것이요"(5), ㉣ "무릇 여호와를 의지하며 의뢰하는 그 사람은 복을 받을 것이라"(7)는 말씀과 결부되어 있는 것입니다. 즉 이런 뜻입니다. 안식일의 주인 되시는 그리스도를 떠나 다른 신을 섬기면 "이는 그 마지막이 사망임이니라", 안식일의 주인 되시는 그리스도를 의지하며 의뢰하면 "이 마지막은 영생이니라"(롬 6:21-22)는 결론에 이르게 됩니다. 여기에 "복과 저주"가 있는 것입니다.

18장

옛길과, 닦지 아니한 곁길

[6]나 여호와가 이르노라 이스라엘 족속아 이 토기장이의 하는 것같이 내가 능히 너희에게 행하지 못하겠느냐 이스라엘 족속아 진흙이 토기장이의 손에 있음같이 너희가 내 손에 있느니라.

하나님께서는 예레미야로 하여금 토기장이가 녹로로 토기를 만드는 광경을 보게 하십니다. "진흙으로 만든 그릇이 토기장이의 손에서 파상하매 그가 그것으로 자기 의견에 선한 대로 다른 그릇을 만들더라"(4) 합니다. 이 광경을 보는 순간 말씀이 임합니다. "이스라엘 족속아 진흙이 토기장이의 손에 있음같이 너희가 내 손에 있느니라" 하십니다. 하나님의 손에 있는 이스라엘이라는 그릇이 파상할 지경에 이르렀는데 그 원인이 무엇이란 말인가? 이를 세 단원으로 나누어 상고하겠습니다.

첫째 단원(1-12) **너희가 내 손에 있느니라**

둘째 단원(13-17) **옛길을 버리고 곁길로 행한 이스라엘**

셋째 단원(18-23) **그들을 돌이키려한 예레미야의 탄원**

첫째 단원(1-12) **너희가 내 손에 있느니라**

"그러므로 이제 너는 유다 사람들과 예루살렘 거민들에게 말하여 이르기를 여호와의 말씀에 보라 내가 너희에게 재앙을 내리며 계책을 베풀어 너희를 치려 하노니 너희는 각기 악한 길에서 돌이키며 너희 길과 행위를 선하게 하라 하셨다 하라"(11).

"진흙이 토기장이의 손에 있음같이 너희가 내 손에 있느니라"는 말씀은 그들에게 향하신 절대 주권이 하나님에게 있음을 나타냅니다.

① 토기장이가 그릇을 만들다가 의도대로 되지 않으면, 즉 "토기장이의 손에서 파상하매"(4상),

② "그것으로 자기 의견에 선한 대로"(4중),

③ "다른 그릇을 만들더라"(4하) 합니다.

지금 이스라엘의 실상이 "파상한 그릇"과 같다는 것입니다. 그러므로 하나님의 의견에 선한 대로 다른 그릇을 만드시려는 것입니다. 그런데 여기 조심해야할 점이 있습니다. "진흙으로 만든 그릇이 토기장이의 손에서 파상"한 것은 진흙의 책임이라기보다는 토기장이의 잘못일 수가 있다는 점입니다. 그러나 이스라엘이 "파상"할 지경에 이른 것은 전적으로 저들에게 그 원인이 있기 때문입니다. 이점이 진흙과 자유의지가 있는 사람의 다른 점입니다.

④ 그러므로 하나님께서는 이 점을 "내가 언제든지 어느 민족이나 국가를 뽑거나 파하거나 멸하리라 한다고 하자 만일 나의 말한 그 민족이 그 악에서 돌이키면 내가 그들에게 내리기로 생각했던 재앙에 대하

여 뜻을 돌이키겠고 내가 언제든지 어느 민족이나 국가를 건설하거나 심으리라 한다고 하자 만일 그들이 나 보기에 악한 것을 행하여 내 목소리를 청종치 아니하면 내가 그에게 유익케 하리라 한 선에 대하여 뜻을 돌이키리라"(7-11) 하고 말씀하시는 것입니다.

⑤ 11절은 적용구(適用句)입니다. 저들이 "파상한 그릇"같이 되어서 "재앙을 내리며 계책을 베풀어 너희를 치려" 하신다는 것입니다. 그러므로 "너희는 각기 악한 길에서 돌이키며 너희 길과 행위를 선하게 하라" 그리하면 재앙을 내리려던 하나님의 뜻을 돌이키시겠다는 권면인 것입니다.

⑥ "그러나 그들이 말하기를 이는 헛된 말이라 우리는 우리의 도모대로 행하며 우리는 각기 악한 마음의 강퍅한 대로 행하리라"(12) 하고 고집하며 회개치 아니할 것이라고 말씀하십니다. 그렇다면 가망이 없는 것입니다.

우리는 진흙이요 하나님은 토기장이라는 사상은 ㉠ 이사야 선지자도 말씀한 바입니다. "여호와여 주는 우리 아버지시니이다 우리는 진흙이요 주는 토기장이시니 우리는 다 주의 손으로 지으신 것이라"(사 64:8) 합니다. ㉡ 이러한 고백은 사도 바울의 서신서에도 나타납니다. "토기장이가 진흙 한 덩이로 하나는 귀히 쓸 그릇을, 하나는 천히 쓸 그릇을 만드는 권이 없겠느냐"(롬 9:21) 하고 절대주권이 하나님께 있음을 진술하고 있습니다. ㉢ "진흙이 토기장이의 손에 있음같이 너희가 내 손에 있느니라"는 말씀은 순종하는 자의 입장에서는 이보다 복스럽고 안전한 말씀은 없습니다. 왜냐하면 "내 손에서 빼앗을 자가 없느니라"(요 10:28)고 말씀하고 있기 때문입니다. ㉣ 그러나 하나님을 청종치 아니하는 사람에게는 이보다 더 두려운 말씀이란 없습니다. 왜냐하면 "살아계신 하나님의 손에 빠져 들어가는 것이 무서울진저"(히 10:31) 하고 경고하고 있기 때문입니다.

둘째 단원(13-17) 옛길을 버리고 곁길로 행한 이스라엘

"그러므로 나 여호와가 이같이 말하노라 너희는 누가 이러한 일을 들었는가 열방 중에 물어 보라 처녀 이스라엘이 심히 가증한 일을 행하였도다"(13).

하나님께서는 "열방 중에 물어 보라" 하십니다. 왜냐하면 이스라엘 족속이 도저히 이해할 수 없는 "심히 가증한 일을 행하고"(13) 있기 때문입니다. 이를 비유를 들어서 말씀하시는데,

① "레바논의 눈이 어찌 들의 반석을 떠나겠으며 원방에서 흘러내리는 찬물이 어찌 마르겠느냐"(14) 하십니다. 레바논은 갈릴리 북편에 높이 솟아있는 산맥인데 만년설로 인하여 차고 시원한 풍부한 물이 사시사철 마름이 없이 흘러내렸던 것입니다. 이를 하나님의 변함이 없으시고, 다함이 없는 사랑과 은혜에다 비유한 것입니다. 그런데 "대저 내 백성은 나를 잊고 허무한(우상) 것에 분향하고 있다" (15상)는 것입니다. 다시 말하면 "생수의 근원을 버리고, 물을 저축하지 못할 터진 웅덩이"(2:13)를 선택한 격입니다. 이처럼 어리석고 미련하게 행한 족속이 세상천지에 어디 있는지 물어보라는 것입니다.

② "이러한(우상숭배) 것들은 그들로 그 길 곧 그 옛길에서 넘어지게 하며 곁길 곧 닦지 아니한 길로 행케 하는"(15하) 것이라고 말씀합니다. 여기 "옛길과 곁길"이 등장하고 있는데 성경에는 길이 있습니다. "생명으로 인도하는 길"을 계시해주고 있는 것이 성경입니다. "옛길"이란 하나님께서 창세기로부터 보이신 일관된 구원의 길이요, 그 옛길은 아브라함과 이삭과 야곱과 모세와 여호수아와 다윗 등 선진들이 걸어간 길인 것입니다. 그리고 그 길은 주님께서 "내가 곧 길이요"(요 14:6) 하신 그리스도를 통한 구원의 길이었던 것입니다. 이를 알았기에 바울 사도는 복음을 "십자가의 도(道)"(고전 1:18)라고 말씀합니다. 오직 이

길 외에는 구원의 길이란 달리는 없는 것입니다. 그런데 처녀 이스라엘은 그 옛길을 버리고 "곁길 곧 닦지 아니한 길로 행했다"는 것입니다.

③ 그러므로 "내가 그들을 원수 앞에서 흩기를 동풍으로 함같이 할 것이며 그들의 재난의 날에는 내가 그들에게 등을 보이고 얼굴을 보이지 아니하리라"(17) 하십니다. "얼굴을 보이지 않겠다"는 말씀이 얼마나 두려운 말씀인지 아십니까? 다윗은 "주의 얼굴을 가리우시매 내가 근심하였나이다"(시 30:7)고 진술하고 있습니다. 그것은 하나님의 은총을 비취지 않겠다는 뜻입니다.

④ 왜 그렇게 하시겠다는 것입니까? "그들이 청종치 아니하며 귀를 기울이지도 아니하고 자기의 악한 마음의 꾀와 강퍅한 대로 행하여 그 등을 내게로 향하고 그 얼굴을 향치 아니"(7:24)했기 때문입니다. 그들이 먼저 하나님께 등을 향하고 얼굴을 보이지 않았기 때문에, 하나님께서도 등을 보이고 얼굴을 보이지 않겠다 하시는 것입니다. 이것이 "옛길을 버리고 곁길로 행한" 결과입니다.

셋째 단원(18-23) 그들을 돌이키려한 예레미야의 탄원

"그들이 말하기를 오라 우리가 꾀를 내어 예레미야를 치자 제사장에게서 율법이, 지혜로운 자에게서 모략이, 선지자에게서 말씀이 끊어지지 아니할 것이니 오라 우리가 혀로 그를 치고 그의 아무 말에도 주의치 말자 하나이다"(18).

이것이 저들의 반응이었습니다. 한마디로 "우리가 혀로 그를 치고 그의 아무 말에도 주의치 말자" 하고 귀를 막았던 것입니다. 그러면서 무엇이라고 말했습니까? 여기 심각하게 고민해야될 말씀이 나오는데 그것은,

① "제사장에게서 율법이",

② "지혜로운 자에게서 모략이",

③ "선지자에게서 말씀이 끊어지지 아니할"(18) 것이라고 말합니다. 즉 자신들에게는 율법을 가르쳐주는 제사장도 있고, 말씀을 전해주는 선지자도 있는데 무엇이 부족해서 예레미야의 말에 귀를 기울려야한다는 말이냐 "그의 아무 말에도 주의치 말자"고 말했던 것입니다. 그러니까 참 선지자가 거짓선지자가 되고, 거짓선지자가 참 선지자로 둔갑을 한 것입니다. 그리고 그들이 인기가 있었던 것입니다.

④ 그러므로 성경은 "이 땅에 기괴하고 놀라운 일이 있도다 선지자들은 거짓을 예언하며 제사장들은 자기 권력으로 다스리며 내 배성은 그것을 좋게 여기니 그 결국에는 너희가 어찌 하려느냐"(5:30-31) 하고 탄식을 하고 있는 것입니다.

⑤ 예레미야는 탄원합니다. "내가 주의 분노를 그들에게서 돌이키려 하고 주의 앞에 서서 그들을 위한 선한 말씀한 것을 기억하옵소서"(20). 예레미야는 하나님의 심판을 돌이켜 보려고 하나님의 말씀으로 책망하고, 경고하고, 호소했던 것입니다. 그러나 실패하고 말았습니다. 이런 의미에서 선지자 중에 소위 말하는 성공한 선지자는 단 한 사람도 없다 하겠습니다. 이는 선지자들이 무능해서가 아니라 사람들이 그만큼 무지하고 강퍅했다는 반증입니다. 요나 선지자가 예외인 듯 생각할 수가 있습니다 만 아닙니다. 하나님의 의도는 이방 니느웨의 회개를 통해서 이스라엘이 돌아오기를 기대하셨지만 허사였습니다.

⑥ 예레미야 선지자는 21-23에서 "그러하온즉 그들의 자녀를 기근에 내어주시며 그들을 칼의 세력에 붙이시며 그들의 아내들은 자녀를 잃고 과부가 되며 그 장정은 사망을 당하며 그 청년은 전장에서 칼을 맞게 하시며" 라고 말합니다. 이를 저주하는 기도로 여겨서는 부족합니다. 선지자의 기도에는 예언적인 요소가 있는 것입니다. 노아가 "셈의 하나님

을 찬양하고, 가나안은 저주를 받아 종들의 종이 되기를 원하노라"(창 9:25-26) 한 것이나, 야곱이 "홀이 유다를 떠나지 아니하며"(창 49:10) 한 말은 선지자적인 예언이었던 것입니다. 예레미야 선지자의 예언적인 기도가 그대로 응하고 말았던 것입니다.

혀들의 전쟁

본 장에서 특별히 "그 옛길에서 넘어지게 하며 곁길 곧 닦지 아니한 길로 행케 하여"(15)라는 말씀을 명심해야만 합니다. 이런 일은 예레미야 당시만의 일이 아니라 성경의 전 역사에 걸쳐 되풀이되고 있습니다. 왜 그렇습니까? 인류의 시조가 속은 것처럼 간사한 사탄의 궤계에 속고 있기 때문입니다. 주님 당시를 보십시오. 대제사장, 서기관, 장로, 바리새인들은 가장 경건한 자로 여겨 존경받는 인물들이었습니다. 그러나 주님은 그들을 가리켜 "너희는 너희 아비 마귀에게서 났다"(요 8:44)고 지적하십니다. "뱀들아 독사의 새끼들아 너희가 어떻게 지옥의 판결을 피하겠느냐"(마 23:33) 하십니다. 교회사에 있어서도 종교개혁을 일으켜야만 했던 중세기는 어떠했습니까? 그리고 이 일은 현대교회와 무관할 수가 없습니다.

우리는 지금 어디에 서있는가? 현대주의 이후(포스트모던이즘)에는 무엇이 올 것인가? 이제 종교다원주의가 등장하고 있습니다. 타종교에도 구원이 있음을 인정해야만 한다고 말합니다 얼마나 듣기 좋은 말입니까? 그러면서 이런 궤변을 말합니다. 구원은 오직 그리스도로 말미암아 주어지는 것인데 유대 나라에는 예수로, 인도에는 석가로, 공자로, 마호멧으로 왔다는 것입니다. 이런 주장은 기독교 밖에서 주장하고 있는 것이 아니라 교역자를 양성하는 신학자들이 주장하는 말이요, 신학생들은 이를 옹호하고 있습니다. 이것이 하나님께서 아브라함의 자손으로 그리스도를 보내셔서 천하만민을 구원하시겠다는 옛길입니까? "곁길 곧 닦지 아니한 길"인 것입니다. 이보다 더 무서운 혼합종교가 달리 무엇이 있겠습니까? 우리는 지금 그 한가운데 서 있는 것입니다.

한마디 부언할 말이 있습니다. 저들은 "오라 우리가 혀로 그를 치자"(18) 하고 말하고 있다는 점입니다. 저들의 무기가 "혀"라고 말하고 있습니다. 그렇습니다. 영적 싸움이란 "혀들의 전쟁"인 것입니다. 왜 그렇습니까? 성경은 답변합니다. "성령의 검 곧 하나님의 말씀을 가지라"(엡 6:16). 그러므로 사도 바울이 "내가 선한 싸움을 싸웠다"는 싸움은 혀로 싸운 비진리와의 싸움이었던 것입니다. 형제의 혀로 이 싸움을 싸워야할 때가 바로 지금입니다.

19장

파상된 질그릇과 같은 유다

[11]그들에게 이르기를 만군의 여호와께서 이같이 말씀하시되 사람이 토기장이의 그릇을 한번 깨뜨리면 다시 완전케 할 수 없나니 이와 같이 내가 이 백성과 이 성을 파하리니 그들을 매장할 자리가 없도록 도벳에 장사하리라.

19장에서는 예레미야에게 그들의 목전에서 오지병을 깨뜨리라 하심으로 심판을 경고하십니다. "너는 함께 가는 자의 목전에서 그 오지병을 깨뜨리고"(10) 그들에게 이르기를 만군의 여호와께서 "이와 같이 내가 이 백성과 이 성을 파하리라"(11) 하셨다 하라 명하십니다. "내가 이곳에 재앙을 내릴 것이라 무릇 그것을 듣는 자의 귀가 진동하리니"(3하) 하고 심히 두려운 심판임을 말씀합니다.

그런데 우리들에게는 더욱 두려운 심판이 다가오고 있음을 명심해야만 합니다. 그것은 최후심판입니다. 그렇다면 어찌하여 오지병이 깨짐과 같은 종말을 맞이하게 되는가? 그 결정적인 죄악이 무엇인가? 이를 두 단원으로 나누어 상고하겠습니다.

첫째 단원(1-13) **오지병의 비유**
둘째 단원(14-15) **여호와의 집 뜰에 서서 말하라**

첫째 단원(1-13) **오지병의 비유**

"여호와께서 이같이 말씀하시되 가서 토기장이의 오지병을 사고 백성의 어른들과 제사장의 어른 몇 사람을 데리고 하시드 문 어귀 곁에 있는 힌놈의 아들의 골짜기로 가서 거기서 내가 네게 이른 말을 선포하라"(1-2).

① "너는 함께 가는 자의 목전에서 그 오지병을 깨뜨리라"(10) 하십니다.

② 그리고 "사람이 토기장이의 그릇을 한번 깨뜨리면 다시 완전케 할 수 없나니 이와 같이 내가 이 백성과 이 성을 파하리라"(11) 하셨다 하라 하십니다. 그렇다면 어찌하여 "이 백성과 이 성이" 파함을 당케 되는가?

③ "이는 그들이 나를 버리고"(4상) 하십니다.

④ "다른 신들에게 분향"(4하)했기 때문이라고 말씀합니다.

⑤ 그래서 "힌놈의 아들의 골짜기"로 가서 오지병을 깨뜨리라 명하셨던 것입니다. 왜 "힌놈의 아들의 골짜기로 가라" 하시는가? 7:31을 보십시오. "힌놈의 아들 골짜기에 도벳 사당을 건축하고 그 자녀를 불에 살랐나니" 하십니다. 힌놈의 아들 골짜기는 우상숭배의 본산지였던 것입니다(대하 33:6).

⑥ "보라 다시는 이곳을 도벳이나 힌놈의 아들의 골짜기라 칭하지

아니하고 살육의 골짜기라 칭하는 날이 이를 것이라"(6) 하십니다. 심판의 날에 매장할 곳이 없어서 시신을 이 골짜기에 버리게 될 것이라는 뜻입니다.

⑦ 하나님의 "노와 분과 큰 분노"(32:37)를 보십시오. "그들이 대적에게 둘러싸여(포위) 곤핍을 당할 때에 내가 그들로 그 아들의 고기, 딸의 고기를 먹게 하고 또 각기 친구의 고기를 먹게 하리라 하셨다"(9) 하라고 말씀합니다. 그들은 우상에게 자식들의 고기를 바쳤던, 달리 말하면 먹였던 것입니다. 하나님은 그대로 갚으셔서 그들에게 자식의 고기를 먹게 하시겠다는 것입니다. 다시 강조합니다 만 이처럼 파멸을 당하게 되는 결정적인 죄악은 하나님을 버리고 다른 신을 섬긴 죄, 즉 우상숭배의 죄임을 명심해야만 합니다.

⑧ 13절에서도 예루살렘 집들과 유다 왕들이 "하늘의 만상에 분향하고 다른 신들에게 전제를 부음으로 더러워졌다"고 말씀하십니다. 하나님을 버리고 다른 신을 섬긴다면, 그리고 선지자를 보내되 부지런히 보내셨으나 청종하지 않는다면 오지병을 깨뜨림같이 파할 수밖에 없는 것입니다.

둘째 단원(14-15) 여호와의 집 뜰에 서서 말하라

"예레미야가 여호와께서 자기를 보내사 예언하게 하신 도벳에서 돌아와 여호와의 집 뜰에 서서 모든 백성에게 말하되"(14).

① 도벳에서 돌아온 예레미야 선지자는 심판의 메시지를 "여호와의 집 뜰에 서서" 외치고 있습니다. 7:2에서는 "여호와의 집 문에 서서" 선포했습니다. 26:2에서도 "여호와의 집 뜰에 서서" 하나님의 말씀을 고하고 있습니다. 예레미야가 이렇게 하고 있는 것은 하나님의 명에 의해

서였습니다. 이는 무엇을 말해주고 있느냐 하면 심판이 하나님의 성전에서부터 시작될 것임을 보여주고 있습니다. ㉠ 에스겔 선지자에게도 "늙은 자와 젊은 자와 처녀와 어린아이와 부녀를 다 죽이되 이마에 표 있는 자에게는 가까이 말라 내 성소에서 시작할지니라 하시매 그들이 성전 앞에 있는 늙은 자들로부터 시작하더라"(겔 9:6) 합니다. ㉡ 신약성경에서도 "하나님 집에서 심판을 시작할 때가 되었나니 만일 우리에게 먼저 하면 하나님의 복음을 순종치 아니하는 자들의 그 마지막이 어떠하며 또 의인이 겨우 구원을 얻으면 경건치 아니한 자와 죄인이 어디 서리요"(벧전 4:17-18) 하고 말씀하고 있습니다.

② "만군의 여호와 이스라엘의 하나님이 말씀하시되 보라 내가 이 성에 대하여 선언한 모든 재앙을 이 성과 그 모든 촌락에 내리리니 이는 그 목을 곧게 하여 내 말을 듣지 아니함이니라 하셨다 하라"(15) 하십니다. 그들은 하나님의 말씀을 "듣지 아니"하였습니다. 그런데 현대교회는 하나님의 말씀 듣기를 열망하고 있습니다. 그러나 그들이 듣기를 사모하고 있는 것은 하나님의 말씀이 아니라 자신들의 이기심(탐욕)을 충족시켜줄 "축복"의 말씀은 아닌가? 만일 이것이 사실이라면 이는 명백한 우상숭배인 것입니다.

③ 구약성경을 상고하다보면 도저히 이해할 수 없는 일이 있는데 그것은 이스라엘 백성들이 그토록 끈질기게 우상을 숭배하고 있다는 것입니다. 왜 그랬을까요? 대답은 분명합니다. 우상을 섬기던 "그 때에는 우리가 식물이 풍부하며 복을 받고 재앙을 만나지 아니하였더니 우리가 하늘 여신에게 분향하고 그 앞에 전제 드리던 것을 폐한 후부터는 모든 것이 핍절하고 칼과 기근에 멸망을 당하였느니라"(44:17-18) 라고 우상숭배의 이유를 말하고 있습니다. 기복신앙이 우상숭배에 빠지게 했던 것입니다.

이것이 하나님 중심이 아니라 자기 중심, 하나님 사랑이 아니라 "돈을 사랑하며"(딤후 3:2)의 기복신앙의 함정인 것입니다. 자기 중심적인 신앙의 특성은 ㉠ 절대주권을 하나님께 돌리는 것이 아니라 내 뜻대로 이루어지이다 하고 "주십시오, 주십시오" 합니다. ㉡ 먼저 그의 나라와 그의 의를 구하지 않고, 자신의 축복을 구합니다. ㉢ 하나님을 영화롭게 하고 감사하는 것이 아니라 자기의 유익을 생각합니다.

㉣ 그러나 성경은 예수를 그리스도로, 구주로 고백한 사람들은 인생의 목적이 바뀐 사람들이라고 말씀합니다. "우리 중에 누구든지 자기를 위하여 사는 자가 없고 자기를 위하여 죽는 자도 없도다 우리가 살아도 주를 위하여 살고 죽어도 주를 위하여 죽나니 그러므로 사나 죽으나 우리가 주의 것이로다"(롬 14:7-8). 이렇게 살기를 열망하고 있습니까? 이렇게 살지를 못해서 탄식하고 있습니까?

④ 유대인들은 자신들이 이스라엘 사람들이기 때문에, 또는 할례를 받았기 때문에 자동적으로 구원에 이를 것으로 착각하고 있었습니다. 그러나 성경은 "대저 표면적 유대인이 유대인이 아니요 표면적 육신의 할례가 할례가 아니라 오직 이면적 유대인이 유대인이며 할례는 마음에 할지니 신령에 있고 의문에 있지 아니한 것이라"(롬 2:28-29) 하고 말씀합니다. "의문"(儀文)에 있지 않다는 말을 유념해야만 합니다. 세례받고, 주일 성수하고, 십일조 생활하고, 철야기도 하는 것 등은 "신령"에 속한 것이 아니라 의문일 수가 있습니다. 이런 것들을 어려서부터 다 행하였나이다 하는 것으로 자동적으로 구원에 이를 것으로 착각해서는 아니 됩니다.

⑤ 신약교회가 초대교회 때 이미 이러한 의문에 안주하려하고 있음을 보게 됩니다. "어리석도다 갈라디아 사람들아 예수 그리스도께서 십자가에 못 박히신 것이 너희 눈앞에 밝히 보이거늘 누가 너희를 꾀더냐"(갈 3:1, 3) 하고 책망합니다. 복음의 핵심이 어디에 있습니까? 유일한 구원의 근거가 어디에 있습니까? 오직 주님이 담당하신 십자가에 있

습니다. 베들레헴 마구간에 있지도 아니합니다. 갈릴리 바닷가에 있지도 아니합니다. 교훈에 있지 아니합니다. 기사와 이적에 있지 아니합니다. 축복에 있지 아니합니다. 오직 십자가의 대속에 있을 뿐입니다. 그런데 현대신학사상은 대속제물이 되어주셨다는 십자가 복음을 "도살장의 신학"이라고 비웃고 있습니다.

그러므로 이 시대에도 "여호와의 집 문에 서서"(7:2) 예배하러 들어가는 자들을 향하여 외쳐야할 말씀이 다름 아닌 십자가 복음인 것입니다. 유대인들은 이 메시아언약을 버리고 "다른 신"을 숭배함으로 깨어진 오지병 같이 되고 말았습니다. 만일 현대교회가 복음도 믿고, 축복(탐심)도 좇으려한다면 이는 옛길을 떠나 닦지 아니한 길을 가는 것입니다. 그 결과는 깨어진 오지병 같이 되고 말 것입니다. 예레미야 선지자가 "여호와의 집 뜰에 서서"(14) 외쳤듯이 "예배당 문에 서서" 외쳐야할 시대에 우리는 살고 있습니다.

20장

생명을 구원하여 주신 하나님을 찬양하라

[13]여호와께 노래하라 너희는 여호와를 찬양하라 가난한 자의 생명을 행악자의 손에서 구원하셨음이니라.

20장은 여호와의 집 뜰에 서서 재앙이 임할 것을 선포하는 예레미야를 여호와의 집 유사장 바스훌이 때리고 착고에 채운 일과, 예레미야가 환난 중에 탄식하며, 기도하는 내용입니다. 그러나 탄식만 있는 것이 아니라 "여호와께 노래하라, 여호와를 찬양하라"(13)는 말씀을 듣게 된다는 것은 경이로운 일입니다. 예레미야가 찬양하라고 초대하는 이유가 무엇인가? "생명을 행악자의 손에서 구원하여"주셨기 때문이라는 것입니다. "생명을 구원하여주신 하나님"을 믿는 자라면 어떠한 형편과 처지에서도 여호와 하나님을 찬양해야 마땅한 것입니다. 이를 세 단원으로 나누어 상고하겠습니다.

첫째 단원(1-6) **마골밋사빕**

둘째 단원(7-13) **예레미야의 기도와 찬양**

셋째 단원(14-18) **예레미야의 탄식**

첫째 단원(1-6) **마골밋사빕**

"제사장 임멜의 아들 바스훌은 여호와의 집 유사장이라 그가 예레미야의 일 예언함을 들은지라"(1).

바스훌을 제사장의 아들이요, 유사장이라고 말합니다. 유사란 여호와의 집을 감독하는 일종의 경비역인 데, 그러니까 바스훌은 제사장이면서 유사장의 직책을 맡고 있었던 것입니다. 바스훌이 예레미야가 여호와의 집 뜰에 서서 백성들에게 "모든 재앙을 이 성과 그 모든 촌락에 내리리라"(19:14-15) 하고 선포하는 것을 들었다는 것입니다. 듣고는 예레미야를 잡아 때리고 착고에 채웠다고 말씀합니다.

"다음 날 바스훌이 예레미야를 착고에서 놓아주매",

① "예레미야가 그에게 이르되 여호와께서 네 이름을 바스훌이라 아니하시고 마골밋사빕이라 하시느니라"(3)고 말합니다. 마골밋사빕이란 "사방의 두려움", 즉 자신이 두려운 일을 당하게 될 것이고, 타인에게도 두려움의 대상이 되리라는 저주받은 이름인 것입니다.

② 또 이 성의 귀물과 모든 보물을 바벨론으로 가져가리라(5).

③ "너와 네 집에 거하는 모든 자가 포로 되어 옮기우리니 네가 바벨론에 이르러 거기서 죽어 거기 묻힐 것이라"(6상) 하고 선언합니다. 29:24에 보면 스마야가 바스훌이 맡았던 직분을 대신하고 있는 것을 보면 바스훌은 예레미야의 예언대로 1차에 포로로 잡혀간 것으로 여겨집니다.

④ "너와 네가 거짓 예언을 하여 들린 네 모든 친구도 일반이리라"(6하) 하고 선언합니다. 예레미야는 바울 사도가 "이는 내가 꺼리지 않고 하나님의 뜻을 다 너희에게 전하였음이라"(행 20:27) 한 대로 꺼리지 않고 담대히 하나님의 말씀을 전하고 있음을 보게 됩니다.

둘째 단원(7-13) 예레미야의 기도

"여호와여 주께서 나를 권유하시므로 내가 그 권유를 받았사오며 주께서 나보다 강하사 이기셨으므로 내가 조롱거리가 되니 사람마다 종일토록 나를 조롱하나이다"(7).

본 단원은 예레미야의 기도인데 이를 통해서 예레미야의 내밀(內密)한 모습을 보게 됩니다.

① "주께서 나를 권유하시므로 내가 권유를 받았사오며" 한 말씀은 자신이 선지자가 된 것이 자원해서가 아니라 하나님의 강권적인 권유에 의해서 되었음을 진술하는 말입니다. 이를 "주께서 나보다 강하사 이기셨다"고 말하고 있습니다.

② "대저 내가 말할 때마다 외치며 강포와 멸망을 부르짖으오니"(8상) 합니다. 이는 자기가 수행한 임무를 진술하는 말인데 "말할 때마다" 저들에게 좋은 말은 전해주지 못하고 심판과 멸망만을 외쳤다는 것입니다. 이는 심판과 멸망의 메시지를 전하는 것이 좋아서 한 것이 아님을 나타내는 말입니다. 이런 설교를 좋아할 자가 누가 있겠습니까?

③ 그래서 "여호와의 말씀으로 하여 내가 종일토록 치욕과 모욕 거리가 됨이니이다"(8하) 하고 말합니다. 7절에서도 "내가 조롱거리가 되니 사람마다 종일토록 나를 조롱하나이다" 하고 진술합니다.

④ "내가 다시는 여호와를 선포하지 아니하며 그 이름으로 말하지

아니하리라"(9상) 하고 다짐을 한 적도 있었다고 말합니다. 그러나 "나의 중심이 불붙는 것 같아서 골수에 사무치니 답답하여 견딜 수 없나이다"(9하) 하고 토로합니다. 이것이 바울이 말한 바 "심령에 매임을 받은"(행 20:22) 자의 고백인 것입니다.

⑤ "나는 무리의 비방과 사방의 두려움을 들었나이다"(10상)고 말합니다. 바울 사도도 "우리가 마게도냐에 이르렀을 때에도 우리 육체가 편치 못하고 사방으로 환난을 당하여 밖으로는 다툼이요 안으로는 두려움이라"(고후 7:5)고 말씀했습니다.

⑥ "나의 친한 벗도 다 나의 타락하기를 기다리며 피차 이르기를 그가 혹시 유혹을 받으리니 우리가 그를 이기어 우리 원수를 갚자 하나이다"(10하)고 말합니다. 예레미야를 타락시키기 위해서 "두려움과, 유혹"이라는 양면작전을 구사했음을 보게 됩니다.

⑦ "그러하오나 여호와는 두려운 용사 같으시며 나와 함께 하시는 고로 나를 박해하는 자가 넘어지고 이기지 못할 것이오며"(11) 합니다. "그러하오나" 라고 말합니다. 이는 지금까지 진술한 약하여진데서 나온 말을 단번에 뒤집는 말인 것입니다. "그러나 하나님이 나와 함께 하시는 고로 저들이 결단코 이기지 못할 것이라"고 확신에 이르게 됩니다. 사도 바울도 "그러나 이 모든 일에 우리를 사랑하시는 이로 말미암아 우리가 넉넉히 이기느니라"(롬 8:37)고 선언합니다. 그리스도인들이란 이 "그러나"를 사용할 줄 아는 사람들인 것입니다.

⑧ "만군의 여호와여 나의 사정을 주께 아뢰었사온즉"(12) 하고 주님께 전적으로 의탁하고는 "여호와께 노래하라 너희는 여호와를 찬양하라 가난한 자의 생명을 행악자의 손에서 구원하셨음이니라" (13) 하고 찬양하는 것으로 예레미야는 기도를 마치고 있습니다.

셋째 단원(14-18) 예레미야의 탄식

"내 생일이 저주를 받았더면, 나의 어미가 나를 생산하던 날이 복이 없었더면"(14).

14-18은 예레미야의 탄식입니다. 너무나 괴로워서,

① "내 생일이 저주를 받았더면" 하고 자신의 생일을 저주하고 있습니다.

② "어찌하여 내가 태에서 나와서 고생과 슬픔을 보며 나의 날을 수욕으로 보내는고"(18) 하고 탄식합니다. 이는 예레미야를 포함하여 인간 모두의 연약성을 나타내는 대목입니다. 이 연약성을 진술하고 있는 것이 시편에도 있습니다.

주께서 나로 눈을 붙이지 못하게 하시니
내가 괴로워 말할 수 없나이다
내가 옛날 곧 이전 해를 생각하였사오며
밤에 한 나의 노래를 기억하여
마음에 묵상하며 심령이 궁구(궁리)하기를
주께서 영원히 버리실까,
다시는 은혜를 베풀지 아니하실까,
그 인자하심이 길이 다하였는가,
그 허락을 영구히 폐하셨는가,
하나님이 은혜 베푸심을 잊으셨는가,
노하심으로 그 긍휼을 막으셨는가 하였나이다(시 77:4-9) 이렇게 말한 후에 시편 기자는,

"이는 나의 연약함이라"(10) 하고 고백합니다.

자신이 이런 저런 생각과 궁리를 하고 있는 것은 하나님에게 문제가 있는 것이 아니라 자신의 연약에 기인한 것임을 깨달은 것입니다. 인간은 누구를 막론하고 모두가 다 연약에 쌓여있습니다. 그러므로 이런 대목을 상고할 때에 선지자 개인의 연약함으로 한정할 것이 아니라 그를 통해서 나 자신의 모습을 보아야만 하는 것입니다.

③ 이 연약을 극복하는 비결이 무엇일까요? ㉠ 환난이나 당면한 어떤 문제만을 바라볼 것이 아니라 "가나한 자의 생명을 행악자의 손에서 구원"(13하)하여 주신 하나님을 바라보는 것입니다. ㉡ 바라보면서 "여호와께 노래하라 너희는 여호와를 찬양하라"(13상)하고 찬양하는 일입니다.

내 영혼아 네가 어찌하여 낙망하며
어찌하여 내 속에서 불안하여 하는고
너는 하나님을 바라라
그 얼굴의 도움심을 인하여
내가 오히려 찬송하리이다(시 42:5).

④ "가나한 자의 생명을 행악자의 손에서 구원하셨음이니라"는 말씀이 일차적으로는 예레미야 선지자를 보호하여 주심을 가리킬 수가 있습니다만, 성경이 말씀하고 있는 "가난한 자"란 이 세상을 살아가고 있는 모든 하나님의 나라 백성들을 지칭하는 말입니다. 세상적으로 볼 때에 가난하고, 천하고, 약한 듯이 보인다는 말입니다. 물론 형제도 그 안에 포함되어 있음을 확신하시기를 바랍니다.

21장

항복하는 자는 살리라

[8]여호와께서 가라사대 너는 또 이 백성에게 여호와께서 이 같이 말씀하신다 하라 보라 내가 너희 앞에 생명의 길과 사망의 길을 두었노니.

21장은 시드기야 왕이 사자를 예레미야에게 보내서 "바벨론 왕 느부갓네살이 우리를 치니 청컨대 너는 우리를 위하여 여호와께 간구하라"는 요청에 대한 응답으로 되어있습니다. 대답은 한마디로 "나는 네 대적이라"(13) 하십니다. 이는 느부갓네살을 들어서 너희를 치는 것은 하나님이 하고 있는 것이다 라는 뜻입니다. 그리고 생명의 길과 사망의 길을 제시합니다. "항복하는 자는 살리니"(9) 하십니다. 본문에는 "여호와께서 이같이 말씀하시되" 라는 말씀이 4, 7, 8, 11 등 여러 번 나옵니다. 이는 예레미야의 말이 아니라 하나님의 말씀임을 강력하게 시사해주는 대목입니다. 어찌하여 "항복하면 죽으리라가 아니라, 살리라"고 말씀하고 있는가? 이를 세 단원으로 나누어 상고하겠습니다.

첫째 단원(1-2) **시드기야 왕의 기도요청**
둘째 단원(3-10) **여호와께서 이같이 말씀하신다**
셋째 단원(11-14) **유다 왕의 집에 대한 여호와의 말씀**

첫째 단원(1-2) 시드기야 왕의 기도요청

"시드기야 왕이 말기야의 아들 바스훌과 제사장 마아세야의 아들 스바냐를 보내어 예레미야에게 말하기를 바벨론 왕 느부갓네살이 우리를 치니 청컨대 너는 우리를 위하여 여호와께 구하라 여호와께서 혹시 그 모든 기사로 우리를 도와 행하시면 그가 우리를 떠나리라 하던 그 때에 여호와께로부터 예레미야에게 말씀이 임하니라(1-2).

시드기야 왕은 유다의 마지막 왕입니다. 그를 가리켜 역대기에서는 "그 하나님 여호와 보시기에 악을 행하고 선지자 예레미야가 여호와의 말씀으로 일러도 그의 앞에서 겸비치 아니하였다"(대하 36:12)고 말씀하고 있습니다.

① 그가 다급해지니까 예레미야에게 바스훌과 스바냐를 보내서 기도요청을 하고 있는 것입니다.

② 시드기야는 징벌을 받게 된 원인은 제거하려 하지 아니하고 오늘의 우리들처럼 당면한 문제만 해결 받기를 바라고 있었던 것입니다. 이는 사시고 참되신 하나님을 섬기는 방도가 아니라 우상을 섬기는 태도인 것입니다.

시드시야 왕은 앗수르 왕 산헤립이 침략해 왔을 때 히스기야 왕이 궁내 대신과 서기관을 이사야 선지자에게 보내어 기도요청을 한 역대기의 기사를 생각했을 것입니다. 그때 하나님께서는 십 팔만 오천 인을 치심으로 지켜주셨던 것입니다. 그러나 시드기야는 "히스기야 왕이 듣고 그 옷을 찢고 굵은 베를 입고 여호와의 전으로 갔고, 그 글을 여호와 앞에 펴놓고 여호와께 기도하여 가로되"(사 37:1, 14) 한 사실은 외면했던 것입니다. 그는 도움이 필요한 것은 알았으나 자신의 잘못은 몰랐던 것입니다.

둘째 단원(3-10) 여호와께서 이같이 말씀하신다

"예레미야가 그들에게 대답하되 너희는 시드기야에게 이같이 말하라"(3)

예레미야에게 임한 하나님의 말씀을 한마디로 요약하면 "항복하라"(9)는 것이었습니다. 이는 시드기야 입장에서는 기가 막힐 말인 것입니다. 병이 든 자가 기도요청을 하니까 어서 죽으라는 말과 같기 때문입니다. 그러므로 여기서 주목해야할 말씀이 하나님을 지칭하는 "내가"라는 말입니다. 8번 이상 나옵니다. "내가 너희 행위대로 벌할 것이요"(14) 하십니다. 그러니까 이는 느부갓네살이 하는 것이 아니라 내가 하는 일이다 라는 뜻입니다. 이를 누가 막으며 어찌 피할 수가 있겠습니까?

① "너희 손에 가진 병기를 내가 돌이킬 것이요"(4) 하십니다. 이는 하나님께서 패하게(퇴각) 하시겠다는 말입니다.

② "내가 든 손과 강한 팔 곧 노와 분과 대노로 친히 너희를 칠 것이며"(5) 하십니다. 왜 이렇게 "노와 분과 대노"하게 되셨습니까? 그에 대한 답변이 다음 장에 나옵니다. "여호와가 이 큰 성에 이같이 행함은 어찌인고 하겠고 대답하기는 이는 그들이 자기 하나님 여호와의 언약을

버리고 다른 신들에게 절하고 그를 섬긴 연고라 하리라 하셨다 할지니라"(22:8-9) 하고 답합니다. 그들을 구속하여 백성으로 삼으신 분은 여호와 하나님인데 배은망덕하게도 "반역"(叛逆)을 꾀하였기 때문입니다(11:9-10).

③ "내가 이 성에 거주하는 자를 사람이나 짐승이나 다 치리니"(6) 하십니다.

④ "그 후에 내가 유다 왕 시드기야와 그 신하들과 백성을, 대적의 손에 붙이리니 그가 칼날로 그들을 치되"(7) 하십니다. 시드기야는 혹을 떼러갔다가 붙이고 온 셈입니다.

백성은 들으라

⑤ 시드기야에게 이렇게 말하라하신 하나님은 백성들을 향하여 "보라 내가 너희 앞에 생명의 길과 사망의 길을 두었노니"(8) 하십니다. 그렇다면 "생명의 길과, 사망의 길"이란 무엇인가?

⑥ "나가 항복하는 자는 살고"(9하),

⑦ "이 성에 거주하는(나가 항복하지 않고 고집하는) 자는 칼과 기근과 염병에 죽으려니와"(9상) 하십니다.

바벨론의 군대가 성을 포위하고 있는 중에 그대로 버티는 자는 죽게 되고 나가서 항복하는 자는 살리라는 말인 것입니다. 예레미야는 "항복" 해야 산다는 말을 거듭하고(38:2, 38:17) 있습니다. 예레미야의 말은 민족반역자요, 매국노로 여겨질 수도 있는 말입니다. 그런데 어찌하여 항복하는 자는 살리라고 외치고 있단 말인가? 이는 표면적으로는 느부갓네살에게 항복하라는 말로 들리지만 영적 논리로는 하나님께 항복하면 산다는 뜻임을 깨달아야만 하는 것입니다.

⑧ 이점을 13절이 밝혀주고 있는데 "나는 네 대적(對敵)이라" 하십

니다. 그렇다면 누구에게 항복하라는 말입니까? 하나님께 항복하는 자는 살게 된다는 말씀인 것입니다. 이는 고금을 막론하고 영원 불변의 진리입니다. 왜 하나님이 저들의 대적이 되셨습니까? 저들이 먼저 배신하고 대적했기 때문입니다. 그러므로 항복하라는 말은 적대행위를 포기하라, 즉 우상을 버리고 회개하라는 말씀이 되는 것입니다. 이를 알았기에 미가 선지자는 "너희는 매를 순히 받고 그것을 정하신 자를 순종할지니라"(미 6:9)고 외쳤던 것입니다.

⑨ 미가 선지자가 "매를 순히 받으라"고 한 말은 레위기 26:40-42에 근거하고 있습니다. "자기들이 나를 대항하였으므로 나도 그들을 대항하여 그 대적의 땅으로 끌어갔음을 깨닫고 그 할례 받지 아니한 마음이 낮아져서 그 죄악의 형벌을 순히 받으면 내가 야곱과 맺은 내 언약과 이삭과 맺은 내 언약을 생각하며 아브라함과 맺은 내 언약을 생각하고 그 땅을 권고하리라" 하십니다. 형제여, 항복하는 것이 생명의 길이라고 말씀하심을 명심하십시오. 느부갓네살에게 항복하는 것 같지만 실은 하나님께 항복하는 것입니다.

셋째 단원(11-14) **유다 왕의 집에 대한 여호와의 말씀**

"유다 왕의 집에 대한 여호와의 말을 들으라"(11).

이 말씀은 "유다 왕의 집", 즉 다윗 왕가에게 하시는 말씀입니다. 그러므로 이를 통해서 다윗 왕국을 세우신 하나님의 의도를 깨닫게 되는 것입니다.

① "나 여호와가 이같이 말하노라 다윗의 집이여"(12상) 하고 부르십니다. 어찌하여 시드기야야 하시지 않고 "다윗의 집"이라고 말씀하시는 것일까요? 이는 다윗 언약과 결부된 말씀인 것입니다. 그러므로 이

말씀을 바르게 인식하기 위해서는 다윗 계통의 왕들이 그 자손으로 오실 "왕 중 왕" 되시는 그리스도에 대한 예표임을 인식해야만 합니다.

② 그래서 "너는 아침마다 공평히 판결하여 탈취 당한 자를 압박자의 손에서 건지라"(12하) 하시는 것입니다. 두 가지를 말씀하시는 데, ㉠ "공평히 판결하라"는 말씀과, ㉡ "탈취 당한 자를 압박자의 손에서 건지라" 하십니다. 다윗 왕국을 세우신 하나님의 의도가 여기에 있습니다. ㉠ "공평히 판결하라"고 말씀함은 "공의로 심판"(행 17:31, 벧전 2:23, 계 19:11)하실 메시아적 사명을 바로 수행하라는 뜻인 것입니다. 다윗은 이를 알았기에,

"거짓 행하는 자가 내 집(다윗의 집) 안에 거하지 못하며
거짓말하는 자가 내 목전에 서지 못하리로다
아침마다 내가 이 땅의 모든 악인을 멸하리니
죄악 행하는 자는 여호와의 성에서 다 끊어지리로다"(시 101:7-8)고 진술했던 것입니다.

㉡ "탈취 당한(빼앗긴) 자를 압박자(궁극적으로 사탄)의 손에서 건지라(구원하라)" 하십니다. 그런데 "다윗의 집"이 도리어 백성을 탈취하는 노릇을 하고 있었던 것입니다. 그리스도의 예표로 세움 받은 구약시대의 왕, 제사장, 선지자들이 순(順) 기능으로 행한 것이 아니라 역(逆) 기능으로 행함으로 하나님은 "나는 네 대적이라 내가 너희 행위대로 벌할 것이요"(13-14) 라고 말씀하실 수밖에 없게 된 것입니다. 그러므로 "공평히 판결하여 탈취 당한 자를 압박자의 손에서 건지실"(12중) 분은 궁극적으로는 그리스도 밖에는 없었던 것입니다.

③ "다윗의 집이여" 하신 말씀이 오늘날 교회로, 성도의 가정으로 적용이 될 수가 있습니다. 왜냐하면 신약의 교회는 "너희는 귀를 기울이

고 내게 나아와 들으라 그리하면 너희 영혼이 살리라 내가 너희에게 영원한 언약을 세우리니 곧 다윗에게 허락한 확실한 은혜니라"(사 55:3) 하신 다윗 "언약과, 은혜"의 성취로 세워졌기 때문입니다. 그렇다면 목사, 장로, 교사, 아버지, 어머니 등 막중한 직무를 "순리로 행하고 있는가 아니면 역기능으로 행하고 있는가", 이것이 중대한 문제입니다. 이를 살펴서 하나님께 항복하는 것이 생명의 길인 것입니다.

22장

다윗의 위에 앉은 유다 왕이여

[9]대답하기는 이는 그들이 자기 하나님 여호와의 언약을 버리고 다른 신들에게 절하고 그를 섬긴 연고라 하리라 하셨다 할지니라.

22장은 다윗의 위에 앉은 세 왕, 즉 살룸(여호아하스)과 여호야김과 고니야(여호야긴)에게 하시는 경고입니다. 21장에서는 시드기야 왕에게 경고하였으니까 예레미야 선지자는 유다 말기의 네 왕에게 그들의 종말이 어떻게 될 것인가를 예언적으로 경고를 하고 있는 것입니다. 이는 생명을 내어놓은 담대함이 아니면 불가능한 일입니다.

그들을 가리켜 "다윗의 위에 앉은 유다 왕"(2, 4, 30)이라고 말씀합니다. 이는 앞 장에서도 언급했습니다 만, 구속사의 맥락에서 바라볼 때에 대단히 중요한 묘사입니다. 왜냐하면 다윗의 위에 앉은 자란 하나님께서 다윗에게 세워주신 언약의 계승자임을 나타내는 말씀이기 때문입니다. 그렇다면 다윗의 위에 앉은 자들이 어찌하여 그토록 비참한 종말을 맞이하게 되었는가? "그들이 자기 하나님 여호와의 언약을 버리고 다른 신들에게 절하고 그를 섬긴 연고라"(9)고 대답합니다. 그러므로 본 장의 주제가 "다윗의 위에 앉은 유다 왕이여"가 될 수가 있습니다. 이를 두 단원으로 나누어 상고하겠습니다.

첫째 단원(1-9) **여호와의 말씀을 들을지니라**
둘째 단원(10-30) **세 왕에 대하여 말하노라**

첫째 단원(1-9) 여호와의 말씀을 들을지니라

"여호와께서 이같이 말씀하시되 너는 유다 왕의 집에 내려가서 거기서 이를 선언하여 이르기를 다윗의 위에 앉은 유다 왕들이여 너와 네 신하와 이 문들로 들어오는 네 백성은 여호와의 말씀을 들을지니라"(1-2).

본 단원(1-9)은 세 왕에게 개별적으로 말씀하기에 앞서서 공통적으로 하시는 말씀입니다.

① "너희가 공평과 정의를 행하여"(3상),

② "탈취 당한 자를 압박하는 자의 손에서 건지고"(3하) 하십니다. 이 명은 21:12에서 시드기야 왕에게 하신 말씀과 동일한 것입니다. 이를 위해 저들을 다윗의 위에 앉게 하신 것입니다. 이는 훗날 다윗의 위에 앉아서 공평과 정의로 다스리실 메시아의 예표답게 다스릴 것을 기대하셨기 때문입니다.

③ 이 말씀(3)을 23:5절과 결부시켜 보면 그 의미가 분명히 드러납니다. "나 여호와가 말하노라 보라 때가 이르리니 내가 다윗에게 한 의

로운 가지를 일으킬 것이라 그가 왕이 되어 지혜롭게 행사하며 세상에서 공평과 정의를 행할 것이며" 하십니다. 하나님께서 일으키실 "의롭고 지혜로운 왕, 그리하여 공평과 정의"로 다스릴 이 왕이 누구입니까? 이는 명백한 메시아에 대한 예언입니다.

④ 이사야 선지자도 "이는 한 아기가 우리에게 났고 한 아들을 우리에게 주신 바 되었는데, 또 다윗의 위에 앉아서 그 나라를 굳게 세우고 자금 이후 영원토록 공평과 정의로 그것을 보존하실 것이라 만군의 여호와의 열심이 이를 이루시리라"(사 9:6-7)고 예언하였던 것입니다.

⑤ 이 예언이 "보라 수태하여 아들을 낳으리니 그 이름을 예수라 하라 저가 큰 자가 되고 지극히 높으신 이의 아들이라 일컬을 것이요 주 하나님께서 그 조상 다윗의 위를 저에게 주시리니 영원히 야곱의 집에 왕 노릇하실 것이며 그 나라가 무궁하리라"(눅 1:31-33)에서 성취되었던 것입니다.

⑥ "너희가 참으로 이 말을 준행하면 다윗의 위에 앉을 왕들과 신하들과 백성이"(4) 평안하리라 하십니다. "너희가 이 말을 듣지 아니하면 내가 나로 맹세하노니 이 집이 황무하리라"(5) 하십니다. 하나님은 다윗의 위에 앉아 메시아를 예표하고 있는 왕들이 "공평과 정의"(3)로 다스릴 것을 기대하셨으나 그들은 순리로 행한 것이 아니라 역리(逆理)로 행함으로(롬 1:26) 결국 멸망을 자초하고 만 것입니다.

⑦ 하나님은 이 실패를 들어서 "탈취 당한 자를 압박하는 자의 손에서 건져주는" 구원행위가 인간의 능력으로는 불가능함을 계시하고 있는 것입니다. "탈취 당한 자"란 빼앗긴 자입니다. "압박하는 자"란 곧 사탄입니다. 사탄의 속박에서 구원하여주실 분은 오직 그리스도뿐임을 강력하게 계시하고 있는 것입니다.

⑧ 그들이 행할 수가 없었다면 다윗 언약을 믿었어야 했습니다. 그러나 "그들이 자기 하나님 여호와의 언약을 버리고 다른 신들에게 절하고

그를 섬겼다"(9)는 것은 앞에서도 지적한 대로 단순한 우상숭배를 했다는 선에 멈추는 것이 아니라 그리스도를 배척한 죄임을 인식해야만 하는 것입니다. 신구약을 막론하고 그리스도를 배척하면 그 종말은 멸망뿐입니다. 이것이 세 왕에게 공(共)히 하시는 여호와의 말씀입니다.

둘째 단원(10-30) 세 왕에 대하여 말하노라

"너희는 죽은 자를 위하여 울지 말며 그를 위하여 애통하지 말고 잡혀간 자를 위하여 슬피 울라 그는 다시 돌아와서 그 고국을 보지 못할 것임이니라"(10).

세 왕에게 공통적으로 해당되는 원리적인 말씀(1-9)을 하신 다음에 유다 말기에 세움 받은 세 왕에게 각각 경고적인 예언을 하십니다.

살룸(여호아하스) 왕에 대한 경고

10-12은 살룸 즉 여호아하스에 대한 경고입니다. 살룸은 요시야 왕의 넷째 아들(대상 3:15)인데 요시야가 죽자 백성들이 세 형을 제쳐놓고 그를 왕으로 옹립한 것입니다. "여호아하스가 그 열조의 모든 행위대로 여호와 보시기에 악을 행하였더니 바로느고(애굽 왕)가 저를 하맛 땅 립나에 가두어 예루살렘에서 왕이 되지 못하게 하고, 애굽으로 잡아갔더니 저가 거기서 죽으니라"(왕하 23:32-34) 하고 역사서는 그의 사적을 말해줍니다. 그는 불과 3개월 동안 왕위에 있다가 애굽으로 잡혀가서 돌아오지 못하고 죽었습니다.

① 예레미야 선지자는 살룸에 대하여 "그가 이곳으로 다시 돌아오지

못하고 잡혀간 곳에서 죽으리니 이 땅을 다시 보지 못하리라" (11-12) 하고 예언하였는데 그대로 성취되고 만 것입니다.

② "너는 죽은 자를 위하여 울지 말며"(10상) 합니다. 선한 왕 요시야가 죽자 "온 유다와 예루살렘 사람들이 요시야를 슬퍼"(대하 35:24) 했는데 예레미야는 "죽은 자(요시야 왕)를 위하여 울지 말며 그를 위하여 애통하지 말고 잡혀간 자(살룸)를 위하여 슬피 울라"(10) 하므로 살룸의 종말이 차라리 죽은 자가 낫다할 정도로 비참해질 것을 경고하고 있는 것입니다.

여호야김(엘리야김) 왕에 대한 경고

"불의로 그 집을 세우며 불공평으로 그 다락방을 지으며 그 이웃을 고용하고 그 고가를 주지 아니하는 자에게 화 있을진저"(13).

13-23은 여호아김 왕에 대한 경고입니다. 여호야김은 요시아의 둘째 아들입니다. 그는 11년 간 왕위에 있었는데 "여호야김이 그 열조의 모든 행한 일을 본받아 여호와 보시기에 악을 행하였더라"(왕하 23:37) 합니다. 그는 사치하고 포악한 왕으로 알려지고 있습니다.

① "그가 이르기를 내가 나를 위하여 광대한 집과 광활한 다락방을 지으리라"(14) 하고 백성들에게 과중한 부역을 시키고는 임금도 주지 않았던(13) 것입니다.

② "네가 백향목으로 집짓기를 경쟁하므로 왕이 될 수 있겠느냐"(15상) 하고 책망하십니다. 장대한 궁궐과 누각을 세움으로 왕의 권위가 높아지고 견고해지는 것은 아니라는 말씀입니다.

③ "네 아비(요시야 왕)가, 공평과 의리를 행치 아니하였느냐 그 때에 그가 형통하였었느니라"(15하) 하십니다. 요시야는 선한 왕이었습니다. 그의 아들들이 "네 아비"처럼 행하였더라면 얼마나 좋았겠습니까?

“가난한 자와 궁핍한 자를” 돌아보는 것이 “나를 앎이 아니냐”(16) 하십니다. 이는 신약적인 말씀으로서 백성을 사랑하라, 즉 “공평과 정의”로 다스리라는 말씀인 것입니다.

④ “그러나 네 눈과 마음은 탐람과 무죄한 피를 흘림과 압박과 강포를 행하려 할 뿐이니라”(17) 하고 정반대로 행하였음을 책망하십니다.

⑤ 그러므로 슬퍼하는 자 없이 “그가 끌려 예루살렘 문밖에 던지우고 나귀같이 매장함을 당하리라”(18-19) 하고 예언합니다. 역사서를 보면 “바벨론 왕 느부갓네살이 올라와서 치고 저를 쇠사슬로 결박하여 바벨론으로 잡아갔다”(대하 36:6)는 말이 그에 대한 마지막 기록입니다. 그의 종말은 선지자의 예언대로 비참하게 최후를 마친 것으로 여겨집니다.

⑥ “네가 평안할 때에 내가 네게 말하였으나 네 말이 나는 듣지 아니하리라 하였나니 네가 어려서부터 내 목소리를 청종치 아니함이 네 습관이라”(21) 하십니다. “습관”이란 말은 어쩌다 실수한 그런 것이 아니라 어려서부터 의 경향성(傾向性)을 의미합니다. 요일 3:8에 “죄를 짓는 자는 마귀에게 속하나니” 라고 말씀하고 있는 것이 바로 습관적으로 죄를 짓는 것을 의미하는 데 여호야김이 그러했다는 것입니다.

⑦ “레바논에 거하여 백향목에 깃들이는 자여 여인의 해산하는 고통 같은 고통이 네게 임할 때에 너의 가련함이 얼마나 심하랴”(23) 하고 그의 종말이 비참할 것을 말씀하십니다.

고니야(여호야긴) 왕에 대한 경고

“나 여호와가 말하노라 나의 삶으로 맹세하노니 유다 왕 여호야김의 아들 너 고니야가 나의 오른 손의 인장 반지라 할지라도 내가 빼어 네 생명을 찾는 자의 손과 너의 두려워하는 자의 손 곧 바벨론 왕 느부갓네살의 손과 갈대아인의 손에 줄 것이라"(24-25).

24-30은 고니야(여호야긴) 왕에 대한 경고입니다. 고니야는 여호야김의 아들, 즉 요시야의 손자인데 "여호야긴이 그 부친의 모든 행위를 본받아 여호와 보시기에 악을 행하였더라"(왕하 24:9) 하고 그도 악한 길로 행하였음을 말씀합니다. 그는 불과 석 달만에 느부갓네살에 의하여 모친과 아내와 내시와 방백들과 수많은 백성들과 함께 바벨론으로 사로잡혀 갔습니다(왕하 24:8-16). 예레미야 선지자는 이렇게 될 것을 예언하고 있는 것입니다.

① "너 고니야가 나의 오른손의 인장반지라 할지라도"(24상) 합니다. 인장반지란 사람 몸에 지닐 수 있는 최대로 귀중한 것을 나타내는 말입니다. 만일 다윗의 위에 앉은 자답게 행하였다면 하나님 앞에 인장반지같이 소중히 여김을 받았을 것입니다.

② 그러나 "내가 빼어, 느부갓네살의 손과 갈대아인의 손에 줄 것이라"(24하-25) 하십니다. 이는 그가 최대로 존귀한 자의 위에서 최저로 비참한 자의 자리로 떨어지게 될 것을 말씀함입니다.

③ 여호야긴과 결부된 말씀 중에서 주목하게 되는 것은 "너희는 이 사람이 무자(無子)하겠고 그 평생에 형통치 못할 자라 기록하라 이는 그 자손 중에 형통하여 다윗의 위에 앉아 유다를 다스릴 사람이 다시는 없을 것임이니라"(30)는 말씀입니다. ㉠ 그런데 역대기를 보면 여호야긴은 무자한 것이 아니라 아들의 이름이 일곱(대상 3:17)이나 기록되어 있습니다. 그래서 학자들은 고심을 하게 되는 것입니다. ㉡ 이 말씀은 23:5과 결부시켜 해석되어야만 하는 것입니다. 하나님께서는 다윗의 위에 앉을 한 의로운 왕을 일으키실 것을 말씀하고 있기 때문입니다. 그러므로 "다윗의 위에 앉아 유다를 다스릴 사람이 다시는 없을 것임이니라"는 말씀은 육적인 다윗의 위가 종말을 고하게 될 것을 뜻함으로 보아야만 하는 것입니다. 여호야긴의 일곱 아들 중에 대를 이어 왕이 된

자는 아무도 없습니다. ㉢ 유다의 마지막 왕 시드기야가 등장하지만 그는 여호야긴의 아들이 아니라 삼촌으로, 실제로는 여호야긴이 마지막 왕이라 할 것입니다. ㉣ 이 점을 마 1:11은 "바벨론으로 이거할 때에 요시야는 여고냐(고니야)와 그의 형제를 낳으니라" 하고 그가 마지막 왕으로 말씀하고 있습니다.

하나님께서는 다윗에게 "네 집과 네 나라가 네 앞에서 영원히 보전되고 네 위가 영원히 견고하리라"(삼하 7:16) 하고 언약하셨습니다. 그런데 이제 유다는 멸망하게 되고 다윗의 위는 끊어지게 될 것이라고 말씀하는 것입니다. 그렇다면 하나님의 언약은 어찌되는 것이며, 성취해나가시는 구속사역은 어찌되는 것인가?

이는 히브리서 기자가 말한 대로(히 9:10) 짐승의 제물에서 아들로, 육적 다윗에서 영적 다윗으로 "개혁"(改革)할 때가 이르고 있음을 뜻합니다. 그러므로 "다윗의 위에 앉아 유다를 다스릴 사람이 다시는 없을 것임이니라" 하고 선언하신다고 해서 하나님께서 이루어 나오신 메시아 왕국이 중단된다던가 폐하여지는 것은 아닙니다. 하나님께서는 다윗의 위를 "주 하나님께서 그 조상 다윗의 위를 저에게 주시리니 영원히 야곱의 집에 왕 노릇하실 것이며 그 나라가 무궁하리라"(눅 1:32-33) 하고 예수 그리스도에게 주심으로 중단 없이 이루어 나가시는 것입니다.

23장

다윗에게 한 의로운 가지를 일으킬 것이라

[5]나 여호와가 말하노라 보라 때가 이르리니 내가 다윗에게 한 의로운 가지를 일으킬 것이라 그가 왕이 되어 지혜롭게 행사하며 세상에서 공평과 정의를 행사할 것이며.

23장은 목자(1)를 책망하는 것으로 시작되고 있는데 "목자"란 백성들의 지도자, 즉 왕, 제사장, 선지자를 일컫는 말씀입니다. 그런데 본 장에서는 특히 왕(1-2)과, 선지자(9-40)를 책망하고 있습니다. 이처럼 "왕과 선지자"를 책망하는 이유는 예루살렘이 멸망하고, 백성들이 포로로 끌려가게 된 책임이 왕들이 잘못 다스리고, 선지자들이 잘못 가르친 책임임을 드러내기 위해서인 것입니다. 그러므로 23장은 암흑(暗黑)의 장이라 말할 수가 있는데 그 사이에 서광이 비취듯이 "다윗에게 한 의로운 가지를 일으킬 것이라"(5)는 말씀이 들어있습니다. 여기에 핵심이 있습니다. 앞의 장에서는 "다윗의 위에 앉아 유다를 다스릴 사람이 다시는 없을 것임이니라"(22:30) 했는데, 본 장에서는 다윗의 위에 앉을 왕을 주시겠다고 말씀합니다. 이는 명백한 그리스도에 대한 예언입니다. 그러니까 육적 다윗의 자손은 폐하고 영적 다윗의 자손을 왕으로 세우시겠다는 말씀입니다. 이를 세 단원으로 나누어 상고하겠습니다.

첫째 단원(1-8) **거짓목자와 참 목자**

둘째 단원(9-32) **거짓선지자의 특성과 받을 형벌**

셋째 단원(33-40) **거짓선지자에 대한 경계**

첫째 단원(1-8) 거짓목자와 참 목자

"나 여호와가 말하노라 내 목장의 양 무리를 멸하며 흩는 목자에게 화 있으리라"(1).

① "내 목장의 양 무리를 멸하며 흩는 목자"란 5절과 결부시켜 볼 때 주로 왕(王)을 가리키는 말씀으로 보아야만 합니다. 지금 유다 나라라는 목장의 양 무리는 멸망하고 흩어질(1) 위기에 처한 것입니다. 그 원인과 책임이 누구에게 있는가? 바로 이들 목자의 책임이라는 것입니다. 그래서 "화 있으리라" 하시는 것입니다. 10:21에서도 "목자들은 우준하여 여호와를 찾지 아니하므로 형통치 못하며 그 모든 양떼는 흩어졌도다"고 말씀합니다. 지도자의 책임이 얼마나 중대한 가를 확인하게 되는 대목입니다.

이점에서 유념해야할 점이 있습니다. 구약의 목자들인 왕, 제사장, 선지자란 모두가 메시아를 예표하는 인물들이라는 점입니다. 그러므로 이들에게 하신 책망이 신약시대에 와서는 메시아의 사명을 위임받은 우리들에게 적용이 된다는 점입니다. 본문이 왕, 또는 선지자에 대한 책망이니까 나와는 상관이 없는 것이 아니라 바로 "왕 같은 제사장"인 나에게 주시는 말씀으로 받아야 한다는 말씀입니다. 특히 설교자에게는 선지자적인 사명이 있는 것입니다.

② 2절을 명심해야만 합니다. "그러므로 이스라엘 하나님 나 여호와가 내 백성을 기르는 목자에게 이같이 말하노라"(2상) 하십니다. ㉠ "내 백성"이라고 말씀하십니다. ㉡ "기르는 목자"라고 말씀합니다. ㉢ "너희가 내 양 무리를 흩으며 그것을 몰아내고 돌아보지 아니하였도다"고 책망하십니다. 하나님의 백성이 멸망당하고 흩어지게 된 책임이 이들 목자에게 있다는 말씀입니다. ㉣ "보라 내가 너희의 악행을 인하여 너희에게 보응하리라"(2하) 하고 그 책임을 물으실 것을 말씀하십니다.

③ 이 말씀을 주님께서 친히 하신 마 24:45-50과 연관시켜 볼 때 바로 우리에게 적용됨을 깨닫게 될 것입니다. "충성되고 지혜 있는 종이 되어 주인에게 그 집 사람들을 맡아 때를 따라 양식을 나눠줄 자가 누구뇨 주인이 올 때에 그 종의 이렇게 하는 것을 보면 그 종이 복이 있으리로다 내가 진실로 너희에게 이르노니 주인이 그 모든 소유를 저에게 맡기리라

만일 그 악한 종이 마음에 생각하기를 주인이 더디 오리라 하여 동무들을 때리며 술친구들로 더불어 먹고 마시게 되면 생각지 않은 날 알지 못하는 시간에 그 종의 주인이 이르러 엄히 때리고 외식하는 자의 받는 율에 처하리니 거기서 슬피 울며 이를 갊이 있으리라".

④ 그러나 3절은 "내가", 이렇게 시작이 됩니다. "내 양 무리의 남은 자를 그 몰려갔던 모든 지방에서 모아내어 다시 우리로 돌아오게 하리니"(3) 하십니다. 목자들의 잘못으로 흩어졌던 자기 백성들을 "내가", "다시 우리로 돌아오게 하겠다"고 말씀하십니다. 4절에서도 "내가 그들을 기르는 목자들을 그들 위에 세우리니" 하십니다.

⑤ 이렇게 말씀하신 연후에 "보라 때가 이르리니 내가 다윗에게 한 의로운 가지를 일으킬 것이라"(5상) 하십니다. "한 의로운 가지"라는 말씀은 "이새의 줄기에서 한 싹이 나며 그 뿌리에서 한 가지가 나서 결실할 것이요"(사 11:1) 하신 그리스도에 대한 명백한 예언입니다. 이 일도 "내가…일으킬 것이라" 하고 하나님이 하시겠다고 말씀합니다.

⑥ "그가 왕이 되어 지혜롭게 행사하며 세상에서 공평과 정의를 행할 것이며"(5하) 하십니다. ㉠ 여기서 1-2절에서 언급한 악한 목자와 공평과 정의를 행할 선한 목자(4)가 대비되고 있습니다. ㉡ 에스겔 선지자를 통해서도 악한 목자와 대비하여 "내가 한 목자를 그들의 위에 세워 먹이게 하리니 그는 내 종 다윗이라 그가 그들을 먹이고 그들의 목자가 될지라 나 여호와는 그들의 하나님이 되고 내 종 다윗은 그들 중에 왕이 되리라"(겔 34:23-24) 하십니다. 이미 죽은 지 수 백년이 된 다윗이 목자가 되고 왕이 된다고 말씀함은 다윗이 그리스도에 대한 예표의 인물이기 때문입니다. 참으로 구약성경의 중심주제는 그리스도를 증거하는 데 있는 것입니다.

⑦ 그러므로 3절에서 말씀한 "남은 자를 돌아오게 하리라"는 말씀이 일차적으로는 바벨론에서의 귀환을 의미한다 하여도, 궁극적인 성취는 5절에서 일으키실 "의로운 가지", 즉 그리스도를 통한 대 회복의 날을 가리킴을 깨닫게 됩니다.

⑧ 그래서 "그의 날에 유다는 구원을 얻겠고 이스라엘은 평안히 거할 것이며 그 이름은 여호와 우리의 의라 일컬음을 받으리라"(6)고 말씀하시는 것입니다. "여호와는 우리의 의"라는 묘사는 복음이지 의문(儀文)이 아닌 것입니다.

⑨ 이런 맥락에서 "날이 이르리니 그들이 애굽 땅에서 인도하여 내신 여호와가 아니라, 그 모든 쫓겨났던 나라에서 인도하여 내신 여호와의 사심으로 맹세할 것이며"(7-8) 하십니다. 이는 율법의 행위로가 아

니라 복음으로 말미암아 구원 얻은 감사와 기쁨을 나타내는 묘사인 것입니다. 구원계획은 하나님께서 주권적으로 이루어 나가시는 사역입니다. 구원은 오직 다윗의 자손으로 오신 예수 그리스도에게 만 있습니다.

둘째 단원(9-32) 거짓선지자의 특성과 받을 형벌

"선지자들에 대한 말씀이라 내 중심이 상하며 내 모든 뼈가 떨리며 내가 취한 사람 같으며 포도주에 잡힌 사람 같으니 이는 여호와와 그 거룩한 말씀을 인함이라"(9).

① 예레미야의 마음이 상하고, 뼈가 떨리고, 취한 사람같이 되었다고 했는데 그 이유가 무엇인가? 10절이 이를 말해주고 있는데, 백성들을 멸망으로 이끌고 있는 거짓선지자에 대한 의분에서 치가 떨리듯 한 것입니다.

여기서 경각심을 갖고 살펴보아야 할 점은, 9절 이하에 "선지자"라는 말이 15번이나 나오고 있는데 이는 예레미야를 가리키는 말이 아니라 그를 대적하고 있는 거짓선지자들을 가리키는 말입니다. 그런데 "거짓선지자"란 말은 단 한번도 나오지 않고 있음을 유념해야만 합니다. 이는 무엇을 말해주느냐 하면 그들이 본래부터 거짓선지자가 아니었음을 말해줍니다. 그렇다면 그들이 어떻게 하다가 거짓선지자가 되었단 말인가? 이점을 "그 열매로 그들을 알지니"(마 7:16) 하신 대로 그들에게서 나타나는 특성을 통해서 살펴보아야만 할 것입니다. 이는 오늘의 사역자들에게도 거울이 되고 경종이 된다 하겠습니다.

거짓선지자의 특성(特性)

① "선지자들에 대한 말씀이라"(9) 하신 후, 첫 말씀이 "이 땅에 행음하는 자가 가득하도다"(10) 하십니다. 이는 우상숭배가 만연하고 있음을 가리킵니다. 그 원인과 책임이 누구에게 있단 말인가? 말할 것도 없이 그들을 양육해야할 선지자들의 책임이라는 것입니다. 백성들이 잘못 된 길로 빠지게 되는 것은 말씀이 바르게 선포되지 않기 때문입니다. 그러므로 주님께서 버가모 교회에 하신 책망에서 "발람의 교훈을 지키는 자들이 있도다, 니골라당의 교훈을 지키는 자들이 있도다" 하시면서 이러한 비 진리를 "음행"(계 2:14-15)에 비하고 계시는 것을 보게 됩니다.

② "선지자와 제사장이 다 사특한지라 내가 내 집에서도 그들의 악을 발견하였도다"(11) 하십니다. 이는 우상숭배가 얼마나 만연했으면 성전에까지 우상을 세웠다는 말씀인 것입니다.

그렇다면 이 말씀이 현대교회에는 어떤 의미가 있는가? 성경이 말씀하고 있는 "탐심"이 우상숭배가 맞다 면, 도에 지날 정도로 기복신앙 적인 설교가 만연하고 있는 현대교회도 이 책망에서 결코 자유로울 수는 없을 것입니다. 하나님은 "내가 내 집에서도 그들의 악을 발견하였도다"고 말씀하십니다. 선지자나 제사장이 범하는 사특함은 저자 거리에서가 아니라 주로 "내 집", 즉 하나님의 집 안에서, 예배와 관련하여 저질러지고 있음을 명심해야만 합니다. 신령과 진리로 드려지는 예배가 아니라 흥미본위로 드려진다면 이는 사특함이 될 수가 있습니다. 이것이 거짓선지자로 전락하는 징조입니다.

③ "내가 사마리아 선지자들 중에 우매함이 있음을 보았나니(13), 내가 예루살렘 선지자들 중에도 가증한 일이 있음을 보았나니"(14) 하십니다. "사마리아"란 이미 망한 북쪽 이스라엘을 가리키는 말입니다. 그

런데 이를 거론하심은 송아지 우상을 섬긴 그들은 그렇다 해도 "예루살렘 선지자" 너만은 달라야 하지 않느냐는 묵시적인 뜻이 있는 것입니다.

이 말씀이 오늘 우리에게는 어떤 의미가 있습니다. 우리는 항용 어느 교파, 또는 누구, 누구는 잘못됐다, 이단이라는 말을 합니다. 보수니, 정통이니 말씀중심이니 하고 내세웁니다. 하나님은 말씀하십니다. "내가 예루살렘 선지자들 중에도 가증한 일이 있음을 보았나니, 사람으로 그 악에서 돌이킴이 없게 하였은즉 그들은 내 앞에서 소돔 사람과 다름이 없고 그 거민은 고모라 사람과 다름이 없느니라"(10). 총체적으로 잘못되었다고 말씀하시는 것입니다.

④ "이는 사악이 예루살렘의 선지자들에게서 나와서 온 땅에 퍼짐이라"(15하) 하십니다. 얼마나 가공할만한 말씀입니까? 사마리아 선지자들이 아닙니다. 예루살렘 선지자들이 "사람을 악에서 돌이키게 하지 않은"(22) 것만이 아니라 도리어 타락과 부패의 근원이 되었다는 것입니다. 이런 말씀을 대할 때에 저들(선지자)이 이를 알고 있었을까 하는 의구심이 듭니다. 왜냐하면 이대로 옳고 잘하고 있는 것으로 여기고 있는 우리 자신을 점검하기 위해서입니다.

⑤ "그들이 말한 묵시는 자기 마음으로 말미암은 것이요 여호와의 입에서 나온 것이 아니니라"(16하) 하십니다. 이것이 거짓선지자의 두드러진 특성입니다. "자기 마음에서 나온 것"이라는 말은 자기의 주장과 사상을 하나님의 말씀인양 전하고 있다는 뜻입니다. ㉠ 이점이 중요한데 오늘날 현대주의 신학사상은 여호와의 입에서 나온 말씀인 성경에 근거를 두고 있는 것이 아니라 "자기 마음", 즉 이성(理性)과 합리주의적인 사고에서 나온 사상일 뿐입니다. ㉡ 또한 설교의 근거를 "기록하였으되"에 두는 것이 아니라 유명인의 말이나, 간증이나, 예화 등을 인용하여 자기의 주장을 입증하려한다면 이는 여호와의 입에서 나온 것이 아니라 자기 마음으로 말미암은 것입니다. 이렇게 한다면 그는 거짓선

지자로 전락하게 되는 것입니다.

⑥ 또한 거짓선지자의 특성은 죄를 책망하기보다는 "너희가 평안하리라, 재앙이 너희에게 임하지 아니하리라"(17) 하고 회중들에게 영합하는 말을 한다는 것입니다. 이점을 애가(哀歌)에서는 "네 선지자들이 네게 대하여 헛되고 어리석은 묵시를 보았으므로 네 죄악을 들어내어서 네 사로잡힌 것을 돌이키지 못하였도다 저희가 거짓 경고와 미혹케 할 것만 보았도다"(애 2:14)고 지적하고 있습니다. 에스겔 선지자를 통해서는 더욱 사실적으로 말씀하고 있는데 "그들이 내 백성을 유혹하여 평강이 없으나 평강이 있다 함이라 혹이 담을 쌓을 때에 그들이 회칠을 하는도다"(겔 13:10) 하십니다. 담에다가 페인트를 칠하듯이 말씀에다가 분을 바르고 꿀을 바르듯 한다는 뜻입니다. 이것이 거짓선지자의 특성입니다.

⑦ "사람이 내게 보이지 아니하려고 누가 자기를 은밀한 곳에 숨길 수 있겠느냐"(24) 하십니다. 이는 거짓선지자의 이중적인 위선과 외식을 지적하는 말씀입니다. 말씀만 회칠하는 것이 아니라 자신의 삶도 "회칠한 무덤 같이"(마 23:27) 꾸미는 이것이 거짓선지자의 특성입니다.

⑧ 여기 결정적인 특성이 나타나는데 "내 이름으로 거짓을 예언하는 선지자들의 말에 내가 몽사를 얻었다 몽사를 얻었다함을 내가 들었노라"(25)고 지적하십니다. "몽사(夢事)를 얻었다"는 말은 꿈에 보았다는 뜻인데 계시를 받았다는 말입니다. 그러나 "만군의 여호와 이스라엘의 하나님이 이같이 말하노라 너희 중 선지자들에게와 복술에게 혹하지 말며 너희가 꾼 바 꿈도 신청치 말라"(29:8) 하십니다. 또한 "신명기에서는 "너는 그 선지자나 꿈꾸는 자의 말을 청종하지 말라 이는 너희 하나님 여호와께서 너희가 마음을 다하고 성품을 다하여 너희 하나님 여호와를 사랑하는 여부를 알려하사 너희를 시험하심이니라"(신 13:3)

하고 경계하고 있습니다.

오늘날도 여전히 몽사(보았다. 들었다)를 얻었다는 말에 혹하는 자들이 많이 있습니다. 이는 치명적인 잘못입니다. 만일 이를 허용한다면 기독교는 언어가 혼잡 됨으로 쌓기를 중단한 바벨탑처럼 중대한 위기에 봉착하게 될 것입니다. 주 하나님은 자기 백성들에게 충족된 계시인 성경을 주셨습니다. 이것은 기적 중의 기적이요, 최고 최대의 선물인 것입니다. 이 성경이 유일한 표준입니다. 그러므로 몽사를 얻었다는 식의 무슨 계시를 받았다는 말은 성경을 불신하거나 경시하는데서 오는 불신앙인 것입니다.

겨와 밀을 어찌 비교하겠느냐

⑨ "내 백성으로 내 이름을 잊게 하려 함이로다"(27) 하십니다. 누가 그렇게 한다는 것입니까? 몽사를 말하는 거짓선지자들이 그렇게 하고 있다 는 것입니다. 이는 심각한 말씀입니다. 생각해보십시오. 설교자가 "보았다, 만져봤다, 내게 말씀했다"고 말한다면 성도들이 성경을 보려고 할 것입니까? 자신도 보려고, 들으려고 할 것입니다. 이렇게 되면 필연적으로 성경을 경시하게 됩니다. 이것이 "내 백성으로 내 이름을 잊게 하려 함이로다"의 의미입니다.

이에 버금가는 일이 있는데 설교 시간에 회중들로 하여금 성경을 들여다볼 필요가 없게 하는 설교입니다. 왜냐하면 본문을 읽어놓고 다른 이야기만 하고 있기 때문입니다. 이렇게 한다면 이도 또한 "내 백성으로 내 이름을 잊게 하려 함이로다"인 것입니다.

⑩ 그러므로 "나 여호와가 말하노라 몽사를 얻은 선지자는 몽사를 말할 것이요 내 말을 받은 자는 성실함으로 내 말을 말할 것이라 겨와 밀을 어찌 비교하겠느냐"(28) 하시는 것입니다. 거짓선지자와 참 선지

자의 말을 〈겨와, 밀〉에다 비유해서 말씀하십니다. 오늘날도 실로 겨와 같은 말이 난무하고 있는 시대입니다. "아무 유익이 없느니라"(32하) 하십니다.

⑪ 그러나 성실함으로 말하는 자의 말씀은 "내 말이 불같지 아니하냐 반석을 쳐서 부스러뜨리는 방망이 같지 아니하냐"(29) 하십니다. 그런데 성도들의 반응은 어떠합니까? "이 땅에 기괴하고 놀라운 일이 있도다 선지자들은 거짓을 예언하며 제사장들은 자기 권력으로 다스리며 내 백성은 그것을 좋게 여기니 그 결국에는 너희가 어찌 하려느냐"(5:30-31) 하고 탄식합니다. 즉 회중들이 밀보다는 겨와 같은 말을 더 좋아한다는 것입니다.

⑫ "거짓 몽사를 예언하여 이르며 거짓과 헛된 자만으로 내 백성을 미혹하게 하는 자를 내가 치리라"(32) 하십니다.

⑬ "그러므로 보라 서로 내 말을 도적질하는 선지자들을 내가 치리라"(30) 하십니다. 거짓선지자란 하나님의 이름을 도적질하는 자요, 하나님의 영광을 도적질하는 자요, 하나님의 말씀을 도적질하는 자들인 것입니다. "치리라"는 말씀을 30, 31, 32절에 거듭하십니다. "내 말을 도적질하는 선지자들을 내가 치리라(30), 혀를 놀려 그가 말씀하셨다하는 선지자들을 내가 치리라(31), 내 백성을 미혹하게 하는 자를 내가 치리라"(32) 하십니다. 이것들이 거짓선지자들의 특성입니다. 위에서 열거한 특성 중 나에게 해당되는 사항이 몇 개나 되는가? 겸비한 마음으로 점검해볼 일입니다.

셋째 단원(33-40) 거짓선지자에 대한 경계

"이 백성이나 선지자나 제사장이 네게 물어 이르기를 여호와의 엄중한 말씀이 무엇이뇨 하거든 너는 그들에게 대답하기를 엄중한 말씀이 무엇이냐 하느냐 여호와의 말씀에 내가 너희를 버리리라 하셨고"(33).

본 단원에는 "여호와의 엄중한 말씀"이라는 말이 7번이나 강조되어 있는데 거짓선지자들일수록 "여호와의 엄중한 말씀이라"는 말을 자주 쓰는 법입니다. 그들은 진짜 엄중한 말씀인 예레미야의 경고는 조롱(33)하면서 자신들이야말로 여호와의 엄중한 말씀을 전하는 자로 자처했던 것입니다. 백성들이 미혹을 당하게 되는 것은 거짓선지자들이 ㉠ 여호와의 이름으로, ㉡ "여호와의 엄중한 말씀"이라고 말하기 때문입니다. 어리석은 백성들은 회개하라 외치는 선지자의 말은 들으려하지 않고 "엄중한 말씀"만 찾아 헤매었습니다. 고금을 막론하고 사악한 인간은 "엄중한 말씀"이라는 것을 좋아합니다. 아마 현대교회가 더욱 그러할 것입니다. "내가 여호와의 엄중한 말씀을 받았다"고 말해보십시오. 천사같이 받들 것입니다.

① "여호와의 엄중한 말씀이 무엇이뇨" 하는 그들에게 "여호와의 말씀에 내가 너희를 버리리라 하셨다"(33하)고 말해 주라 하십니다. 고소를 금할 수 없게 합니다.

② "또 여호와의 엄중한 말씀이라 하는 선지자에게나 제사장에게는 내가 그 사람과 그 집에 벌하리라"(34) 하십니다.

③ "다시는 여호와의 엄중한 말씀이라 말하지 말라 각 사람의 말이 자기에게 중벌(重罰)이 되리니 이는 너희가 사시는 하나님 만군의 여호와 우리 하나님의 말씀을 망령되이 씀이니라"(36) 하고 엄금하십니다.

이처럼 "양 무리를 멸하며 흩는 (거짓)목자"(1)와, (거짓)선지자를 책망하시는 문맥에서 "내가 다윗에게 한 의로운 가지를 일으킬 것이라"(5) 말씀하셨던 것입니다. 멸망은 인간 때문에 왔고, 구원은 예수 그리스도로 말미암아 왔습니다. 우리는 이 약속이 성취된 이후 시대에 세움 받은 말씀의 대언자들입니다. 그렇다면 참 목자가 오셔서 양들을 위하여 목숨을 버려주신 복음시대에 "겨와 밀"같은 말씀은 어떻게 다르게 나타나고 있는가?

거짓선지자에 대한 경계는 구약시대에만 있는 것이 아닙니다. 주님 당시도 경계하셨으며(마 7:15), 앞으로 "거짓 선지자가 많이 일어나 많은 사람을 미혹하게 하겠으며"(마 24:11) 하고 미래에도 많이 일어날 것을 경계하셨습니다. 서신서들을 보면 초대교회 때부터 기승을 부리고 있는 것을 보게 됩니다. 바울은 거짓교사들의 잘못된 가르침을 "뱀이 그 간계로 이와를 미혹케 한 것같이 너희 마음이 그리스도를 향하는 진실함과 깨끗함에서 떠나 부패할까 두려워하노라"(고후 11:3) 하고 미혹이라고 말하고 있습니다. 그런데 고린도 성도들은 "누가 너희로 종을 삼거나 잡아먹거나 사로잡거나 자고하다 하거나 뺨을 칠지라도 너희가 용납하는도다"(고후 11:20) 한 대로 그 미혹에 넘어가 "진실함과 깨끗함"에서 떠났던 것입니다. 이는 영적인 간음이요, 타락인 것입니다.

형제여, 외모가 다른 것이 아닙니다. 예배의식이 다른 것이 아닙니다. 말씀이 혼잡 될 때 그는 거짓선지자로 전락하게 되는 것입니다. 말씀이 바르게 선포되지 아니하면 거짓 교회가 되고 맙니다.

24장

징계의 목적

[7]내가 여호와인줄 아는 마음을 그들에게 주어서 그들로 전심으로 내게 돌아오게 하리니 그들은 내 백성이 되겠고 나는 그들의 하나님이 되리라.

여호야긴(여고냐)이 왕위에 오른 지 불과 3개월에 바벨론 왕 느부갓네살은 대군을 이끌고 예루살렘을 침공하여 왕과 태후와 왕비와 방백들과 목공들과 철공들과 유력한 인사들을 바벨론으로 사로잡아 갔습니다(왕하 24:15). 이렇게 되자 "너희가 평안하리라, 재앙이 너희에게 임하지 아니하리라"(23:17) 하던 자들은 말하기를 포로로 끌려간 자들은 죄를 범해서 하나님께 버림을 당한 것이요, 남아있는 자신들은 안전하리라고 말했던 것입니다. 이점이 에스겔서에 나타나 있는데 "인자야 예루살렘 거민이 너의 형제 곧 너의 형제와 친속과 이스라엘 온 족속을 향하여 이르기를 너희는 여호와에게서 멀리 떠나라 이 땅은 우리에게 주어 기업이 되게 하신 것이라 하였나니"(겔 11:15)의 뜻입니다. 그들은 징벌을 당하면서도 회개하려하지 않고 정죄했던 것입니다.

그리하여 하나님께서는 좋은 무화과와 악한 무화과를 비유(2)로 하여 말씀하시게 된 것입니다. 이를 두 단원으로 나누어 상고하겠습니다.

첫째 단원(1-3) **두 광주리의 무화과**

둘째 단원(4-10) **좋은 무화과와 악한 무화과**

첫째 단원(1-3) 두 광주리의 무화과

"바벨론 왕 느부갓네살이 유다 왕 여호야김의 아들 여고냐와 유다 방백들과 목공들과 철공들을 예루살렘에서 바벨론으로 옮긴 후에 여호와께서 여호와의 전 앞에 놓인 무화과 두 광주리로 내게 보이셨는데 한 광주리에는 처음 익은 듯한 극히 좋은 무화과가 있고 한 광주리에는 악하여 먹을 수 없는 극히 악한 무화과가 있더라"(1-2).

① "여호와께서 내게 이르시되 예레미야야 네가 무엇을 보느냐 내가 대답하되 무화과이온데 그 좋은 무화과는 극히 좋고 그 악한 것은 극히 악하여 먹을 수 없게 악하니이다"(3). 하나님께서 예레미야 선지자에게 이러한 무화과 비유를 말씀하시는 의도가 무엇일까?

② "좋은 무화과와, 악한 무화과"는 포로로 끌려간 자와, 남아있는 자들을 상징하고 있습니다. 그렇다면 포로 된 자와 남아있는 자 중 어느 편이 좋은 무화과이겠습니까? 이를 보여주신 의도는 예레미야를 격려하기 위해서입니다. 예레미야 선지자는 자신이 경고한 대로 재앙이 임하게 되자 조국과 동족을 생각하며 새로운 근심이 그의 마음을 무겁게 하였던 것입니다. 그는 애가서에서 "무릇 지나가는 자여 너희에게는 관

계가 없는가 내게 임한 근심 같은 근심이 있는가"(애 1:12) 하고 그 심경을 토로하고 있습니다. 이를 아시는 하나님께서는 두 광주리의 무화과를 보여주심으로 포로 된 자들을 좋은 무화과처럼 만드실 거라고 격려하시는 것입니다.

둘째 단원(4-10) 좋은 무화과와 악한 무화과

"여호와의 말씀이 또 내게 임하니라 가라사대 이스라엘의 하나님 여호와가 이같이 말하노라 내가 이곳에서 옮겨 갈대아인의 땅에 이르게 한 유다 포로를 이 좋은 무화과같이 보아 좋게 할 것이라"(4-5).

이는 인간의 상식을 뒤엎는 말씀인 것입니다. 우리는 포로로 끌려간 자는 불행한 자요, 남아있는 자는 은혜를 입은 자로 생각할 것입니다. 그런데 하나님께서는 바벨론으로 포로로 끌려간 그들을 "좋은 무화과같이 보아 좋게 할 것이라" 하십니다. 다시 말하면 하나님의 은총을 입은 자들이라는 말씀인 것입니다. 저들이 포로로 끌려갈 그 당시를 생각해 보십시오. 그들은 절망하면서 애통을 했을 것입니다. 그런데 하나님께서는,

① "좋은 무화과같이 보아 좋게 할 것이라"(5하) 하십니다.

② "내가 그들을 돌아보겠다"(6상)고 말씀하십니다.

③ "이 땅으로 인도하고 세우고 헐지 아니하며 심고 뽑지 아니하겠다"(6하)고 말씀하십니다.

④ "내가 여호와인줄 아는 마음을 그들에게 주겠다"(7상) 하십니다.

⑤ "그들은 내 백성이 되겠고 나는 그들의 하나님이 되리라"(7하) 하십니다. 이것은 더 이상 없는 최대한의 축복인 것입니다.

좋은 무화과

⑥ 이상의 말씀 중에서 중대하고 핵심적인 축복은 "그들은 내 백성이 되고 나는 그들의 하나님이 되리라"는 말씀입니다. 이는 천지창조의 목적이요, 출애굽의 목적이며(출 29:46), 자기 아들을 통한 구속의 목적(계 21:3)이요, 그러므로 성경 전체의 주제이기도 합니다. 왜냐하면 "그들은 내 백성이 되고 나는 그들의 하나님이 되리라" 하심이 바로 하나님의 나라건설이기 때문입니다. 하나님은 이를 이루어 나가고 계시는 것입니다. 그리고 계시록 21:6-7에서 "이루었도다, 나는 저희 하나님이 되고 그는 내 아들이 되리라" 하고 완성이 되는 것입니다.

그러므로 바벨론으로 끌려간 그들이야말로 이사야 선지자가 "이스라엘이여 네 백성이 바다의 모래 같을지라도 남은 자만 돌아오리니"(사 10:22) 하고 예언한 "남은 자"들이라는 것입니다. 그들을 가리켜 "거룩한 씨가 이 땅의 그루터기니라"(사 6:13) 하고 "씨요, 그루터기"라고 말씀합니다. 하나님은 그들을 통해서 구속사역을 중단 없이 이루어나가시겠다는 말씀인 것입니다. 하나님은 이들이 "좋은 무화과"라고 말씀하십니다. 여기에 소망이 있는 것입니다. 그러므로 이 말씀을 듣고 예레미야는 위로와 격려를 받았을 것입니다.

내 고초와 재난 곧 쑥과 담즙을 기억하소서
내 심령이 그것을 기억하고 낙심이 되오나
중심에 회상한즉 오히려 소망이 있사옴은
여호와의 자비와 긍휼히 무궁하심으로
우리가 진멸되지 아니함이니이다
이것이 아침마다 새로우니 주의 성실이 크도소이다(애 3:19-23).

⑦ 한가지 유념해야할 점이 있습니다. 징계, 곧 고난을 받기만 하면 자동적으로 "좋은 무화과"같이 되는 것이 아니라는 점입니다. 좋은 무화과가 되는 비결은 하나님이 "여호와인줄 아는 마음"(7상)에 있습니다. 이는 회개를 통해서만 가능해지는 것입니다. 이것이 "전심으로 내게 돌아오게 하리니"(7중) 한 돌아옴입니다. 이런 마음이 있는 자라야 "내 백성이 되겠고"가 가능한 것이 아니겠습니까? 이것이 "주께서 그 사랑하시는 자를 징계하시고 그의 받으시는 아들마다 채찍질하심이니라"(히 12:6)의 이유입니다. 재난을 당하는 자는 절망하고, 재난을 당하지 않은 자는 그들을 정죄하는 것이 인간입니다. 아닙니다. 이럴 경우 주님은 이렇게 말씀합니다. "또 실로암에서 망대가 무너져 치어 죽은 열 여덟 사람이 예루살렘에 거하는 모든 사람보다 죄가 더 있는 줄 아느냐 너희에게 이르노니 아니라 너희도 만일 회개치 아니하면 다 이와 같이 망하리라"(눅 13:5). 재난을 당한 자나 당하지 않은 자에게 공(共)히 촉구하는 것은 〈회개〉입니다.

악한 무화과

"나 여호와가 이같이 말하노라 내가 유다 왕 시드기야와 그 백성들과 예루살렘의 남은 자로서 이 땅에 남아 있는 자와 애굽 땅에 거하는 자들을 이 악하여 먹을 수 없는 악한 무화과같이 버리되"(8).

이점에서 주의하여야할 점이 있습니다. 어찌하여 "예루살렘에 남은 자"를 악한 무화과같이 여겨서 버리신다는 말인가? 그 이유는 오직 "회개"하지 않기 때문입니다. 이제까지 회개하지 않았으며, 징벌을 받으면서도 지금도 여전히 회개하지 않기 때문인 것입니다. 시드기야는 여호야긴 왕이 바벨론으로 잡혀가자 그 뒤를 이어서 왕위에 올랐습니다. 그런데도 성경은 "시드기야가 위에 나아갈 때에 나이 이십 일세라 예루살렘에서 십 일 년을 치리하며 그 하나님 여호와 보시기에 악을 행하고 선지자 예레미야가 여호와의 말씀으로 일러도 그의 앞에서 겸비치 아니하였으며, 제사장의 어른들과 백성도 크게 범죄하여" 하나님의 전을 더럽혔다(대하 36:11-14)고 말씀하고 있습니다. 이는 마치 주님을 십자가에 못박아 죽일 뿐만이 아니라 살아나셨다 증거하여도 회개하지 않고 교회를 핍박한 자들과도 같습니다. 그러므로 하나님께서는,

① "버리겠다"(8하)고 말씀합니다.

② "세상 모든 나라 중에 흩어서 그들로 환난을 당하게 할 것이며, 저주를 받게 할 것이라"(9) 하십니다.

③ "멸절 하기까지 이르게 하리라"(10) 하십니다.

포로로 끌려간 자들은 당장은 괴로움을 당했으나 징계를 통하여 하나님이 "여호와인줄 아는 마음"(7)을 갖게 되어 좋은 무화과같이 되었고, 끝내 회개하지 않고 남아있는 자들은 악한 무화과같이 되어 버림을 당하고 말았습니다. "무화과 두 광주리"의 비유가 우리에게 주시는 경고와 격려는 무엇입니까?

25장

종말적인 예언

[15]이스라엘의 하나님 여호와께서 이같이 내게 이르시되 너는 내 손에서 이 진노의 잔을 받아 가지고 내가 너를 보내는 바 그 모든 나라로 마시게 하라.

25장에 있어서 핵심은 "진노의 잔"(15)이라는 말씀입니다. 그리고 중심점인 말씀은 유다 나라만이 아니라 세상 모든 나라 모든 왕이 여호와의 진노의 잔(심판)을 마시게 되리라는 데 있습니다. "보라 내가 내 이름으로 일컬음을 받는 성(예루살렘)에서부터 재앙 내리기를 시작하였은즉 너희(모든 나라)가 어찌 능히 형벌을 면할 수 있느냐"(29) 하십니다.

그러므로 본문에는 "모든"이라는 말이 26번이나 등장합니다. "모든 나라"(15, 17, 26), "모든 왕"(26), "세상의 모든 거민을 칠 것임이니라"(29) 하십니다. 그러므로 본 장은 종말적인 예언인 것입니다. 이를 세 단원으로 나누어 상고하겠습니다.

첫째 단원(1-7) **심판 받아 마땅한 유다**

둘째 단원(8-11) **보편적인 심판의 예시**

셋째 단원(12-38) **모든 나라 모든 왕이 진노의 잔을 마시게 됨**

첫째 단원(1-7) 심판 받아 마땅한 유다

"유다 왕 요시야의 아들 여호야김 사 년 곧 바벨론 왕 느부갓네살 원년에 유다 모든 백성에 관한 말씀이 예레미야에게 임하니라"(1).

첫 절은 단순한 역사적 시점(時點)을 나타내고 있는 것이 아니라 역사적인 분기점(分岐點)을 말씀해주는 중요한 의미가 있는 것입니다. 그것이 "바벨론 왕 느부갓네살 원년(元年)"이라는 묘사에 나타나고 있습니다.

① "여호야김 4년 곧 바벨론 왕 원년"(1상)이라고 말씀하고 있는데 이 해에 어떤 역사적인 사건이 있었느냐 하면 애굽 왕 바로느고가 바벨론의 왕 느부갓네살에게 갈그미스 전투에서 대패(46:2)한 해인 것입니다.

② 그리하여 "애굽 왕이 다시는 그 나라에서 나오지 못하였으니 이는 바벨론 왕이 애굽 하수에서부터 유브라데 하수까지 애굽 왕에게 속한 땅을 다 취하였음이더라"(왕하 24:7) 합니다.

③ 이는 무엇을 말해주고 있느냐 하면 서방 아시아의 패권이 애굽으로부터 신흥국가인 바벨론으로 넘어갔음을 의미합니다. 이를 가리켜 "바벨론 왕 느부갓네살 원년(元年)"(1하)이라고 말하고 있는 것입니다.

④ 그런데 예레미야는 "요시야의 13년부터 오늘까지 23년 동안"(3) 부지런히 말씀을 전했다고 말씀합니다. 예레미야가 "끓는 가마가 북에서부터 기울어져 있는"(1:13) 환상을 보았을 때는 바벨론이 존재도 없던 때였습니다. 그로부터 23년 후, 바벨론은 두각을 나타내게 되고 드디어 패권을 장악하기에 이른 것입니다.

⑤ 성경이 이처럼 연대를 밝혀주고 있는 것은 하나님께서 예레미야에게 미리 보여주시고 선포케 하신 심판이 그대로 성취될 것임을 확증해주기 위해서인 것입니다.

⑥ 그 23년 동안 ㉠ "너희는 각기 악한 길과 너희 악행에서 돌이 키라"(5). ㉡ "너희는 다른 신을 좇아 섬기거나 숭배하지 말며 너희 손으로 만든 것을 인하여 나의 노를 격동치 말라 그리하면 내가 너희를 해치 아니하리라 하였으나"(6),

⑦ "너희가 내 말을 듣지 아니하고 너희 손으로 만든 것으로 나의 노를 격동하여 스스로 해하였느니라"(7) 하십니다. 그렇다면 "심판 받아 마땅한 유다"가 아니겠습니까?

둘째 단원(8-14) **심판의 보편성**

"그러므로 나 만군의 여호와가 이같이 말하노라 너희가 내 말을 듣지 아니하였은즉 보라 내가 보내어 북방 모든 족속과 내 종 바벨론 왕 느부갓네살을 불러다가 이 땅과 그 거민과 사방 모든 나라를 쳐서 진멸하여 그들로 놀램과 치소 거리가 되게 하며 땅으로 영영한 황무지가 되게 할 것이라"(9).

본 단원에서는 심판의 불가피성과, 보편성을 말씀합니다. 먼저 유다 나라의 심판의 불가피성을 말씀합니다.

① "내 종 바벨론 왕 느부갓네살을 불러다가 이 땅(유다)"을 심판하겠다(9)고 말씀합니다.

② 그 후에 "70년이 마치면 내가 바벨론 왕과 그 나라와 갈대아인의 땅을 그 죄악으로 인하여 벌하여 영영히 황무케 하되"(12) 하고 이번에는 바벨론을 심판할 것이라고 말씀합니다. 바벨론에 대한 심판 예언이 50-51장에 자세히 기록되어 있습니다.

③ 하나님의 진노의 심판은 바벨론에 국한 된 것이 아니라 "너는 내 손에서 이 진노의 잔을 받아 가지고 내가 너를 보내는 바 그 모든 나라로 마시게 하라"(15) 하고 하나님의 심판이 "세상 모든 거민"으로 확대될 것을 말씀합니다. 이것이 심판의 보편성입니다. 그러니까 하나님의 심판은 예루살렘으로부터 시작하여 바벨론과, "모든 나라, 세상의 모든 거민"으로 확대되는 것을 보게 됩니다.

④ 하나님은 말씀하십니다. "보라 내가 내 이름으로 일컬음을 받는 성(예루살렘)에서부터 재앙 내리기를 시작하였은즉 너희(세상 모든 거민)가 어찌 능히 형벌을 면할 수 있느냐 면치 못하리니 이는 내가 칼을 불러 세상의 모든 거민을 칠 것임이니라"(29) 하십니다.

⑤ 이점을 신약성경에서는 "하나님의 집에서 심판을 시작할 때가 되었나니 만일 우리에게 먼저 하면 하나님의 복음을 순종치 아니하는 자들의 그 마지막이 어떠하며 또 의인이 겨우 구원을 얻으면 경건치 아니한 자와 죄인이 어디 서리요"(벧전 4:17-18) 하고 말씀합니다.

이방인의 때

⑥ 그렇다면 하나님께서는 유다 심판을 경고하는 중에 어찌하여 바벨론과 열방을 심판하실 것을 말씀하시는가를 생각하게 됩니다. 여기에는 깊은 뜻이 있다 하겠습니다. 주님은 대 환난에 대하여 말씀하시면서

"저희가 칼날에 죽임을 당하며 모든 이방에 사로잡혀 가겠고 예루살렘은 이방인의 때가 차기까지 이방인들에게 밟히리라"(눅 21:24) 하고 "이방인의 때"를 말씀하셨습니다. 그렇다면 이방인의 때는 언제 시작이 되어서 언제 마치게 되느냐 하는 점입니다. 주님의 말씀이 좁은 의미로는 로마에 의해서 예루살렘이 멸망하게 될 것을 가리키는 것으로 볼 수가 있습니다. 그러나 구속사(救贖史)라는 넓은 맥락에서 바라본다면 "이방인의 때"의 시작은 더 소급해 올라가게 됩니다. 왜냐하면 예루살렘이 멸망당한 것이 로마에 의한 것이 처음이 아니기 때문입니다.

예루살렘이 여러 번 공격을 당했지만 완전히 함락이 되고 멸망하게 된 것은 바벨론에 의한 것이 처음입니다. 말하자면 하나님의 거룩한 도성이 이방인의 발에 짓밟힌 것이 바벨론에 의한 것이 최초였던 것입니다. 이를 시편 기자는 이렇게 비탄해 합니다. .

하나님이여 열방이 주의 기업에 들어와서 주의 성전을 더럽히고
예루살렘으로 돌무더기가 되게 하였나이다(시 79:1).

주의 대적이 주의 회중에서 훤화하며 자기 기(旗)를 세워 표적을 삼았으니
저희는 마치 도끼를 들어 삼림을 베는 사람 같으니이다
이제 저희가 도끼와 철퇴로 성소의 모든 조각품을 쳐서 부스고
주의 성소를 불사르며 주의 이름이 계신 곳을 더럽혀 땅에 엎었나이다(시 74:4-7)

이때를 이방인의 때가 시작 된 것으로 보아야만 하는 것입니다. 그 후로 이스라엘은 바벨론-바사-헬라-로마에 의하여 지배를 당하게 되고, 결국 열방에 흩어지게 되는데 선민을 지배하는 이방은 나라만 바뀌었을

뿐 이방인의 때는 계속되었던 것입니다.

그러므로 "이방인의 때가 차기까지"라는 말씀을 좁은 의미로만 볼 것이 아니라 이런 맥락에서 해석되어야만 하는 것입니다. 그렇다면 언제 이방인의 때가 차게(끝나게) 되는가? "또 다른 천사 곧 셋째가 그 뒤를 따라 큰 음성으로 말하되 무너졌도다, 무너졌도다 큰 성 바벨론이여 모든 나라를 그 음행으로 인하여 진노의 포도주로 먹이던 자로다 하더라"(계 14:8) 하는 때, 곧 주님의 재림의 때인 것입니다. 이 때 지상에 바벨론이 실제로 존재하는 것은 아님에도 이렇게 말씀함은 바벨론은 이방인의 대표(황금 머리)격이기 때문입니다.

⑦ 예레미야 25장의 예언은 이를 전망(展望)하고 있는 것입니다. "그러므로 너는 그들에게 이 모든 말로 예언하여 이르기를 여호와께서 높은 데서 부르시며 그 거룩한 처소에서 소리를 발하시며 그 양의 우리를 향하여 크게 부르시며 세상 모든 거민을 대하여 포도 밟는 자같이 외치시리니"(30) 하십니다. 이는 최후심판의 광경인 것입니다. "높은 데서, 거룩한 처소에서" 란 심판의 보좌를 가리킵니다. "부르시며, 소리를 발하시며, 크게 부르시며, 외치시리니"는 심판의 호출입니다.

성경을 점으로 보지말고 선(線)으로 볼 것을 간곡히 부탁합니다. 하나님은 유다 만을 심판하시는 하나님이 아니십니다. 유대인에게만 "그 모든 종 선지자를 보내시되 부지런히 보내신" 것도 아닙니다. 예루살렘 거민 만을 향하여 "너희는 악한 길과 너희 악행에서 돌이키라"(4-5)고 말씀하시는 것이 아닙니다. 그러므로 "이 날은 온 지구상에 거하는 모든 사람에게 임하리라"(눅 21:35) 하십니다.

26장

하나님의 최후 통첩

5-6내가 너희에게 보내고 부지런히 보낸 나의 종 선지자들의 말을 이미 듣지 아니하였거니와 너희가 만일 다시 듣지 아니하면 내가 이 집을 실로 같이 되게 하고 이 성으로 세계 열방의 저줏거리가 되게 하리라 하셨다 하라.

26장은 내용적으로 보면 "최후 통첩"과 같은 성격을 띠고 있습니다. "그들이 듣고 혹시 각각 그 악한 길에서 떠나리라 그리하면 내가 그들에게 내리려 하던 뜻을 돌이키리라(3), 그러나 ㉠ 이미 듣지 아니하였거니와, ㉡ 너희가 만일 다시 듣지 아니하면(5), 심판을 시행하실 수밖에 없다고 말씀하고 있기 때문입니다. 26장의 말씀이 예레미야에게 임한 것은 "여호야김의 즉위 초"(1)로 되어 있고, 25장은 여호야김 4년으로, 본 장이 25장보다 먼저 임한 말씀입니다 만 그 주제(최후 통첩)의 성격상 여기에 놓이게 된 것이 아주 적절하게 여겨집니다. 그렇다면 하나님의 최후 통첩의 말씀을 듣고 어떻게 반응할 것인가? 이를 세 단원으로 나누어 상고하겠습니다.

첫째 단원(1-7) **만일 다시 듣지 아니하면**

둘째 단원(8-15) **제사장과 선지자들의 반응**

셋째 단원(16-24) **방백과 장로의 반응**

첫째 단원(1-7) **만일 다시 듣지 아니하면**

"나 여호와가 이같이 이르노라 너는 여호와의 집 뜰에 서서 유다 모든 성읍에서 여호와의 집에 와서 경배하는 자에게 내가 네게 명하여 이르게 한 모든 말을 고하되 한 말도 감하지 말라"(2).

① 하나님께서는 예레미야 선지자에게 말씀을 선포해야할 위치를 지정해주셨는데 "여호와의 집 뜰에 서서" 하라고 명하십니다.

② 선포해야할 대상은 "유다 모든 성읍에서 여호와의 집에 와서 경배하는" 자들에게 고하라고 명하십니다. 이 때는 "명절 끝 날 곧 큰 날에 예수께서 서서 외쳐 가라사대"(요 7:37) 하심같이 삼 대 절기 중 하나였을 것입니다.

③ "한 말도 감하지 말라" 하십니다.

④ "그들이 듣고 혹시 각각 그 악한 길에서 떠나리라 그리하면 내가 그들의 악행을 인하여 재앙을 그들에게 내리려 하던 뜻을 돌이키리라"(3) 하십니다.

⑤ "내가 너희에게 보내고 부지런히 보낸 나의 종 선지자들의 말을 이미 듣지 아니하였거니와 너희가 만일 다시 듣지 아니하면 내가 이 집을 실로 같이(황폐하게) 되게 하고 이 성으로 세계 열방의 저줏거리가 되게 하리라 하셨다 하라"(5-6) 하십니다. 뉘라서 이런 메시지 전하기를 기뻐할 것이며, 듣기를 좋아할 것입니까? 그러나 하나님께서는 "한 말도 감하지 말라" 하십니다. 이 말씀을 통하여 깨닫게 되는 것은,

⑥ 하나님의 말씀을 들어야할 1차적인 대상은 불신자들이 아니라 언제나 하나님의 백성들이라는 사실입니다.

⑦ 그리고 그들이 들어야할 말씀은 긍정적인 말보다는 부정적인 말이 우선한다는 사실입니다. 왜냐하면 "만물보다 거짓 되고 심히 부패한 것은 마음"(17:9)이기 때문입니다.

⑧ 말씀을 맡은 사역자들이 명심해야할 점은 "한 말도 감하지 말라" 하신 명입니다. 회중들의 식성에 맡도록 좋은 말만 고를 권한이 종들에게는 없는 것입니다. 복음의 기쁜 소식뿐만이 아니라 죄에 대한 진노를 전해주어야만 하고, 천국과 함께 지옥형벌을 전해주어야만 하는 것입니다. 그러나 오늘날은 편식(偏食)을 하는 경향이 있습니다. 그가 증거하고 있는 말씀이 잘못 된 것이 하나도 없고, 모두가 옳다고 하여도 마땅히 전해주어야 할 말씀을 "감하고" 전해주지 않는 다면 그것은 명백한 잘못인 것입니다.

⑨ "예레미야가 여호와의 집에서 이 말을 하매 제사장들과 선지자들과 모든 백성이 듣더라"(7) 합니다. 그렇다면 이 최후통첩과 같은 말씀을 듣고 저들이 어떻게 반응할 것인가?

둘째 단원(8-15) **제사장과 선지자들의 반응**

"예레미야가 여호와께서 명하신 말씀을 모든 백성에게 고하기를 마치매 제사장들과 선지자들과 모든 백성이 그를 붙잡고 이르되 네가 반드시 죽으리라"(8).

① 그들의 첫 반응은 "네가 반드시 죽으리라"였습니다. 예레미야가 무슨 죽을죄를 범했다는 것일까요? ㉠ "이 집(성전)이 실로(황폐)같이 되겠고" 하고 성전을 모독했기 때문이요, ㉡ "이 성이 황무하여 거민이

없으리라" 하고 거룩한 도성 예루살렘을 모독했기 때문(9)이라는 것입니다. 이점에서 생각나는 것은 초대교회 때 스데반의 설교를 듣고도 교권주의자들은 이 같은 반응을 나타냈던 것입니다. "이 사람이 이 거룩한 곳과 율법을 거스려 말하기를 마지 아니하는도다"(행 6:13) 하고 송사 했던 것입니다. 그리고 결국 돌로 쳐서 죽였습니다.

② "제사장들과 선지자들이 방백들과 모든 백성에게 말하여 가로되 이 사람은 죽음이 합당하니 너희 귀로 들음같이 이 성을 쳐서 예언하였느니라"(11) 하고 신성 모독죄로 송사 했습니다. 이것이 제사장들과 선지자들의 반응입니다. 이제 예레미야 선지자는 백성들의 손에 내어줌이 되고 돌에 맞아 죽을 위기에 처한 것입니다. 이 절체절명의 상황에서 행한 예레미야의 증거를 들어보십시오.

③ "여호와께서 나를 보내셨다"(12상)고 말합니다. "여호와께서 진실로 나를 보내셨다"(15상)고 강조합니다.

④ "너희의 들은 바 모든 말로 이 집과 이 성을 쳐서 예언하게(하나님께서) 하셨느니라"(12하)고 말합니다. "이 모든 말을 너희 귀에 이르게 하셨음이라"(15하) 하고 다시 강조합니다.

⑤ "그런즉 너희는 너희 길과 행위를 고치고 너희 하나님 여호와의 목소리를 청종하라"(13상)고 호소합니다.

⑥ "그리하면 여호와께서 너희에게 선고하신 재앙에 대하여 뜻을 돌이키시리라"(13하)고 간곡히 말합니다..

⑦ "보라 나는 너희 손에 있으니 너희 소견에 선한 대로, 옳은 대로 하려니와 너희는 분명히 알라 너희가 나를 죽이면 정녕히 무죄한 피로 너희 몸과 이 성과 이 성 거민에게로 돌아가게 하리라"(14-15) 하고 담대히 경고합니다.

셋째 단원(16-24) **방백과 장로의 반응**

"방백들과 모든 백성이 제사장들과 선지자들에게 이르되 이 사람이 우리 하나님 여호와의 이름을 의탁하고 우리에게 말하였으니 죽음이 부당하니라"(16).

① 이 때에 "죽음이 부당하다"고 말하는 사람들이 있었습니다. ㉠ 방백(16)들이었습니다. ㉡ 장로 중 몇 사람입니다. 여기서 말하는 장로는 나이 많은 분을 뜻합니다. 그들은 약 100년 전의 일을 예로 들고 있습니다. 히스기야 시대에 미가 선지자가 "만군의 여호와께서 이같이 말씀하시기를 시온은 밭같이 경작함을 당하며 예루살렘은 무더기가 되며 이 전의 산은 수풀의 높은 곳들같이 되리라(멸망하리라) 하였으나 유다왕 히스기야와 모든 유다가 그를 죽였느냐 히스기야가 여호와를 두려워하여 여호와께 간구하매 여호와께서 그들에게 선고한 재앙에 대하여 뜻을 돌이키지 아니하셨느냐 우리가 이같이(예레미야를 죽이면) 하면 우리 생명을 스스로 크게 해하는 일이니라"(17-20) 하고 만류했던 것입니다.

② 여기서 주목하게 되는 것은 제사장들과 선지자들(종교지도자)은 죽음이 합당하다고 말하고 있는데, 도리어 방백들(정치지도자)이나 장로(원로)는 죽임이 부당하다고 변호하고 있다는 점입니다. 타락한 종교는 부패한 정치보다도 더욱 악함을 보게 됩니다. 그리고 무지한 "백성들"은 제사장들과 선지자들의 주장에도 동조하고(11), 방백들의 주장에도 동조(16)하는, "두 사이에서 머뭇머뭇"(왕상 18:21) 하고 있는 갈대와 같은 존재임을 보게 됩니다.

③ 20-23에서 "또 여호와의 이름을 의탁하고 예언한 사람이 있었다"(20상)고 말씀함은 시사해주는 바가 큽니다. 당시에 "선지자"라 일컬음을 받는 사람이 몇 명이나 되었을까? 우리는 예레미야 혼자서 고군분투하고 나머지는 다 거짓 선지자로 전락한 줄로 여겼는데 또 한 사람

의 참 선지자를 만나게 되기 때문입니다. 우리야라는 선지자도 "예레미야의 모든 말과 같이 이 성과 땅을 쳐서 예언"(20)을 했다고 말씀합니다. "우리야와, 예레미야", 두 사람이 같은 말을 증거하고 있다면 그 경고에 더욱 경각심을 가져야 마땅한 것입니다. 그러나 애굽까지 추적하여 그를 죽이고 말았던 것입니다(23).

하나님께서는 아히감을 들어서 "예레미야를 보호하여 예레미야를 백성의 손에 내어주지 아니하여 죽이지 못하게"(24) 하셨다고 말씀합니다. 아직 사명이 남아있는 자는 죽지 않는 법입니다.

27장

영원한 나라를 세우시려는 하나님의 계획

[5-6]나는 내 큰 능과 나의 든 팔로 땅과 그 위에 있는 사람과 짐승들을 만들고 나의 소견에 옳은 대로 땅을 사람에게 주었노라 이제 내가 이 모든 땅을 내 종 바벨론 왕 느부갓네살의 손에 주고 또 들짐승들을 그에게 주어서 부리게 하였나니.

27장의 내용은 표면적으로 보기에는 이해하기 힘든 내용입니다. 왜냐하면 하나님께서 예레미야 선지자에게 명하시기를 "줄과 멍에를 만들어 목에 얹고"(2) 시드기야 왕과 열방의 사신들에게 이처럼 바벨론 왕 느부갓네살을 섬기라고 고하라는 내용이기 때문입니다. 그를 섬기는 것이 사는 길이요, 만일 섬기지 않는 나라나 국민은 칼과 기근과 염병에 죽으리라고 말씀합니다. 어찌하여 바벨론을 섬기라고 말씀하시는가? 이런 내용을 교훈적으로 접근하려한다면 어려움에 봉착하게 될 것입니다.

그렇다면 구속사적인 의미가 무엇일까요? 이를 두 단원으로 나누어 상고하겠습니다.

첫째 단원(1-11) **멍에를 목에 얹고 고하라**
둘째 단원(12-22) **너희 왕 다윗을 섬기리라**

첫째 단원(1-11) 멍에를 목에 얹고 고하라

"여호와께서 이같이 내게 이르시되 너는 줄과 멍에를 만들어 네 목에 얹고 유다 왕 시드기야를 보러 예루살렘에 온 사신들의 손에도 그것을 붙여" 자기 나라로 보내면서 이렇게 고하라 하십니다(2-3).

① 시드기야를 보러 예루살렘에 온 사신들은 "에돔 왕과 모압 왕과 암몬 자손의 왕과 두로 왕과 시돈 왕"(3)의 사신들이었습니다. 그들이 예루살렘에 모이게 된 것은 연합하여 바벨론을 대항하자는 협의를 하러 온 것으로 여겨집니다.

② 각기 자기 왕에게 가서 고하기를 "땅과 그 위에 있는 사람과 짐승들을 만들고 소견에 옳은 대로 땅을 사람에게 주시는"(5) 하나님께서, "이제 내가 이 모든 땅을 내 종 바벨론 왕 느부갓네살의 손에 주고 또 짐승들을 그에게 주어서 부리게 하였나니"(6),

③ 그러므로 "열방이 그와 그 아들과 손자를 섬기리라"(7상).

④ 만일 "바벨론 왕 느부갓네살을 섬기지 아니하는 국민이나 그 목으로 바벨론 왕의 멍에를 메지 아니하는 백성은 내가 그의 손으로 진멸시키기까지 칼과 기근과 염병으로 벌하리라"(8) 하고 말하라는 것입니다. 어찌하여 하나님은 이렇게 명하시는 것일까요?

⑤ 이를 해석하는 열쇠가 7절에 나오는 "기한이 이르면"이라는 말씀

입니다. 지금은 열방이 바벨론을 섬겨야할 "이방인의 때"라는 것입니다. 그러나 "기한이 이르면" 바벨론이 도리어 "여러 나라와 큰 왕"을 섬기게 되리라고 말씀하십니다. 이는 바벨론이 멸망하게 될 것을 말씀함입니다. 역사를 주관하시는 하나님은 어떤 목적과 계획을 갖고 이를 이루어 나가시는 것입니다. 하나님께서 말씀하는 〈예언〉이란 앞의 일을 알아맞추는 그런 것이 아닙니다. 인간의 예언이란 그런 것일 수가 있습니다. 그러나 하나님의 예언은 앞으로 하시고자 하는 계획을 미리 말씀해주시는 것이 예언입니다. 왜냐하면 하나님은 천지의 대 주재자이기 때문입니다. 그렇다면 하나님의 계획하심이 무엇일까요?

⑥ 이점이 포로가 되어 일차로 바벨론에 끌려간 다니엘 선지자를 통하여 분명히 나타나고 있습니다. 하나님께서는 느부갓네살에게 꿈으로 계시하시기를 "지극히 높으신 자가 인간 나라를 다스리시며 자기의 뜻대로 그것을 누구에게든지 주시며 또 지극히 천한 자로 그 위에 세우시는 줄을 알게 하려 함이니라"(단 4:17)고 말씀하십니다. 이 말씀이 세 번(4:17, 25, 32)이나 강조되어 있는데 하나님께서는 천한 느부갓네살을 위에 세우셔서 계획하신 바를 이루시는데 도구로 사용하시려는 것입니다. 그래서 "내 종 바벨론 왕 느부갓네살"(6)이라고 부르시는 것입니다.

하나님의 계획이 느부갓네살에게 보여주신 "한 큰 신상", 즉 "그 우상의 머리는 정금이요 가슴과 팔들은 은이요 배와 넓적다리는 놋이요 그 종아리는 철이요 그 발은 얼마는 철이요 얼마는 진흙이었나이다"(단 2:31-35) 한 신상을 통해서 계시되어 있습니다. 이는 바벨론-바사-헬라 - 로마로 이어지는 "이 열왕의 때에 하늘의 하나님이 한 나라를 세우시리니 이것은 영원히 망하지도 아니할 것이요 그 국권이 다른 백성에게로 돌아가지도 아니할 것이요 도리어 이 모든 나라를 쳐서 멸하고 영원히 설 것이라"(44) 하신 "영원한 나라를 세우시려는 계획"이었던 것입니다.

그러므로 "바벨론 왕을 섬기지 아니하리라"(9) 하고 말하는 자는 하나님의 계획을 알지 못하고 자기 뜻대로 예언하는 거짓선지자일 수밖에 없는 것입니다.

둘째 단원(12-22) 너희 왕 다윗을 섬기리라

"내가 또 제사장들과 그 모든 백성에게 고하여 가로되 여호와께서 이같이 말씀하시되 여호와의 집 기구를 이제 바벨론에서 속히 돌려 오리라고 너희에게 예언하는 선지자들의 말을 듣지 말라 이는 그들이 거짓을 예언함이니라 하셨나니"(16).

거짓선지자들은,

① "바벨론 왕을 섬기지 아니하리라"(14) 하고 예언을 하고,

② 1차로 바벨론으로 가져간 여호와의 집 기구들도 속히 돌아오리라(16) 하고 예언하였던 것입니다. 다음 장에서 하나냐라는 선지자는 ㉠ 하나님께서 "내가 바벨론 왕의 멍에를 꺾었느니라", ㉡ "여호와의 집 모든 기구를 두 해가 차기 전에 다시 이 곳으로 가져오게 하겠고", ㉢ "모든 포로를 다시 이곳으로 돌아오게 하리니 이는 내가 바벨론 왕의 멍에를 꺾을 것임이니라 여호와의 말이니라"(28:2-4) 하고 하나님의 이름으로 예언하고 있음을 봅니다. 그는 23장에서 말씀한 하나님의 이름을 빙자하여 "여호와의 엄중한 말씀이라" 말했던 것입니다.

③ 그러나 하나님께서는 "내가 이것을 돌아보는 날까지 거기 있을 것이니라 그 후에 내가 그것을 옮겨 이 곳에 다시 두리라 여호와의 말이니라"(22) 하십니다. 그렇다면 "돌아보는 날까지", 다시 말하면 그 "기한"(7)이 얼마나 될까요?

④ "나 여호와가 이같이 말하노라 바벨론에서 칠십 년이 차면 내가 너희를 권고하고 나의 선한 말을 너희에게 실행하여 너희를 이곳으로 돌아오게 하리라"(29:10) 하십니다. 그리고 중요한 말씀이 있는데 돌아온 그들이 "너희는 너희 하나님 나 여호와를 섬기며 내가 너희를 위하여 일으킬 너희 왕 다윗을 섬기리라"(30:9) 하고 말씀하고 있다는 점입니다. "일으킬 너희 왕 다윗"이란 그리스도를 가리키는 명백한 예언인 것입니다. 하나님께서 계획하시고 이루어 나가시는 목적은 바로 "영원한 나라를 세우시려는 하나님의 계획"이었던 것입니다. 27장에 나타난 하나님의 계획을 요약하면 지금은 바벨론을 섬겨야할 이방인의 때이지만 그리스도를 섬겨야할 "메시아왕국"이 도래하게 된다는 말씀입니다

28장

거짓 예언과 참 예언의 특성

8-9 나와 너 이전 선지자들이 자고로 여러 나라와 큰 국가들에 대하여 전쟁과 재앙과 염병을 예언하였느니라 평화를 예언하는 선지자는 그 예언자의 말이 응한 후에야 그는 진실로 여호와의 보내신 선지자로 알게 되리라.

28장에서는 거짓선지자와 참 선지자가 대결하는 양상을 띠고 있습니다. 거짓선지자에 대하여 예레미야서 만큼 경계하고 있는 예언서는 달리는 없다 하겠습니다. 그럼에도 불구하고 예레미야서에는 "거짓선지자"라는 말이 단 한 번도 등장하지 않고 있습니다. 그런데 어찌하여 그들을 거짓선지자라 하는가? "거짓 말"을 하고 있기 때문입니다. 그러므로 예레미야서에는 "거짓말, 거짓 예언"이라는 말이 빈번하게 나옵니다. 이것은 무엇을 말해주고 있느냐 하면 거짓선지자란 거짓선지학교 출신도 아니요, 처음부터 거짓선지자로 출발하는 것이 아니라 "거짓 말"을 하게 될 때 거짓선지자가 되고 만다는 사실입니다. 그렇다면 "거짓 예언과 참 예언의 특성"을 무엇으로 분별할 수가 있을까? 이는 우리에게 경계가 될 것입니다. 이를 두 단원으로 나누어 상고하겠습니다.

첫째 단원(1-4) **선지자 하나냐의 예언**
둘째 단원(5-14) **참 선지자의 대항**

첫째 단원(1-4) **선지자 하나냐의 예언**

"이 해 유다 왕 시드기야의 즉위한지 오래지 않은 해 곧 사 년 오 월에 기브온 앗술의 아들 선지자 하나냐가 여호와의 집에서 제사장들과 모든 백성 앞에서 내게 말하여 가로되"(1).

지금까지 선지자들이 거짓 예언을 하니 그들의 거짓말을 믿지 말라는 등의 말씀을 거듭 경계했습니다 만, 거짓선지자들의 이름은 밝히지 않고 있었습니다. 그런데 드디어 본 장에서는 그중 한 사람이 "기브온 앗술의 아들 선지자 하나냐"임을 밝히고 있습니다.

① 하나냐가 "기브온" 출신임을 밝히고 있습니다. 기브온은 예레미야의 고향인 아나돗과 함께 아론의 자손들에게 준 제사장 성읍(수 21:17-18)입니다. 그러니까 하나냐나 예레미야는 다같이 제사장 성읍 출신이요, 그러니까 제사장들이었을 것입니다.

② 그를 "선지자 하나냐"라고 부르고 있습니다. 결코 거짓선지자라 부르고 있지 아니합니다.

③ 그도 예레미야처럼 "여호와의 집에서 제사장들과 모든 백성 앞에서"(1하) 말하고 있습니다.

④ "만군의 여호와 이스라엘의 하나님이 이같이 말씀하여 가라사대"(2상) 하고 하나님의 이름으로 말하고 있습니다. 자, 하나냐와 예레

미야, 다시 말하면 거짓선지자와 참 선지자의 다른 점이 무엇이겠습니까? 무엇으로 분별할 수가 있을까요? 외형상으로는 꼭 같음을 유념해야만 합니다.

⑤ 하나냐는 하나님의 말씀이라고 세 가지를 말합니다. ㉠ "내가 바벨론 왕의 멍에를 꺾었느니라"(2하), ㉡ "바벨론으로 옮겨 간 여호와의 집 모든 기구를 두 해가 차기 전에 다시 이 곳으로 가져오게 하겠고"(3), ㉢ "바벨론으로 간 유다 모든 포로를 다시 이곳으로 돌아오게 하리니 이는 내가 바벨론 왕의 멍에를 꺾을 것임이니라 여호와의 말이니라 하셨다 하는지라"(4).

형제가 이 말을 들은 당시의 제사장이요, 백성이었다면 하나냐를 거짓선지자로 생각했을 것입니까? 도리어 그의 설교를 듣고 위로와 용기를 얻었을 것이 아닙니까?

둘째 단원(5-14) **참 선지자의 대항**

"선지자 예레미야가 여호와의 집에 선 제사장들의 앞과 모든 백성 앞에서 선지자 하나냐에게 말할새"(5).

① "아멘 여호와는 이같이 하옵소서 여호와께서 네 예언대로 이루사 여호와의 집 기구와 모든 포로를 바벨론에서 이 곳으로 다시 옮겨오시기를 원하노라"(6) 합니다. 예레미야가 "아멘"한 것은 ㉠ 예레미야 자신도 이렇게 되기를 진심으로 원한다는 뜻이 있습니다. ㉡ 또한 하나냐의 거짓 예언을 반박하는 뜻이 있는 것입니다. 아합 왕 때 거짓선지자들은 여출일구(如出一口)하여 아합에게 "길르앗 라못으로 올라가 승리를 얻으소서 여호와께서 그 성을 왕의 손에 붙이시리이다" 하고 거짓 예언을 했습니다. 이때 미가야 선지자를 불러오게 되었는데 그는 "올라

가서 승리를 얻으소서 여호와께서 그 성을 왕의 손에 붙이시리이다"(왕상 22:12-15) 하고 말합니다. 이는 진심으로 한 말이 아니라 거짓선지자들의 말을 비웃는 말이었습니다. 그 길은 아합이 죽으로 가는 길이었던 것입니다. 예레미야의 "아멘"도 그런 뜻이 있습니다.

② "그러나 너는 이제 내가 네 귀와 모든 백성의 귀에 이르는 말을 들으라"(7) 합니다. 그리고 참 선지자의 예언과 거짓선지자의 예언의 특성이 어떻게 다른 가를 말합니다.

③ "나와 너 이전 선지자들이 자고로 여러 나라와 큰 국가들에 대하여 전쟁과 재앙과 염병을 예언하였느니라"(8) 합니다. "이전 선지자들"이란 이사야, 미가, 아모스, 요엘, 호세아 선지자 등을 의미합니다. 그 선지서들을 읽어보십시오. 한결같이 너희가 만일 회개치 아니하면 "전쟁과 재앙과 염병"으로 치시리라 하고 경고하고 있습니다. 이것이 참 선지자의 사명이요 특성입니다. 어느 시대나 참 선지자는 죄를 책망하고 회개를 촉구하며 심판을 경고했습니다. 그러므로 사람들이 미워하고 멀리하고 욕하고 악하다 하여 배척(눅 6:22-23)했던 것입니다.

④ 그러나 "평화를 예언하는 선지자는 그 예언의 말이 응한 후에야 그는 진실로 여호와의 보내신 선지자로 알게 되리라"(9) 합니다. 이는 평화의 예언만이 아니라 재앙의 예언도 응하는 여부로 참 선지자임이 입증되기는 마찬가지입니다. 이런 뜻입니다. ㉠ 선지자를 통한 하나님의 메시지는 "평화"라는 긍정적인 말보다는 "책망"하는 부정적인 말이 주류를 이루고 있다는 말입니다. 왜냐하면 인간은 그토록 부패하고, 그러므로 그럴 가능성이 많기 때문입니다. ㉡ 그러므로 심판의 경고는 모두가 응하였으나 "평화 하리라"는 말은 응한 예를 찾아보기가 드물기 때문입니다. 그래서 "평화를 예언하는 선지자는 그 예언의 말이 응한 후에야 그는 진실로 여호와의 보내신 선지자로 알게 되리라"고 말하고 있는 것입니다. 이는 하나냐의 가슴을 찌르는 말씀이었던 것입니다.

⑤ 그러나 하나냐는 깨닫기는커녕 "예레미야의 목에서 멍에를 취하여 꺾고 모든 백성 앞에서 말하여 가로되 여호와께서 이같이 말씀하시되 내가 두 해가 차기 전에 열방의 목에서 바벨론 왕 느부갓네살의 멍에를 이같이 꺾어 버리리라 하셨느니라"(11) 하고 더욱 적극적으로 대항을 합니다.

⑥ 자, 누구의 말이 인기가 있었을까요? 누구의 말에 백성들이 귀를 기울였을까요? 한가지 집고 넘어 가야할 점이 있습니다. 하나냐는 자신이 거짓선지자임을 알고 있었겠는가 하는 점입니다. 알았다면 왜 거짓 예언을 했을까? 몰랐다면 어떻게 자신의 예언이 여호와의 말씀이라는 확신에 사로잡힐 수가 있었는가? 하는 물음이 제기 됩니다. 하나냐는 "만군의 여호와 이스라엘의 하나님이 이같이 말씀하여 가라사대"(2, 4, 11) 하고 말끝마다 강조하고 있습니다. 이에 대한 빛을 비춰주는 말씀이 역사서에는 있습니다. 하나님께서 아합을 심판하시려할 때 "한 영이 나아와, 내가 나가서 거짓말하는 영이 되어 그 모든 선지자의 입에 있겠나이다"(왕상 22:21-22) 하고 말합니다. 그 영을 받은 선지자들이 거짓 예언을 함으로 아합은 전사하고 맙니다.

성경은 말씀합니다. "이는 저가 거짓말쟁이요 거짓의 아비가 되었음이니라"(요 8:44). 그러므로 거짓선지자들은 거짓의 아비인 사탄에게 속고 있는 것이요 이용을 당하고 있는 것이라고 말할 수밖에는 없습니다.

⑦ "하나냐여 들으라 여호와께서 너를 보내지 아니하셨거늘 네가 이 백성으로 거짓을 믿게 하는도다, 금년에 죽으리라 하셨느니라 하더니(15-16) 선지자 하나냐가 그 해 칠 월에 죽었더라"(17).

29장

너희 장래에 소망을 주려 하는 생각이라

[11]나 여호와가 말하노라 너희를 향한 나의 생각은 내가 아나니 재앙이 아니라 곧 평안이요 너희 장래에 소망을 주려 하는 생각이라.

29장에서는 예레미야가 1차로 포로 된 자들에게 하나님의 뜻을 편지로 전해주고 있습니다. 참 종이란 하나님의 뜻을 바로 전달하는 자요, 거짓 종은 자기 생각을 내세워 하나님의 뜻을 거역하는 자인 것입니다. 그러므로 사도 바울은 "누가 주의 마음을 알아서 주를 가르치겠느냐 그러나 우리가 그리스도의 마음을 가졌느니라"(고전 2:16) 하고 말씀했던 것입니다.

그렇다면 본문에는 하나님의 마음이 어떻게 나타나 있는가? "나 여호와가 말하노라 너희를 향한 나의 생각은 내가 아나니 재앙이 아니라 곧 평안이요 너희 장래에 소망을 주려 하는 생각이라"(11) 하십니다. 하나님은 자기 백성들을 연단 함으로 좋은 무화과 같이 만드시려는 계획을 성취해 나가고 계시는 것입니다. 그러나 근시안적인 인간은 이를 알지 못하고 "이 사람이 백성의 평안을 구치 아니하고 해를 구하오니 청컨대 이 사람을 죽이소서"(38:4, 26:11) 하고 참 선지자를 대적했던 것입니다. 이를 두 단원으로 나누어 상고하겠습니다.

첫째 단원(1-14) **70년이 차면 돌아오게 하리라**

둘째 단원(15-32) **거짓선지자들의 반응**

첫째 단원(1-14) 70년이 차면 돌아오게 하리라

"선지자 예레미야가 예루살렘에서 이 같은 편지를 느부갓네살이 예루살렘에서 바벨론으로 옮겨 간 포로 중 남아 있는 장로들과 제사장들과 선지자들과 모든 백성에게 보내었는데"(1).

예레미야 선지자가 포로로 잡혀간 사람들에게 편지를 보낸 것은 하나님의 뜻을 전해주기 위해서입니다. 그러므로 편지 서두에서 "만군의 여호와 이스라엘의 하나님 내가 예루살렘에서 바벨론으로 사로잡혀 가게 한 모든 포로에게 이 같이 이르노라"(4) 하고 말씀하고 있는 것입니다. 편지를 보내야만 한 것은 곧 돌아가게 되리라는 거짓선지자의 말에 현혹되어 마음을 정하지 못하고 규모 없이 행하다가 거짓 예언이 성취되지 않게 될 때 낙심할까 염려했기 때문입니다.

① "너희는 집을 짓고 거기 거하며 전원을 만들고 그 열매를 먹으라"(5).

② "아내를 취하여 자녀를 생산하며 너희 아들로 아내를 취하며 너희 딸로 남편을 맞아 그들로 자녀를 생산케 하여 너희로 거기서 번성하고 쇠잔하지 않게 하라"(6).

이렇게 말씀함은 돌아오게 될 날이 거짓선지자들의 말과는 달리 장구할 것을 가리킵니다.

③ 그러므로 "너희 중에 선지자들에게와 복술에게 혹하지 말며 너희가 꾼 바 꿈도 신청하지 말라"(8)고 경계하십니다.

④ "바벨론에서 70년이 차면 내가 너희를 권고하고 나의 선한 말을 너희에게 실행하여 너희를 이곳으로 돌아오게 하리라"(10) 하십니다. 그러니까 그들에게 조급하게 굴지말고 70년을 대비하라는 뜻이 됩니다.

⑤ 그러시면서 "나 여호와가 말하노라 너희를 향한 나의 생각은 내가 아나니 재앙이 아니라 곧 평안이요 너희 장래에 소망을 주려 하는 생각이라"(11) 하십니다.

⑥ "너희는 내게 부르짖으며 와서 내게 기도하면 내가 너희를 들을 것이요 너희가 전심으로 나를 찾고 찾으면 나를 만나리라"(11-12) 하십니다. 이는 바벨론에서 70년을 지내는 동안에도 그들을 고아와 같이 버려 두는 것이 아니라 기도의 통로를 통하여 교제와 교통이 이루어질 것을 말씀함입니다. 여기에 고난을 통한 은총이 있는 것입니다. 그들은 징계를 받기 전, 예루살렘에 있을 때에는 ㉠ 부르짖지 않았습니다. ㉡ 기도하지 않았습니다(12). ㉢ 전심으로 하나님을 찾지 않았습니다(13). 설령 기도를 한다해도 듣지 않으리라 하셨습니다. 그러나 이제는 그 기도를 "들을 것이라" 말씀합니다. "나를 만나리라" 하십니다. 그리고 "돌아오게 하리라"(14) 하십니다. 여기에 징계의 목적이 있는 것입니다. 이것이 예레미야 선지자가 바벨론에 있는 "장로들과 제사장들과 선지자들과 모든 백성에게 보낸"(1) 편지 내용입니다.

이점에서 집고 넘어 가야할 점은 하나님이 말씀하신 "장래의 소망"이 일차적으로 는 포로귀환을 의미한다하여도 궁극적으로는 사탄에게 "포로 된 자에게 자유를"(눅 4:18) 주실 구원을 지향하는 말씀이라는 점입니다. 예레미야서를 상고해 보면 "돌아오게 하리라"는 말씀과 결부해서

"다윗 왕을 주리라"(23:3-5, 33:11-15)고 약속하심을 보게 됩니다. 30:8-9에서도 그들의 목에서 "그 멍에를 꺾어 버리며 네 줄을 끊으리니" 하시면서 "내가 너희를 위하여 일으킬 너희 왕 다윗(그리스도)을 섬기리라" 하고 말씀하심이 이를 뒷받침해주고 있습니다.

둘째 단원(15-32) 거짓선지자들의 반응

"너희가 말하기를 여호와께서 바벨론에서 우리를 위하여 선지자들을 일으키셨다 하므로"(15).

① 여기서 사탄의 악랄함을 보게 됩니다. 사탄은 바벨론에 포로로 끌려간 그들 중에서까지도 거짓선지자를 일으켰던 것입니다. 그래서 그들은 말하기를 "여호와께서 바벨론에서 우리를 위하여 선지자들을 일으키셨다"고 말하면서 우리들에게도 선지자가 있는데 예루살렘에 있는 예레미야가 이래라 저래라 하고 말할 필요가 없다는, 즉 예레미야의 편지를 배척했다는 것입니다.

② 그들이 말하는 선지자들 중에는 "골라야의 아들 아합과 마아세야의 아들 시드기야"(21)가 있었고, "느헬람 사람 스마야"(24)라는 사람도 있었습니다. 그들은 예레미야가 보낸 편지를 받고는 크게 격분해했던 것입니다. 그도 그럴 것이 자신들은 곧 돌아가게 되리라 말하고 있는데 예레미야는 70년이 찬 후에야 돌아오게 되리라고 말하고 있기 때문입니다.

③ 그런데 하나님께서는 "그들은 내 이름으로 너희에게 거짓을 예언한 자라"(21)고 말씀합니다. "거짓을 말하여"(23), "거짓을 믿게"(31) 한다고 말씀합니다. ㉠ 그 중 스마야라는 거짓 선지자는 예루살렘에 있는 제사장들에게 글을 보내어 "이제 네가 어찌하여 너희 중에 자칭 선

지자라 하는 아나돗 사람 예레미야를 책망하지 아니하느냐 대저 그가 바벨론에 있는 우리에게 편지하기를 때가 오래리니 너희는 집을 짓고 거기 거하며 전원을 만들고 그 열매를 먹으라 하였다 하였느니라"(27-28) 하고 송사를 하기까지 했습니다. ㉡ 하나님은 스마야에게 "내가 내 백성에게 행하려 하는 선한 일을 그가 보지 못하리라"(32하)고 선언하십니다.

④ 이상의 말씀은 신약의 우리들에게도 경계가 됩니다. "형제들아 우리가 너희에게 구하는 것은 우리 주 예수 그리스도의 강림하심과 우리가 그 앞에 모임에 관하여 혹 영으로나 혹 말로나 혹 우리에게서 받았다 하는 편지로나 주의 날이 이르렀다고 쉬 동심하거나 두려워하거나 하지 아니할 것이라"(살후 2:1-2) 하고 경계합니다. 거짓 교사들의 말에 혹하여 "규모 없이 행하여 도무지 일하지 아니하고 일만 만드는 자들이" 있었기 때문입니다. "이런 자들에게 우리가 명하고 주 예수 그리스도 안에서 권하기를 조용히 일하여 자기 양식을 먹으라 하노라 형제들아 너희는 선을 행하다가 낙심치(때가 오래므로) 말라 누가 이 편지에 한 우리 말을 순종치 아니하거든 그 사람을 지목하여 사귀지 말고 저로 하여금 부끄럽게 하라"(살후 3:11-14).

30장

너희 하나님, 내 백성

우리는 예레미야서의 중심부에 이르게 되었습니다. 30-33장은 예레미야서에 있어서 중심 장들입니다. 중심 장들 중에서도 핵심적인 말씀은 "너희는 내 백성이 되겠고 나는 너희 하나님이 되리라"(30: 22, 31:1, 31:33, 32:38)는 말씀입니다. 이는 신구약 전체의 주제요, 하나님의 구속사역의 목표이기도 합니다. 하나님은 창세기(창 17:7-8)에서부터 지금까지, 이를 가능하도록 이루어오셨으며 계시록 21장에 가서 "저희는 하나님의 백성이 되고(3), 나는 저희 하나님이 되고" 하시면서 "이루었도다"(계 21:6) 하고 드디어 완성되는 것을 보게 됩니다.

이토록 중요한 명제를 이 부분에서 네 번이나 집중적으로 말씀하고 있습니다. 그리고 이 사역은 하나님이 주권적으로 이루심을 나타내는 "내가"가 30장에만 17 번이나 나옵니다. 이는 전적인 하나님의 은혜인 것입니다. 이를 세 단원으로 나누어 상고하겠습니다.

첫째 단원(1-11) **쫓겨난 자를 돌아오게 하시는 하나님**

둘째 단원(12-17) **내가 징계함이라**

셋째 단원(18-24) **말일에 그것을 깨달으리라**

첫째 단원(1-11) 쫓겨난 자를 돌아오게 하시는 하나님

"여호와께로서 말씀이 예레미야에게 임하여 이르시니라 이스라엘의 하나님 여호와께서 일러 가라사대 내가 네게 이른 모든 말을 책에 기록하라"(1-2).

본 단원은 주로 회복에 관한 내용이요, 다음 단원에서 "내가 너를 징계함이어늘" 이라는 말씀을 대하게 됩니다. 그러니까 징계한 후에 회복시켜주시겠다는 내용입니다. 그런데 "회복"을 먼저 말씀하심은 강조점이 회복에 있기 때문입니다.

① 하나님은 예레미야에게 "내가 네게 이른 모든 말을 책에 기록하라"(1) 하십니다. ㉠ 기록하라 하신 내용이 무엇인가? "내가 네게 이른 모든 말"이라고 말씀합니다. 이는 29장까지 말씀한 것만을 가리키는 것이 아니라 예레미야서 전체를 의미하는 것으로 보아야만 합니다. 36:2에서 모든 말을 두루마리에 기록하라 하심을 대하게 됩니다. ㉡ 그런데 이 시점에서 "기록하라" 하시는 것은 우리에게 "이 말은 중요한 말씀이다" 하는 주의를 환기시키시기 위해서인 것입니다. 계시록에서도 "이 말은 신실하고 참되니 기록하라 하시고, 이루었도다 나는 알파와 오메가요 처음과 나중이라"(계 21:5-6) 말씀하심을 보게 됩니다. 그러므로 "기록하라" 하심은 "신실하고, 참된 말씀", 반드시 이루시고야 말 말씀에 대한 보증서라고 말씀할 수가 있습니다. 그렇다면 하나님이 반드시 이루어주실 신실한 약속이 무엇인가?

② "나 여호와가 말하노라 내가 내 백성 이스라엘과 유다의 포로를 돌이킬 때가 이르리니 내가 그들을 그 열조에게 준 땅으로 돌아오게 할 것이라"(3) 하신 포로귀환의 약속입니다. ㉠ 바로 앞의 장에서도 "나 여호와가 이같이 말하노라 바벨론에서 칠십 년이 차면 내가 너희를 권고하고 나의 선한 말을 너희에게 실행하여 너희를 이곳으로 돌아오게 하리라"(29:10) 고 말씀하셨던 것입니다. 예레미야에게 기록하라 하신 핵심이 이것이었던 것입니다. ㉡ 이점을 포로로 끌려간 다니엘이 "서책(기록 된 말씀)으로 말미암아 여호와의 말씀이 선지자 예레미야에게 임하여 고하신 그 년 수를 깨달았나니 곧 예루살렘의 황무함이 칠십 년 만에 마치리라 하신 것이라"(단 9:2) 하는 말씀에서 입증이 됩니다. 하나님은 예레미야에게 이를 "기록하라" 하심으로 보증하여주셨던 것입니다. 말하자면 하나님은 보증서를 써 주신 셈입니다.

③ 하나님께서 이처럼 포로귀환에 강조점을 두시는 의도가 무엇인가? 우리가 믿는 하나님은 "쫓겨난 자를 돌아오게 하시는 하나님"이신 것입니다. 구속사역이란 한마디로 에덴에서 쫓겨난 아담의 후예들을 돌아오게 해주시는 일입니다. 아브라함에게도 "네 자손은 사대만에 이 땅으로 돌아오리니"(창 15:16) 약속하셨고, 가족을 이끌고 애굽으로 내려가는 야곱에게도 "정녕 너를 인도하여 다시 올라올 것이라"(창 46:4) 하고 약속해주셨습니다. 이제 예레미야에게도 "돌아오게 할 것이라" 약속하시는 하나님이십니다.

④ 그러므로 "포로를 돌이킬 때가 이르리니"(3) 하시는 하나님의 의중에는 궁극적으로 아브라함과 다윗에게 언약하신 그리스도를 보내셔서 "내게 기름을 부으시고 나를 보내사 포로 된 자에게 자유를, 눈 먼 자에게 다시 보게 함을 전파하며 눌린 자를 자유케 하고 주의 은혜의 해를 전파하게 하려 함심이라"(눅 4:18)를 이루시려는 계획을 갖고 계시는 것입니다. ㉡ 이를 알았기에 다윗은 "이스라엘의 구원이 시온에서

나오기를 원하도다 여호와께서 그 백성의 포로 된 것을 돌이키실 때에 야곱이 즐거워하고 이스라엘이 기뻐하리로다"(시 14:7) 하고 찬양했던 것입니다.

⑤ 이 점을 9-10절이 뒷받침해줍니다. 9절에서 "내가 너희를 위하여 일으킬 너희 왕 다윗을 섬기리라" 하시고, 10절에서는 "그러므로 나 여호와가 말하노라 내 종 야곱아 두려워 말라 이스라엘아 놀라지 말라 내가 너를 원방에서 구원하고 네 자손을 포로 된 땅에서 구원하리니 야곱이 돌아와서 태평과 안락을 얻을 것이라"(10) 하십니다. 이는 메시아를 보내주셔서 포로에서 돌아오게 해주심으로 누리게 될 안락에 대한 명백한 예언인 것입니다.

⑥ "그러나 내가 공도로 너를 징책할 것이요 결코 무죄한 자로 여기지 아니하리라"(11하) 하심을 유념해야만 합니다. 이는 "하나님의 공도(公道)", 즉 하나님의 공의(公義)로 인하여 저들을 먼저 징책하신 후에 회복시켜주시겠다는 말씀인 것입니다. 이 하나님의 공도가 우리를 구원하시되 자기 아들에게 대신 정죄하시고야 돌아오게 해주셨던 것입니다.

둘째 단원(12-17) 내가 징계함이라

"나 여호와가 말하노라 네 상처는 고칠 수 없고 네 창상은 중하도다"(12).

① 12-13을 관찰해보면 그들의 상태가 절망적임을 말씀합니다. "네 상처는 고칠 수 없고(12), 네 송사를 변호할 자가 없고(13상), 네 상처를 싸맬 약이 없도다"(13하) 하고 "없도다"는 말을 세 번이나 강조합니다. 이것이 징책의 불가피성입니다. 그렇다면 매를 순이 받아야 마땅한

것입니다. 그러나 징벌을 당하게 되면 불평하고 원망하고 피해보려고 바동거리는 법입니다.

② 그래서 하나님은 "이는 네 허물이 크고 네 죄가 수다함을 인하여 내가, 너를 징계함이어늘"(14), 네 죄악의 큼과 죄의 수다함을 인하여 내가 네게 이 일(징계)을 행하였느니라"(15),

그런데 "어찌하여 네 상처를 인하여 부르짖느뇨 네 고통이 낫지 못하리라"(15상) 하고 순히 받아야할 것을 말씀하십니다.

③ 그러나 16-17은 진노 중에서도 긍휼을 베푸시는 말씀입니다. "그러나 무릇 너를 먹는 자는 먹히며, 무릇 너를 약탈하는 자는 내가 약탈을 당하게 하리라" 하십니다. 12절에서는 "네 상처는 고칠 수 없다"고 말씀했는데, "내가 너를 치료하여 네 상처를 낫게 하리라" 하십니다. "고칠 수 없는" 절망적인 상처가 누구에 의하여 어떻게 해서 "너를 치료하여 네 상처를 낫게 하리라" 하시는가? 성경은 말씀합니다. "그가 찔림은 우리의 허물을 인함이요 그가 상함은 우리의 죄악을 인함이라 그가 징계를 받음으로 우리가 평화를 누리고 그가 채찍에 맞음으로 우리가 나음을 입었도다"(사 53:5). "네 송사를 변호할 자가 없고"(13상) 했는데 주님이 보혜사가 되셔서 변호해 주신 것입니다.

하나님이 낫게 해 주시고, 변호해 주시되 그냥 해주신 것이 아니라 자기 아들에게 우리 죄를 대신 정죄하시고야 고쳐주셨음을 잊어서는 아니 됩니다.

④ 그러므로 30장에서 결코 놓쳐서는 아니 될 말씀이 있는데 하나님 자신을 가리키는 "내가"라는 말이 무려 17번(2, 3, 3, 8, 9, 10, 11, 11, 14, 15, 16, 17, 18, 19, 19, 20, 21)이나 나옵니다. ㉠ 〈내가〉 그들을 그 열조에게 준 땅으로 돌아오게 할 것이라(3). ㉡ 그 날에 〈내가〉 네 목에서 그 멍에를 꺾어 버리며 네 줄을 끊으리니(8), ㉢ 〈내가〉 너를 원방에서 구원하고 네 자손을 포로 된 땅에서 구원하리니(10), ㉣ 〈내가〉

너와 함께 하여 너를 구원할 것이라(11) 하십니다. 이는 인간의 힘으로는 불가능한 그 지점에서 하나님께서 주권적으로 행해주시겠다는 강한 의지를 나타내는 말씀인 것입니다. 이는 30장 이전에서는 찾아 볼 수 없었던 위로요, 은혜의 말씀인 것입니다.

⑤ 성경을 상고해보면 "내가 하리라" 하신 이 말씀은 인류의 시조가 범죄 하였을 때에 "내가 너로"(창 3:15) 하고 원 복음을 세워주셨고, 믿음의 조상 아브라함에게 "내가 너로"(창 17:6) 하고 그의 자손으로 그리스도를 보내주실 것을 언약하셨으며, 다윗에게 "내가 네 몸에서 날 자식을"(삼하 7:12) 하고 그의 자손으로 우리의 왕을 세워주실 것을 약속하신 하나님의 주권적인 이루심임을 확인하게 되는 것입니다.

셋째 단원(18-24) 말일에 그것을 깨달으리라

"그 왕은 그 본족에게서 날 것이요 그 통치자는 그들 중에서 나올 것이며 내가 그를 가까이 오게 하므로 그가 내게 접근하리라 그렇지 않고 담대히 내게 접근할 자가 누구뇨 여호와의 말이니라"(21).

본 단원은 "말일에 그것을 깨달으리라" 하신 대로 미래에 있을 예언적인 말씀입니다. 그 예언의 내용은,

① "그 왕은 본족(本族)에게서 날 것이요"(21상) 하고 왕이 유대인에게서 날 것이라고 말씀합니다. 왕이 날 것은 이미 23:5에서 "나 여호와가 말하노라 보라 때가 이르리니 〈내가〉 다윗에게 한 의로운 가지를 일으킬 것이라 그가 왕이 되어 지혜롭게 행사하며 세상에서 공평과 정의를 행할 것이며" 하고 한 왕을 일으킬 것을 말씀한 바 있습니다.

② 그러므로 이 왕이 누구인가는 9절과 결부시켜보면 분명해집니다. "내가 너희를 위하여 일으킬 너희 왕 다윗을 섬기리라" 하고 "다윗"이라

고 말씀합니다. 그러므로 "그 왕"은 다름 아닌 영적 다윗인 그리스도를 가리킴이 명백한 것입니다. 그리고 이 예언은 "보라 네가 수태하여 아들을 낳으리니 그 이름을 예수라 하라 저가 큰 자가 되고 지극히 높으신 이의 아들이라 일컬을 것이요 주 하나님께서 그 조상 다윗의 위를 저에게 주시리니 영원히 야곱의 집에 왕 노릇하실 것이며"(눅 1:31-33)에서 성취되었던 것입니다.

③ 영적 다윗 왕을 일으키실 것에 대한 언약은 예레미야 선지자를 통해서만 하신 것은 아닙니다. ㉠ 에스겔 선지자를 통해서도 "내가 한 목자를 그들의 위에 세워 먹이게 하리니 그는 내 종 다윗이라 그가 그들을 먹이고 그들의 목자가 될지라 나 여호와는 그들의 하나님이 되고 내 종 다윗은 그들 중에 왕이 되리라 나 여호와의 말이니라"(겔 34:23-24), ㉡ "내 종 다윗이 그들의 왕이 되리니 그들에게 다 한 목자가 있을 것이라, 내 종 다윗이 영원히 그 왕이 되리라"(겔 37:24-25) 하고 약속하셨습니다. ㉢ 호세아 선지자를 통해서도 "그 후에 저희가 돌아와서 그 하나님 여호와와 그 왕 다윗을 구하고"(호 3:5) 하고 말씀하셨습니다.

④ "내가 그를(그 왕) 가까이 오게 하므로"(21중) 하십니다. 이는 하나님께서 모세를 시내산상으로 가까이 부르심과 같이 하나님과 인간 사이의 중보자(딤전 2:5) 되심을 말씀합니다. 중보자가 되셔서 우리를 "변호"해 주셨습니다.

⑤ 또한 "그가 내게 접근하리라"(21하) 하십니다. 구약시대에 하나님의 은밀한 곳, 지성소에 접근할 수 있었던 인물은 오직 대제사장뿐이었습니다. 그 분은 대제사장이 되셔서 우리 죄를 대속해 주셨습니다.

⑥ 왕이요, 중보자요, 제사장이 왜 필요하게 되었는가? 그 분은 우리를 성경 전체의 중심주제라 할 수 있는 "너희는 내 백성이 되겠고 나는 너희 하나님이 되리라"(22)를 성취하기 위해서인 것입니다. 그리스도의

중보사역, 곧 대속이 없이는 우리가 하나님의 백성이 되고 하나님이 우리의 하나님이 되신다는 것은 불가능한 일입니다. 이것이 가능하여질 때, 곧 하나님의 나라는 회복이 되는 것입니다.

⑦ 에스겔서에서도 다윗이 왕과 목자로 오게 됨으로 "내 처소가 그들의 가운데 있을 것이며 나는 그들의 하나님이 되고 그들은 내 백성이 되리라"(겔 37:27) 하십니다.

⑧ "나는 그들의 하나님이 되고 그들은 내 백성이 되리라"는 명제는 "출바벨론"의 목적만이 아니라 "출애굽"의 목적이기도 합니다. "그들은 〈내가〉 그들의 하나님 여호와로서 그들 중에 거하려고 그들을 애굽 땅에서 인도하여 낸 줄을 알리라 나는 그들의 하나님 여호와니라"(출 29:46) 하십니다. 그러나 구약시대에는 중간이 막혀있었던 것입니다. 왜 그렇습니까? 그것은 예표였기 때문입니다.

⑨ 그러므로 궁극적으로는 "보라 하나님의 장막이 사람과 함께 있으매 하나님이 저희와 함께 거하시리니 저희는 하나님의 백성이 되고 하나님은 친히 저희와 함께 계셔서 모든 눈물을 그 눈에서 씻기시매 다시 사망이 없고 애통하는 것이나 곡하는 것이나 아픈 것이 다시 있지 아니하리니 처음 것들이 다 지나갔음이러라"(계 21:3-4)에서 완성이 되는 것입니다. 이것이 가능하게 되는 것은 그리스도께서 왕이요, 중보자요, 제사장으로 오셔서 자신을 대속제물로 드려주심으로 만이 가능하여짐을 놓쳐서는 아니 됩니다.

⑩ 30장은 "나 여호와의 진노는 내 마음의 뜻한 바를 행하여 이루기까지는 쉬지 아니하나니 너희가 말일에 그것을 깨달으리라"(24) 하고 마치고 있습니다. ㉠ "뜻한 바를, ㉡ 행하여, ㉢ 이루기까지는, ㉣ 쉬지 아니하나니" 하십니다. 하나님께서 이처럼 주권적으로 이루어 나가시는 것이 구속사역입니다. 이를 막을 자가 누구이겠습니까? ㉤ "말일에 그것을 깨달으리라" 하십니다. 우리는 이 계시가 밝히 드러난 신약

시대에 살고 있습니다. 그러므로 신약의 성도들은 이를 깨달은 자들입니다. 형제여, 깨달았다고 만 말하지 마십시오. 내가 믿나이다 하고 고백하십시다. 그리고 감사하십시다. 찬양하십시다.

31장

새 언약을 세우리라

[31]나 여호와가 말하노라 보라 날이 이르리니 내가 이스라
엘 집과 유다 집에 새 언약을 세우리라.

예레미야 31장은 이사야 53장과 더불어 구약성경에 있어서 쌍벽을 이루는 최대의 예언으로 꼽히고 있습니다. 하나님께서 "내가, 새 언약을 세우리라" 하십니다. 지금이 아니고 그 "날이 이르리니" 하십니다. 그리고 이 새 언약은 옛 언약과 같지 않다고 말씀합니다. 그렇다면 "새 언약과, 옛 언약"이 어떻게 다르다는 말인가? 이러한 말씀을 대할 때에 우선적으로 명심해야할 점은 "내가, 새 언약을 세우리라"는 말씀이 돌발적이거나, 임기응변적인 말씀이 절대로 아니하는 점입니다. 무엇을 말하고자 하느냐 하면 하나님께서 옛 언약을 세워주실 때에 이미 하나님의 의중에는 날이 이르면 "새 언약"을 세워주실 계획을 갖고 계셨음을 깨닫기를 원해서입니다.

이렇게 보는 것이 성경을 점으로 보지 않고 선(線)으로 보는 구속사(救贖史)의 관점(觀點)인 것입니다. 이렇게 할 때 비로소 하나님께서 성취해나가시는 구원계획을 확연히 깨달을 수가 있는 것입니다. 그렇다면 새 언약과 옛 언약이 어떻게 다른 것이며, 이 시점에서 새 언약을 말씀하시는 하나님의 의도는 무엇인가? 이 점을 두 단원으로 나누어 상고하겠습니다.

첫째 단원(1-30) **이스라엘의 회복**
둘째 단원(31-40) **새 언약과 그에 대한 보증**

첫째 단원(1-30) 이스라엘의 회복

"나 여호와가 말하노라 그 때에 내가 이스라엘 모든 가족의 하나님이 되고 그들은 내 백성이 되리라"(1).

본 단원은 30장에서부터 시작 된 회복에 대한 말씀의 계속입니다. 이미 앞의 장에서도 말씀드렸습니다 만 "나는 그들의 하나님이 되고 그들은 내 백성이 되리라"는 말씀은 하나님께서 성취해나가시는 구속사역의 최종목표라 할 수가 있습니다. 이것이 성취될 때에 하나님의 나라는 완성이 되는 것이기 때문입니다. 그러므로 첫 절은 31장의 명제(命題)인 셈입니다. 본 장에 많은 말씀이 있다하여도 모든 말씀은 이 한 말씀 속에 다 들어있다 해도 과언은 아닙니다. 하나님께서 새 언약을 세우리라는 약속을 하시면서 도 "나는 그들의 하나님이 되고 그들은 내 백성이 될 것이라"(33하) 하시는 것만 보아도 이 말씀에 실려있는 무게를 느끼게 됩니다.

① 1-3은 우리에게 향하신 하나님의 "사랑과 은혜"를 나타내고 있습

니다. "칼에서 벗어난 백성이 광야에서 은혜를 얻었나니 곧 내가 이스라엘로 안식을 얻게 하러 갈 때에"(2) 하십니다. 여기 "은혜와, 안식"이 있습니다.

② 그리고 "나 여호와가 옛적에 이스라엘에게 나타나 이르기를 내가 무궁한 사랑으로 너를 사랑하는 고로 인자함으로 너를 인도하였다 하였노라"(3) 하고, "무궁한 사랑"이 있습니다. " 옛적에 란 출애굽 때를 가리키는 것인데 그때에도 "무궁한 사랑"으로 사랑하셔서 그들에게 인자, 곧 은혜를 베푸셔서 안식을 주시려 했다는 말씀입니다. 우리에게 향하신 하나님의 은혜와 사랑은 언제나 변함이 없고 다 함이 없는 것입니다. 그 안식이 일차적으로는 가나안에 정착함으로 주어졌습니다. 그러나 하나님이 우리에게 주시려는 궁극적인 안식은 가나안이 아니었습니다.

③ 그래서 4-14은 "다시 너를 세우리니, 다시 소고(미리암과 여인들이 소고를 잡고 춤을 추며 노래함과 같이, 출 15:20,)로 너를 장식하고, 다시 사마리아 산들에 포도원을 심되" (4-5) 하고 "다시, 다시" 하고 회복시켜주실 것을 말씀하십니다.

④ 그리하여 "우리가 시온에 올라가서 우리 하나님 여호와께로 나아가자 하리라"(6하) 하십니다.

⑤ 그러므로 "기뻐 노래하며, 찬양하며(7), 춤추며 즐거워하겠고, 함께 즐거워하리니, 내가 그들의 슬픔을 돌이켜 즐겁게 하며 그들을 위로하여 근심한 후에 기쁨을 얻게 할 것임이니라"(13) 하십니다.

⑥ 15-16에서는 라헬이 통곡하는 장면이 나오는데 이는 라헬이 자식이 없음으로 하나님께 통곡하며 부르짖다가 "하나님이 라헬을 생각하신 지라 하나님이 그를 들으시고 그 태를 여신고로"(창 30:1, 21) 그가 잉태하여 아들을 얻게 하신 말씀을 상기시켜서, 포로 됨을 인하여 통곡하나 돌아옴을 인하여 기뻐하게 될 것을 말씀하기 위해서입니다. 그러므로 "네 소리를 금하여 울지 말며 네 눈을 금하여 눈물을 흘리지 말라

네 일에 갚음을 받을 것인즉 그들이 대적의 땅에서 돌아오리라"(16) 하시는 것입니다.

⑦ 이처럼 하나님께서 은혜(2)와 무궁한 사랑(3)을 베푸시는 때에 "에브라임이 스스로 탄식함을 내가 정녕히 들었노니"(18상) 하십니다. 여기서 말씀하는 "탄식"이란 영혼 깊은 데서 울어 나오는 회개의 탄식을 의미합니다. 그 회개의 탄식이 18-19입니다.

⑧ "주께서 나를 징벌하시매 멍에에 익숙지 못한 송아지 같은 내가 징벌을 받았나이다 주는 나의 하나님 여호와시니 나를 이끌어 돌이키소서 그리하시면 내가 돌아오겠나이다 내가 돌이킴을 받은 후에 뉘우쳤고 내가 교훈을 받은 후에 내 볼기를 쳤사오니 이는 어렸을 때의 치욕을 진 고로 부끄럽고 욕됨이니이다"(18-19) 하고 애절한 마음으로 중심에서 회개할 것을 말씀하십니다.

⑨ 하나님은 이렇게 위로하십니다. "에브라임은 나의 사랑하는 아들 기뻐하는 자식이 아니냐 내가 그를 책망하여 말할 때마다 깊이 생각하노라 그러므로 그를 위하여 내 마음이 측은한즉 내가 반드시 그를 긍휼히 여기리라 여호와의 말이니라"(20). 이것이 징계하시는 하나님 아버지의 마음입니다.

⑩ "보라 내가 사람의 씨와 짐승의 씨를 이스라엘 집과 유다 집에 뿌릴 날이 이르리라"(27) 하십니다. 징벌로 말미암아 인구가 많이 감소되었기 때문에 씨를 뿌려 많은 양의 곡식을 거둬드림과 같이 다시 번성케 하실 것을 말씀합니다. "내가 경성하여 그들을 뽑으며 훼파하며 전복하며 멸하며 곤란케 하던 것같이 경성하여 그들을 세우며 심으리라"(28) 하십니다. "경성하여"란 깨여 있는 다는 뜻이니 전에는 뽑고 훼파하는데 주력을 하였으나, 이제는 세우고 심는데 전심전력하시겠다는 의미입니다. 이것이 회복의 말씀입니다. 이 회복의 궁극적인 성취를 둘째 단원에서 보게 됩니다.

둘째 단원(31-40) 새 언약과 그에 대한 보증

"나 여호와가 말하노라 보라 날이 이르리니 내가 이스라엘 집과 유다 집에 새 언약을 세우리라 나 여호와가 말하노라 이 언약은 내가 그들의 열조의 손을 잡고 애굽 당에서 인도하여 내던 날에 세운 것과 같지 아니할 것은 내가 그들의 남편이 되었어도 그들이 내 언약을 파하였음이니라"(31-32).

"새 언약"이란 애굽 땅에서 인도하여 내던 날에 세운 "옛 언약"과 대조적으로 한 말씀인데 하나님께서 새 언약을 말씀하시면서 강조하고 있는 것은 새 언약은 옛 언약과 "같지 아니 하다"(32상)는 데 있습니다. 그렇다면 어떤 면에서 같지 아니한 것일까요? 이 점을 통찰력을 가지고 살펴보아야만 합니다.

① 우선적으로 하나님께서 "새 언약"을 말씀하시는 시점부터 주목해 보아야만 합니다. 예루살렘이 멸망하고, 성전이 불타고, 백성들이 포로로 잡혀가는 시점인 것입니다. 이것은 무엇을 말해주고 있느냐 하면, 구원이 인간의 행위로는 불가능함을 말해주고 있는 것입니다. 이것이 입증된 시점에서 하나님께서는 "내가 새 언약을 세우리라" 하고 일을 시작하시는 것입니다. 그렇다면 옛 언약과 새 언약이 어떻게 다를까요?

② 언약의 중보자가 같지 아니한 것입니다. 옛 언약은 모세를 중보자로 하고 세운 언약이었으나 새 언약은 자기 아들을 중보자(히 9:15)로 하여 세운 언약인 것입니다. 이를 가리켜 "이는 더 좋은 약속으로 세우신 더 좋은 언약의 중보시라"(히 8:6)고 말씀합니다.

③ 옛 언약은 돌 비에 기록하였으나 세 언약은 "나의 법을 그들의 속에 두며 그 마음에 기록"(33)하리라 하십니다. 돌 비에 기록된 옛 언약은 처벌이 두려워서 타의에 의하여 지키려하였으나, 새 언약은 마음으로부터 우러나와서 지키기를 사모하는 이것이 다른 것입니다.

④ 옛 언약의 율법은 정죄 하는 법이었으나 새 언약은 "내가 그들의 죄악을 사하고 다시는 기억지 아니하리라"(34하) 하시는 이것이 같지 아니한 점입니다.

⑤ 그러므로 결정적으로 같지 아니한 점은 언약의 피가 다르다는 데 있습니다. 여기에 핵심이 있습니다. ㉠ 첫 언약 때에는 "모세가 그 피를 취하여 백성에게 뿌려 가로되 이는 여호와께서 이 모든 말씀에 대하여 너희와 세우신 언약의 피니라"(출 24:8) 하고 짐승의 피로 세웠으나, ㉡ 새 언약은 주님께서 "이것은 죄 사함을 얻게 하려고 많은 사람을 위하여 흘리는 바 나의 피 곧 언약의 피니라"(마 26:28) 하고 그리스도의 대속의 피로 세우셨던 것입니다. 그러므로 언약의 〈피〉에는 두 가지 의미가 있습니다. 첫째는 "흘린 피", 즉 죽음을 뜻합니다. 둘째는 "대속", 즉 대신 죽음을 나타냅니다.

⑥ 그러므로 "첫 언약도 피 없이 세운 것이 아니니"(히 9:18) 하고 "피"로 세운 언약임을 말씀하고 있음을 유념해야만 합니다. 이점이 어찌하여 중요하냐하면 피로 세웠다는 것은 ㉠ 첫 언약도 죄 값을 대신 담당케 하는 〈대속의 원리〉에 입각해서 세워졌음을 나타내기 때문입니다. ㉡ 그러나 짐승의 피로는 인간의 죄를 대속(代贖)할 수가 없었던 것입니다. ㉢ 그러므로 짐승의 피로 세운 첫 언약은 예수 그리스도의 피로 세우실 새 언약에 대한 그림자로 주어진 것입니다. 그러므로 성경은 "저 첫 언약이 무흠(無欠)하였더면 둘째 것을 요구할 일이 없었으려니와"(히 8:7) 하고 첫 언약이 온전치 못하였음을 말씀하고 있습니다.

⑦ 첫 언약을 일반적으로 행위언약이라고 말합니다. 그런 일면이 있습니다. 왜냐하면 모세가 언약서를 낭독하여 들리매 "그들이 가로되 여호와의 모든 말씀을 우리가 준행하리이다"(출 24:7) 하고 서약하고 체결하였기 때문입니다. 그런데 하나님은 이렇게 말씀하십니다. "그들이

내 언약을 파하였음이니라"(32하). 그렇다면 언제 그 행위언약이 파하여졌을까요? 저들이 송아지 형상의 우상을 만들어 놓고 "이는 너희를 애굽 땅에서 인도하여 낸 너희 신이로다"(출 32:4) 하고 번제와 화목제를 드리면서 앉아서 먹고 마시며 일어나서 뛰놀던 그 때였습니다. 이것은 변명의 여지가 없는 영적 간음이었던 것입니다. 그래서 하나님은 "내가 그들의 남편이 되었어도 그들이 내 언약을 파하였다", 즉 음행의 연고로 파괴되고 말았음을 말씀하시는 것입니다. 그것은 마치 아담이 하나님께서 세워주신 언약을 파함과도 같은 이치입니다.

⑧ 모세는 이를 보고 언약의 돌 판을 산 아래로 던져 깨뜨렸던 것입니다. "파"(破)하였다는 말은 깨뜨렸다는 뜻인데 백성들이 서약한 행위언약은 이 때 깨뜨려졌던 것입니다. 무슨 말이냐 하면 행위구원의 불가능성이 이미 그 때에, 시내산, 그 자리에서 드러났다는 말입니다.

⑨ 이를 분별하지 못하고 구약의 성도들이 행위언약 하에 있었던 것으로 여긴다면 중대한 오류를 범하게 되는 것입니다. 왜냐하면 행위언약 하에서는 구원 얻을 자가 한 사람도 있을 수가 없기 때문입니다. 이를 갈파한 사람은 다윗이었습니다. 그의 아들 솔로몬은 일천 번제를 드렸으나 다윗은 "주는 제사를 즐겨 아니하시나니 그렇지 않으면 내가 드렸을 것이라 주는 번제를 기뻐 아니하시나이다"(시 51:15-16) 하고 제사제도가 참 것의 그림자에 불과함을 깨달았던 것입니다. 이는 당시로는 가히 혁명적인 깨달음이었던 것입니다. 또한 치명적인 죄를 범한 절망적인 상황에서 "허물의 사함을 얻고 그 죄의 가리움을 받는 자는 복이 있도다"(시 32:1) 하고 사죄의 은총과, 죄를 가리워주시는 칭의(稱義)가 있음을 깨닫고는 찬양했던 것입니다. 첫 언약은 죄를 가리워주지를 못했던 것입니다. 이것이 옛 언약과 새 언약의 같지 아니한 점입니다.

새 언약에 대한 보증

"나 여호와는 해를 낮의 빛으로 주었고 달과 별들을 밤의 빛으로 규정하였고 바다를 격동시켜 그 파도로 소리치게 하나니 내 이름은 만군의 여호와니라 내가 말하노라 이 규정이 내 앞에서 폐할진대 이스라엘 자손도 내 앞에서 폐함을 입어 영영히 나라가 되지 못하리라"(35-36).

⑩ "해를 낮의 빛으로 주었고, 달과 별들을 밤의 빛으로 규정하였다"(35)는 말씀을 왜 하고 있느냐 하면 "새 언약"의 불변성을 보증하기 위해서인 것입니다. 이 약정, 즉 창조원리를 폐할 자가 있다면 하나님께서 이루시고자 하는 구속원리, 즉 새 언약도 폐할 수가 있을 것이라는 말씀입니다. 이는 옛 언약은 폐하여졌으나 새 언약은 폐하여지지 않는 불변성을 나타내는 말씀입니다. 이 점이 33장에서도 분명히 계시되어 있는 데, "나 여호와가 이같이 말하노라 너희가 능히 낮에 대한 나의 약정과 밤에 대한 나의 약정을 파하여 주야로 그 때를 잃게 할 수 있을진대 내 종 다윗에게 세운 나의 언약도 파하여 그로 그 위에 앉아 다스릴 아들이 없게 할 수 있겠으며"(33:20-21) 하십니다. "다윗에게 세운 나의 언약"이란 메시아언약, 다시 말하면 첫 언약이 아닌 "새 언약"을 가리키고 있는 것입니다. 이 언약은 결코 파(破)하여지지 않을 뿐만이 아니라 파할 수도 없음을 보증하는 말씀인 것입니다.

⑪ 왜 그러합니까? 첫 언약은 행위언약이었으나 새 언약은 무조건적인 은혜언약이기 때문입니다. 이점을 "내가 이것을 말하노니 하나님의 미리 정하신 언약(아브라함에게 세워주신 메시아언약)을 사백 삼십 년 후에 생긴 율법이 없이 하지 못하여 그 약속을 헛되게 하지 못하리라"(갈 3:17) 하고 말씀합니다. 하나님께서는 행위언약으로 안되니까 은혜언약을 세원주신 것이 아닙니다. 먼저 세워주신 것은 메시아언약, 즉 은혜언약이었던 것입니다.

⑫ 그러므로 낮과 밤의 약정이 폐하여진다면 "이스라엘 자손도 내 앞에서 폐함을 입어 영영히 나라가 되지 못하리라"(36하) 하십니다. 이는 낮과 밤의 약정이 폐하여 질 수 없듯이 절대적으로 안전함을 나타내는 말씀입니다.

⑬ 또한 "위로 하늘을 측량할 수 있으며 아래로 땅의 기초를 탐지할 수 있다면"(37상) 이스라엘을 버리리라 하십니다. 무슨 뜻이냐 하면 하나님의 사랑은 하늘보다도 높고, 땅의 기초보다도 깊은 측량할 수 없는 사랑이라는 뜻입니다. "이스라엘 자손의 행한 모든 일을 인하여"(37하)는 마땅히 버림받아야할 자들이지만, 하나님의 무궁한 사랑으로 인하여 버리시지 않겠다는 망극하신 말씀인 것입니다. 여기서 말씀하는 "이스라엘"은 육적 이스라엘에 국한 된 것이 아닙니다. 왜냐하면 "새 언약"이 육적 이스라엘에 국한 된 언약이 아니라면, 이스라엘이란 새 언약 하에 있는 모든 하나님의 백성들을 가리키는 말씀인 것입니다.

⑭ 31장은 새 언약을 믿는 자는 "영영히 다시는 뽑히거나 전복되지 아니하리라"(40하) 하는 말씀으로 마치고 있습니다. 영영히 뽑히지 않습니다. 영영히 전복되지 않습니다. 영영히 버림을 당하지 않습니다. 이것이 새 언약 하에 있는 자의 안전성입니다. 이는 전적으로 하나님의 은혜요, 사랑입니다. 아멘, 할렐루야!

32장

그들을 이 땅에 심으리라

[41]내가 기쁨으로 그들에게 복을 주되 정녕히 나의 마음과 정신을 다하여 그들을 이 땅에 심으리라.

32장은 "바벨론 군대는 예루살렘을 에워싸고 선지자 예레미야는 유다 왕의 궁중에 있는 시위대 뜰에 갇혀있는"(2) 상황에서 주어진 말씀입니다. 이런 상황에서 하나님은 예레미야에게 고향 아나돗에 있는 밭을 사라 명하십니다. 적에게 포위 당한 상황에서 밭을 산다는 것은 정신나간 사람의 소행으로 여겨질 법한 이런 일을 명하심은 지금은 징벌하기 위하여 포로로 내어준 바 되나, 때가 되면 그들을 돌아오게 하여 "정녕히 나의 마음과 정신을 다하여 그들을 이 땅에 심으리라"는 약속의 증표로 그렇게 명하시는 것입니다. 만일 예레미야 선지자가 말로는 "돌아오게 하리라" 하고 전하면서 뒤로는 땅을 처분하는 일을 했다면 입으로는 "시인하나 행위로는 부인"(딛 1:16) 하는, 성경은 이런 자를 가증한 자라고 말씀합니다. 설교란 말로만 전하는 것이 아니라 인격과 삶 전체로 전해야함을 보여주고 있습니다. 이를 세 단원으로 나누어 상고하겠습니다.

첫째 단원(1-15) **예레미야에게 밭을 사라 명하시는 하나님**
둘째 단원(16-25) **기도하는 예레미야**
셋째 단원(26-44) **허락한 모든 복을 내리리라**

첫째 단원(1-15) 예레미야에게 밭을 사라 명하시는 하나님

"유다 왕 시드기야의 제 십 년 곧 느부갓네살의 제 십 팔 년에 여호와의 말씀이 예레미야에게 임하니라(1).

① 시점(時點)은 "시드기야 제 십 년"이라 했으니까 성이 함락 된 것이 십 일년 사월 구일"(39:2)이므로 성이 함락되기 불과 몇 개월 전에 되어진 일입니다.

② 상황은 "때에 바벨론 군대는 예루살렘을 에워싸고 선지자 예레미야는 유다 왕의 궁중에 있는 시위대 뜰에 갇힌"(2) 상태였습니다.

③ 예레미야가 갇히게 된 원인이 3-5에 나오는데 "이는 그가 예언하기를 여호와의 말씀에 보라 내가 이 성을 바벨론 왕의 손에 붙이리니 그가 취할 것이며 유다 왕 시드기야는 갈대아인의 손에서 벗어나지 못하고 반드시 바벨론 왕의 손에 붙이운 바 되리니, 너희가 갈대아인과 싸울지라도 승리치 못하리라 하셨다 하였더니 유다 왕 시드기야가 가로되 네가 어찌 이같이(저주하듯, 불길한) 예언하였느뇨 하고 그를 가두었음이었더라" 합니다. 이런 상황에서 하나님의 말씀이 임한 것입니다.

④ 숙부의 아들(사촌)하나멜이 찾아와서 "너는 아나돗에 있는 내 밭

을 사라" 하리라고 말씀하십니다. 하나님께서 말씀하심같이 하나멜이 감금되어 있는 예레미야를 찾아와서는 "베냐민 땅 아나돗에 있는 나의 밭을 사라"(8상)는 것이었습니다.

⑤ "내가 이것이 여호와의 말씀인줄 알았으므로"(8하) 은 십 칠 세겔을 달아주고 밭을 샀다고 말씀합니다. "여호와의 말씀인줄 알았다"는 뜻은 하나멜이 찾아온 것만을 가리키는 것이 아니라 이를 통하여 하나님께서 하시고자 하는 말씀이 있음을 알았다는 뜻입니다.

⑥ 밭을 산 후에 예레미야는 증거합니다. "만군의 여호와 이스라엘의 하나님 내가 이같이 말하노라 사람이 이 땅에서 집과 밭과 포도원을 다시 사게 되리라 하셨다 하니라"(15). 하나님께서는 이러한 행동계시를 통하여 바벨론으로 끌려간 포로들이 다시 돌아오게 될 것을 확고하게 나타내셨던 것입니다. 전도자는 말로만이 아니라 삶을 통해서 자신의 증거가 진실 됨을 보여주어야만 하는 것입니다.

둘째 단원(16-25) 기도하는 예레미야

"내가 매매 증서를 네리야의 아들 바룩에게 부친 후에 여호와께 기도하여 가로되 슬프도소이다 주 여호와여 주께서 큰 능과 드신 팔로 천지를 지으셨사오니 주에게는 능치 못한 일이 없으시니이다"(16-17).

예레미야의 기도를 관찰해보면,

① "주에게는 능치 못한 일이 없으시니이다"(17하) 하고 말합니다. 이는 하나님께서 힘이 모자라서 바벨론 군대를 격퇴시키지 못하심이 아님을 진술하는 것입니다.

② "주께서 징조와 기사와 강한 손과 드신 팔과 큰 두려움으로 주의 백성 이스라엘을 애굽 땅에서 인도하여 내시고 그들에게 주시기로 그

열조에게 맹세하신 바 젖과 꿀이 흐르는 이 땅을 그들에게 주셨으므로 그들이 들어가서 이를 차지하였거늘"(21-23), "보옵소서 이 성을 취하려 하는 자가 와서 흉벽을 쌓았고 칼과 기근과 염병으로 인하여 이 성이 이를 치는 갈대아인의 붙인 바 되어으니 주의 말씀대로 되었음을 주께서 보시나이다"(24)고 말합니다. 이렇게 기도하는 예레미야의 심중에는 ㉠ 그렇다면 열조(아브라함, 이삭, 야곱)에게 맹세하신 그 언약은 어떻게 되는 것인가? ㉡ 하나님의 계획하심이 무엇인가? 하는 신학적인 의구심이 있었을 것입니다.

③ 그래서 "주 여호와여 주께서 내게 은으로 밭을 사며 증인을 세우라 하셨으나(이 때 예레미야는 이 성이 안전하리라고 생각했단 말인가?) 이 성은 갈대아인의 손에 붙인 바 되었나이다"(25) 하고 말하는 것입니다. 순종하여 밭을 사기는 했는데, 이 성을 갈대아인의 손에 붙이실 양이면 밭은 왜 사라하셨습니까? 하는 물음이 들어있는 것입니다. 이에 대한 응답을 다음 단원에서 듣게 될 것입니다.

셋째 단원(26-44) **허락한 모든 복을 내리리라**

"때에 여호와의 말씀이 예레미야에게 임하여 이르시되 나는 여호와요 모든 육체의 하나님이라 내게 능치 못한 일이 있겠느냐"(26-27).

"그러므로 나 여호와가 이같이 말하노라 보라 내가 이 성을 갈대아인의 손과 바벨론 왕 느부갓네살의 손에 붙일 것인즉 그가 취할 것이니라"(28) 하십니다. 능력이 모자라서 탈취 당하는 것이 아니라 하나님께서 그들의 손에 붙이셨기 때문이라는 것입니다. 왜냐하면,

① "이는 이스라엘 자손과 유다 자손이 예로부터(30), 이 성이 건설된 날부터 오늘까지(31), 내 목전에 악만 행하였음이라"(30중) 하십니

다.

② 그 결정적인 악이 "바알에게 분향하며 다른 신들에게 전제를 드려 나를 격노케 하고(29), 그 손으로 만든 것(우상)을 가지고 나를 격노케 한 것뿐이니라"(30하) 하고 우상숭배였음을 지적하십니다. 저들이 멸망당할 수밖에 없었던 결정적인 악은 우상숭배의 죄였던 것입니다. 그리고 우상숭배란 구속사의 맥락에서 바라볼 때에 하나님은 물론 "하늘에 있는 자들과 땅에 있는 자들과 땅 아래 있는 자들로 모든 무릎을 예수의 이름에 꿇게 하시고 모든 입으로 예수 그리스도를 주라 시인하여 하나님 아버지께 영광을 돌리게 하시려는"(빌 2:10-11) 구주를 배척한 죄임을 명심해야만 하는 것입니다. 그들은 메시아언약 앞에 무릎을 꿇은 것이 아니라 다른 신(우상) 앞에 무릎을 꿇었던 것입니다.

③ 누구들이 이렇게 하므로 하나님의 노를 "격노(29)케 하고, 격발케 하고(31), 격동"(32)시켰느냐 하면 "왕들과 그 방백들과 그 제사장들과 그 선지자들과 유다 사람들과 예루살렘 거민들이 다 그러하였느니라"(32)고 지적하십니다.

그러나 여호와가 이같이 말하노라

36-44은 "그러나, 이 성에 대하여 이같이 말하노라"(36)하고 그럼에도 불구하고 하나님께서 이렇게 해주시겠다는 말씀입니다. 이 대목에는 "내가"라는 말이 5번이나 강조되어 있습니다.

④ "보라 내가 노와 분과 큰 분노로 그들을 쫓아 보내었던 모든 지방에서 그들을 모아내어 〈이 곳으로 다시 인도하여〉 안전히 거하게 할 것이라"(37). 하십니다.

⑤ 돌아오게 하겠다 고만 말씀하시는 것이 아닙니다. "나 여호와가 말하노라 내가 이 백성에게 이 큰 재앙을 내린 것같이 허락한 모든 복

을 그들에게 내리리라"(42) 하십니다. 40-42에는 ㉠ "내가 그들에게 〈복〉을 주기 위하여 그들을 떠나지 아니하리라(40상), ㉡ 내가 기쁨으로 그들에게 〈복〉을 주되(41상), ㉢ 허락한 모든 〈복〉을 그들에게 내리리라"(42하) 하고 "복"주실 것을 강조하고 있습니다. "허락한 모든 복"이라고 말씀하심을 명심하십시오. 하나님께서 허락한 궁극적인 복이 무엇인가? 성경은 말씀합니다. "아브라함에게 이르시기를 땅 위의 모든 족속이 너의 씨를 인하여 복을 받으리라(허락) 하셨으니 하나님이 그 종을 세워 복 주시려고 너희에게 먼저 보내사(그리스도를) 너희로 하여금 그 악함을 버리게 하셨느니라"(행 3:25-26). 그리스도! 그 분이 "허락하신 모든 복"인 것입니다.

⑥ "영영한 언약을 그들에게 세우고"(40중)하신 "새 언약"은 "모든 복"입니다.

⑦ "내가 기쁨으로 그들에게 복을 주되 정녕히 나의 마음과 정신을 다하여 그들을 〈이 땅에 심으리라〉"고 말씀하십니다. 시편 기자는 출애굽 사건을 "주께서 한 포도나무를 애굽에서 가져다가 열방을 쫓아내시고 이를 심으셨나이다"(시 80:8) 하고 묘사했습니다. 이제 하나님은 또다시 그들을 바벨론에서 가져다가 "이 땅에 심으리라"고 말씀하는 것입니다. 왜 이렇게 하시는가? "내가 다윗에게 한 의로운 가지가 나게 하리니"(23:5, 33:15) 하신 싹, 즉 그리스도를 "이 땅"에서 나게 하시기 위해서입니다. 이를 보증하는 의미에서 예레미야에게 망해 가는 조국의 땅을 사라고 명하셨던 것입니다.

⑧ 그러므로 예레미야 뿐만이 아니라 "너희가 말하기를 황폐하여 사람이나 짐승이 없으며 갈대아인의 손에 붙인 바 되었다 하는 이 땅에서 사람들이 밭을"(43) 사게 되리라고 말씀합니다. 밭을 사게 되는 까닭은 "이는 내가 그들의 포로로 돌아오게 함이니라 여호와의 말이니라"(44) 하십니다. 포로를 돌아오게 하실 것을 얼마나 강력하게 역설하고 계십

니까? 그렇다면 돌아오게 하시는 목적이 어디에 있을까요?

⑨ 여기 핵심적인 말씀이 등장하는 데, "그들은 내 백성이 되겠고 나는 그들의 하나님이 될 것이며"(38) 하십니다. 포로에서 돌아오게 해주시고, 새 언약을 세워주시고, 허락한 모든 복을 주시는 궁극적인 목적이 여기에 있는 것입니다. 이것이 하나님의 나라건설인 것입니다.

33장

일을 행하는 여호와, 그것을 지어 성취하는 여호와

[14-15]나 여호와가 말하노라 보라 내가 이스라엘 집과 유다 집에 대하여 이른 선한 말을 성취할 날이 이르리라 그 날 그 때에 내가 다윗에게 한 의로운 가지가 나게 하리니 그가 이 땅에 공평과 정의를 실행할 것이라.

33장도 계속되는 회복에 관한 약속인데, 이스라엘이 지금은 멸망당하나 "그러나"(6상) 하나님께서 회복하실 것을 말씀하는 내용입니다. 언제나 멸망당하게 되는 원인은 인간의 책임(죄책) 때문이지만, 회복하심은 신구약을 막론하고 "내가 하리라" 하신 하나님의 주권적인 은혜의 행사인 것입니다. 그러므로 본 장에서 하나님은 "일을 행하는 여호와, 그것을 지어 성취하는 여호와"(2)로 계시되어 있습니다. 성취하시는 하나님께서는 "선한 말을 성취할 날이 이르리라"(14) 하십니다. 성취하실 선한 말(언약)이란 "그 날 그 때에 내가 다윗에게 한 의로운 가지가 나게 하리니"(15) 하신 메시아 언약입니다. 본 장은 이 핵심적인 메시아 예언을 중심으로 해석되어야만 그 뜻을 바르게 깨달을 수가 있는 것입니다. 이를 세 단원으로 나누어 상고하겠습니다.

첫째 단원(1-3) **일을 행하는 여호와**

둘째 단원(5-13) **치료하며 낫게 하리라**

셋째 단원(14-26) **다윗에게 의로운 가지가 나게 하리라**

첫째 단원(1-3) 일을 행하는 여호와

"예레미야가 아직 시위대 뜰에 갇혔을 때에 여호와의 말씀이 그에게 다시 임하니라 가라사대 일을 행하는 여호와, 그것을 지어 성취하는 여호와, 그 이름을 여호와라 하는 자가 이같이 이르노라"(1-2).

여기 중요한 계시가 나옵니다. 하나님께서는 자신을,

① 일을 행하는 여호와,

② 그것을 지어(계획하여),

③ 성취하는 여호와라고 말씀하십니다. 이 계시는 하나님의 도성은 멸망에 직면해있고, 하나님의 백성들은 포로로 끌려갈 처지에 놓여있으며, 하나님의 성전은 불에 탈 절망적인 때에 임한 계시인 것입니다.

㉠ 우리가 믿는 하나님은 "일을 행하는 여호와"이십니다. 창세기 2:3에서는 "하나님이 일곱째 날을 복 주사 거룩하게 하셨으니 이는 하나님이 그 창조하시며 만드시던 모든 일을 마치시고 이 날에 안식하셨음이더라"고 말씀했는데, 어찌하여 "일을 행하는 여호와"라고 말씀하시게 되었는가? 주님은 안식일에 일한다고 비난하는 자들을 향하여 "아버지께서 이제까지 일하시니 나도 일한다"(요 5:17)고 대답하십니다. 이점

에서 "성부와 성자"께서 이제까지 하고 계시는 일이 무엇인가가 확연히 드러납니다. 그것은 재창조 곧 구속의 역사인 것입니다.

㉡ 다윗이 하나님의 성전을 지으려는 소원을 말씀드리자 하나님께서는 "내가 이스라엘 자손을 애굽에서 인도하여 내던 날부터 오늘날까지 집에 거하지 아니하고 장막과 회막에 거하며 행하였나니"(삼하 7:6) 하셨습니다. 집에 거하지 않고 장막에 거하였다고 말씀합니다. 집은 고정된 것이나 장막은 이동하기에 간편한 것입니다. 하나님은 영적 싸움을 하는 중에 후방 궁궐에 거하시는 것이 아니라 전방 천막에 거하시는 야전군 사령관으로 계시하십니다. "네가 나를 위하여 나의 거할 집을 건축하겠느냐?, 여호와가 너를 위하여 집을 이루겠다"(삼하 7:5, 11)고 말씀하십니다. 이것이 "다윗에게 한 의로운 가지가 나게 하리니"(15) 하신 다윗 언약입니다. 일을 행하는 여호와는 다름이 아닌 이 언약을 이루어나가고 계시는 것입니다.

㉢ "그것을 지어" 하십니다. 이는 인류구원에 대한 계획을 세우셨음을 뜻합니다. 바울 사도는 이를 가리켜 "영원부터 만물을 창조하신 하나님 속에 감취었던 비밀의 경륜"(엡 3:9)이라고 말씀합니다. 경륜(經綸)이란 일을 계획하고 조직적으로 추진해나가는 것을 말합니다. 이 경륜은 "오직 비밀한 가운데 있는 하나님의 지혜를 말하는 것이니 곧 감취었던 것인데 하나님이 우리의 영광을 위하사 만세 전에 미리 정하신 것이라"(고전 2:7)고 말씀합니다. 그러므로 하나님께서는 "크고 비밀한 일을 네게 보이리라"(3)고 말씀하셨던 것입니다.

㉣ "성취하는 여호와"라고 말씀합니다. 하나님은 계획하신 역사를 중단한다던가 미완성에 끝이는 그런 하나님이 아니십니다. 이사야 선지자를 통하여 "이는 한 아기가 우리에게 났고 한 아들을 우리에게 주신 바 되었는데, 또 다윗의 위에 앉아서 그 나라를 굳게 세우고 자금 이후 영원토록 공평과 정의로 그것을 보존하실 것이라 만군의 〈여호와의 열

심〉이 이를 이루시리라"(사 9:6-7) 하고 말씀합니다. "내가 행하리니 누가 막으리요"(사 43:13) 하십니다. 그렇습니다. "그런즉 이 일에 대하여 우리가 무슨 말하리요 만일 하나님이 우리를 위하시면 누가 우리를 대적하리요"(롬 8:31) 하고 담대히 말할 수가 있는 것입니다.

성도들의 믿음의 담력은 "그것을 지어 성취하는 여호와"를 의뢰하고 의탁하는데 있습니다. 바울 사도는 로마 옥중에서도 "너희 속에 착한 일을 시작하신 이가 그리스도 예수의 날까지 이루실 줄을 우리가 확신하노라"(빌 1:6)고 이를 확신했습니다. "너희를 부르신 이는 미쁘시니(믿을 만한 분) 그가 또한 이루시리라"(살전 5:24) 하고 격려하고 있습니다.

④ "너는 내게 부르짖으라"(3상) 하십니다. 하나님께서 "지어 성취" 하신다고 우리는 가만히 있어도 되는 것은 아닙니다. 구하라고 말씀하십니다. 하나님의 뜻대로 하는 기도란 하나님의 약속을 붙잡고 이루어 주시기를 구하는 것입니다. "나 여호와가 말하였으니 이루리라 나 주 여호와가 말하노라 그래도 이스라엘 족속이 이와 같이 자기들에게 이루어주기를 내게 구하여야 할지니라"(겔 36:36-37) 하십니다.

⑤ "크고 비밀한 일을 네게 보이리라"(3하) 하십니다. 이는 예레미야에게만 알려주겠다는 뜻이 아닙니다. "그것을 지어 성취하심"을 자기 백성들이 알기를 원하시는 하나님이십니다. 그래서 그 시대 시대마다 말씀의 사역자들을 세우시는 것입니다. 이점을 사도 바울은 "모든 성도 중에 지극히 작은 자보다 더 작은 나에게 이 은혜를 주신 것은 측량할 수 없는 그리스도의 풍성을 이방인에게 전하게 하시고 영원부터 만물을 창조하신 하나님 속에 감취었던 비밀의 경륜이 어떠한 것을 드러내게 하려 하심이라"(엡 3:8-9)고 말씀하고 있습니다. 설교자는 하나님께서 "그것을 지어 성취"해 오셨음을 드러내고, 성경을 들어 증명(행 17:3) 해줌으로 성도들의 믿음을 견고히 세워주고 하나님을 의뢰하고 의탁하

게 하기 위하여 세움을 입은 자인 것입니다.

둘째 단원(5-13) 치료하며 낫게 하리라

"그러나 보라 내가 이 성을 치료하며 고쳐 낫게 하고 평강과 성실함에 풍부함을 그들에게 나타낼 것이며"(6).

둘째 단원은 크게 두 부분(4-5, 6-13)으로 나누어집니다. 먼저 앞 부분입니다.

① "내가 나의 노와 분함으로"(5상) 라고 말씀합니다. 하나님께서 이처럼 "노와 분"함이 있으시게 된 것은 한마디로 그들이 선하신 하나님께 "배역하고(3:22) 반역"(11:9)했기 때문입니다. 그것이 우상숭배입니다.

② "그들을 죽이고 그 시체로 이 성에 채우게 하였나니"(5중) 합니다. 이것이 "죄의 삯은 사망이요"(롬 6:23) 한 반역의 종말입니다.

③ "나의 얼굴을 가리워 이 성을 돌아보지 아니하였음이니라"(5하) 하십니다. "얼굴을 가리웠다"는 이 묘사가 중요합니다. 이점을 이사야 선지자를 통해서는 "여호와의 손이 짧아 구원치 못하심도 아니요 귀가 둔하여 듣지 못하심도 아니라 오직 너희 죄악이 너희와 너희 하나님 사이를 내었고 너희 죄가 그 얼굴을 가리워서 너희를 듣지 않으시게 함이니"(사 59:1-2) 합니다. 하나님의 얼굴을 가리우심은 당시만이 아니라 구약시대 내내 그러했던 것입니다. 그것을 단적으로 말해주는 것이 지성소를 가로막고 있는 휘장입니다. 그리고 유대인들만이 아니라 인류 전체에게 하나님의 얼굴을 가리우심이 성막 계시의 휘장으로 나타난 것입니다. 이것이 인간행위의 결국임을 명심해야만 합니다. 인간중심으로 보면 그것은 암흑, 절망인 것입니다.

즐거워하는 소리, 기뻐하는 소리

① 둘째 부분은 "그러나"(6상) 하고 시작됩니다. 32:36에서도 "그러나" 하고 말씀한 바 있습니다. "그러나"란 이제까지 말한 것을 단 번에 뒤집는 의미가 있습니다. 즉 인간중심으로 보지 않고 하나님중심으로 보겠다는 것입니다. 그러므로 앞 부분에서는 "그들"이라고 말씀하였으나 뒷 부분에서는 "내가, 내가" 하고 말씀하시는 것입니다. 이는 인간의 행위가 아니라 하나님께서 주권적으로 행하시는 은혜인 것입니다.

바울 사도는 죄론을 "그러므로 율법의 행위로 그의 앞에 의롭다 하심을 얻을 육체가 없나니" 하고 결론을 맺고는 (그러나) 이제는(but now) 하고 "율법 외에 하나님의 한 의가 나타났으니"(롬 3:20-21) 하고 이제까지 말한 인간행위를 뒤집고, 하나님께서 이루어주신 복음이 나타났음을 증거하고 있습니다. 그리스도인들이란 어떠한 경우에서라도 "그러나"를 외칠 수 있는 자들인 것입니다. 여기에 광명이 있고, 소망이 있습니다.

② "그러나 보라 내가 이 성을 치료하고 고쳐 낫게"(6중) 하겠다고 말씀합니다. 30:17에서도 "내가 너를 치료하여 네 상처를 낫게 하리라" 말씀하셨습니다.

③ "내가 유다의 포로와 이스라엘의 포로를 돌아오게"(7) 하겠다고 말씀하십니다.

④ 그냥 돌아오게 만 하시는 것이 아닙니다. "내가 그들을 내게 범한 그 모든 죄악에서 정하게 하며 그들의 내게 범하며 행한 모든 죄악을 사할 것이라"(8) 하십니다. 이런 말씀을 교훈적으로만 본다면 일상적인 말씀처럼 들릴 수가 있습니다 만, 구속사의 관점으로 바라볼 때에 예사 말씀이 아님을 깨닫게 됩니다. 왜냐하면 율법(구약시대)으로는 죄를 정할 뿐, 사할 길이 없기 때문입니다. 31:34을 보십시오. "내가 그들의 죄

악을 사하고 다시는 그 죄를 기억지 아니하리라"는 말씀이 새 언약과 결부되어 있음을 보게 될 것입니다. 그러므로 성경은 "이를 인하여 그는 새 언약의 중보니 이는 첫 언약 때(구약시대)에 범한 죄를 속하려고 죽으사"(히 9:15) 하고, 그리스도께서 구약의 성도들의 죄까지를 담당하여 죽으셨음을 말씀합니다. "일을 행하는 여호와, 그것을 지어 성취하는 여호와"께서는 다름 아닌 이를 이루어 나가고 계시는 중인 것입니다.

⑤ "이 성읍이 세계 열방 앞에서 내게 기쁜 이름이 될 것이며 찬송과 영광이 될 것이요"(9상) 하십니다. 이는 신약시대에 있을 시온 성과 같은 교회를 전망하는 말씀인 것입니다.

⑥ "그들(열방)은 나의 이 백성에게 베푼 모든 복을 들을 것이요"(9하) 하십니다. 이는 복음이 이방인들에게까지 전파될 것을 가리킵니다.

⑦ 그러므로 "유다 성읍들과 예루살렘 거리에서 즐거워하는 소리, 기뻐하는 소리, 신랑의 소리, 신부의 소리와 및 만군의 여호와께 감사하라, 여호와는 선하시니 그 인자하심이 영원하다 하는 소리와 여호와의 집에 감사제를 드리는 자들의 소리가 다시 들리리니"(10-11) 하십니다. 이는 복음이지 의문이 아닙니다. 어찌하여 이토록 즐거워하며 기뻐하는 것일까요?

⑧ "이는 내가 이 땅의 포로로 돌아와서 처음과 같이 되게 할 것임이니라"(11하) 하고 포로귀환(30:3, 18, 31:8, 16, 32:37, 44, 33:7)의 결과임을 말씀하십니다. 이것이 일차적으로는 바벨론 포로의 귀환을 가리킨다하여도 "일을 행하는 여호와"께서는 이를 예표(豫表)로 하여 "여호와께서 내게 기름을 부으사 가난한 자에게 아름다운 소식을 전하게 하려 하심이라 나를 보내사 마음 상한 자를 고치며 포로 된 자에게 자유를, 갇힌 자에게 놓임을 전파하며 여호와의 은혜의 해와 우리 하나님의 신원의 날을 전파하여 모든 슬픈 자를 위로하되 무릇 시온에서 슬퍼하는 자에게 화관을 주어 그 재를 대신하며 희락의 기름으로 그 슬픔을

대신하며 찬송의 옷으로 그 근심을 대신"(사 61:1-3)하게 하시려는 이를 이루려하시는 것입니다. 주님은 나사렛 회당에서 이렇게 기록한 데를 찾아 읽으시고 "이 글이 오늘날 너희 귀에 응하였느니라"(눅 4:16-21)고 선언하셨던 것입니다.

셋째 단원(14-26) 다윗에게 의로운 가지가 나게 하리라

"나 여호와가 말하노라 보라 내가 이스라엘 집과 유다 집에 대하여 이른 선한 말을 성취할 날이 이르리라 그 날 그 때에 내가 다윗에게 한 의로운 가지가 나게 하리니 그가 이 땅에 공평과 정의를 실행할 것이라"(14-15).

본 단원도 크게 두 부분(14-18, 19-26)으로 나누어집니다. 앞 부분에서는 "다윗에게 한 의로운 가지가 나게" 하시겠다는 말씀이고, 뒷 부분은 이 약속의 불변함을 천지의 규례가 변함이 없음에 비하여 보증하시는 내용입니다. 여기가 33장의 핵심입니다. 그러므로 본 장은 이를 중심으로 해석되어야만 합니다. 다시 상기시켜드립니다 만, 하나님께서는 예레미야서의 중심적인 말씀을 어찌하여 이 시점, 이러한 상황에서 말씀하고 계시는가? 하나님께서는 이스라엘의 절망적인 상황을 통해서 인류가 처해있는 절망을 보게 하시고, 이들에게 복음을 계시하기 위해서인 것입니다.

① "선한 말을 성취할 날이 이르리라"(14) 하십니다. 2절에서 "성취하는 하나님"으로 자기를 계시하신 하나님은 "성취할 날이 이르리라" 말씀하십니다. 우리가 믿는 하나님은 "그것을 지어 성취하는 여호와"이십니다. 무엇을 성취하시는가?

② "그 날 그 때에 내가 다윗에게 한 의로운 가지가 나게 하리

니"(15) 하십니다. 이는 일찍이 다윗에게 세워주신 언약(삼하 7:12)이었던 것입니다. 그러므로 성경에는 이 약속이 풍부합니다. 23:5에서 "나 여호와가 말하노라 보라 때가 이르리니 내가 다윗에게 한 의로운 가지를 일으킬 것이라" 하고 이미 말씀하셨습니다. 이사야 선지자를 통해서도 "이새의 줄기에서 한 싹이 나며 그 뿌리에서 한 가지가 나서 결실할 것이요"(사 11:1) 하십니다.

③ "그 날에 유다가 구원을 얻겠고 예루살렘이 안전히 거할 것이며 그 성은 여호와 우리의 의라 일컬음을 입으리라"(16) 하십니다. 16-18에서는 일으키실 다윗의 자손이 우리를 구원하실 "구주"요(16), 다윗의 위에 앉으실 "왕"(17)이요, 영원한 "제사장"(18)이심을 말씀합니다.

하나님의 보증

"나 여호와가 이같이 말하노라 너희가 능히 낮에 대한 나의 약정과 밤에 대한 나의 약정을 파하여 주야로 그 때를 잃게 하 수 있을진대"(20),

① "내 종 다윗에게 세운 나의 언약도 파하여 그로 그 위에 앉아 다스릴 아들이 없게 할 수 있겠으며 내가 나를 섬기는 레위인 제사장에게 세운 언약도 파할 수 있으리라"(21) 하십니다. 이런 뜻입니다. "낮에 대한 나의 약정과 밤에 대한 나의 약정"(낮이 가면 밤이 오는)을 파할 수 있다면 하나님의 언약도 파할 수가 있을 것이라는 말씀입니다. 이는 언약의 불변함과 확고함을 보증하는 말씀인 것입니다.

② 이점을 시편에서는 "내가 나의 거룩함으로 한번 맹세하였은즉 다윗에게 거짓을 아니할 것이라"(시 89:35) 하고 말씀합니다.

③ 신약성경 히브리서에서는 하나님의 "약속과 보증"을 가리켜 "이는 하나님이 거짓말을 하실 수 없는 이 두 가지 변치 못할 사실"(히

6:18)이라고 말씀합니다.

④ 이사야 선지자를 통해서는 "너희는 귀를 기울이고 내게 나아와 들으라 그리하면 너희 영혼이 살리라 내가 너희에게 영원한 언약을 세우리니 곧 다윗에게 허락한 확실한 은혜니라"(사 55:3) 하고 보증하십니다. 그래도 부족합니까?

이처럼 약속하시고 예언하신 그리스도가 오셨는데 도 믿지를 안는다면 증거가 부족해서가 아닙니다. "다만 네 고집과 회개치 아니한 마음"(롬 2:5) 때문입니다. 만일 교회 안에 있는 성도들이, 그리고 교회 밖의 모든 자들이, 이 확실한 복음을 전해주는 자가 없어서 듣지를 못하고, 모르기 때문에 믿지를 못하고, 그래서 멸망하게 된다면, 하나님은 그 피값을 말씀을 맡은 자에게서 찾겠다고 말씀합니다. 그리고 우리는 거짓 선지자의 율에 처하여질 것입니다.

34장

언약을 경히 여기는 자의 받을 형벌

[18]송아지를 둘로 쪼개고 그 두 사이로 지나서 내 앞에 언약을 세우고 그 말을 실행치 아니하여 내 언약을 범한 너희를.

34장의 중심주제는 하나님 앞에서 세운 언약을 경히 여기고 헌 신발짝같이 버리는 자가 받을 형벌에 대한 경고입니다. 이를 말씀함은 30-33장을 통해서 하나님이 세워주신 영원불변의 언약과 인간의 거짓됨을 대비시켜 보여주기 위해서입니다. 그러므로 본 장의 핵심 단어는 "언약"입니다. 모두 7번(8, 9, 10, 13, 15, 18, 18)이나 나옵니다. 이런 뜻에서 본 장은 꼭 놓여야할 위치에 있는 것입니다. 왜냐하면 앞에는 하나님의 언약은 천지는 변할지라도 변함이 없이 이루어질 것임을 말씀하고 있고, 뒤에는 이방인 레갑 자손들이 선조가 한 번 한 명을 자자손손 지키고 있는 그 사이에 놓여있기 때문입니다.

그런데 유독 하나님의 선민 유다인들 만이 언약을 경히 여기고 있다는 말이 됩니다. 예루살렘의 비극은 다름 아닌 하나님의 언약을 경히 여긴 결과인 것입니다. 그러므로 34-35장은 하나님의 언약에 신실하지 못한 현대교회에 커다란 경종이 될 것입니다. 이를 두 단원으로 나누어 상고하겠습니다.

첫째 단원(1-6) **시드기야에 대한 예언**
둘째 단원(7-22) **뜻이 변하여 언약을 범함**

첫째 단원(1-6) **시드기야에 대한 예언**

"이스라엘의 하나님 나 여호와가 이같이 말하노라 너는 가서 유다 왕 시드기야에게 고하여 이르기를 여호와의 말씀에 보라 내가 이 성을 바벨론 왕의 손에 붙이리니 그가 이 성을 불사를 것이라"(2).

"그 날 그 때"(33:15)에 성취하여주실 메시아 언약은 잠정(暫定)하고, 이제 인간 배역의 현실로 돌아와 "너는 가서 유다 왕 시드기야에게 고하라" 하십니다.

① "이 성을 바벨론 왕의 손에 붙이리니"(2),

② "네가 그 손에서 벗어나지 못하고 반드시 사로잡혀 그 손에 붙임을 입고"(3),

③ "그러나, 칼에 죽지 아니하고 평안히 죽을 것이며"(5) 하고 예언합니다. 시드기야에 대한 이러한 예언은 이미 32:3에서 하신 바 있습니다. 그런데 또다시 반복하고 있는 의도가 무엇일까요? 그것을 다음 단원에서 깨달을 수가 있습니다.

둘째 단원(7-22) 뜻이 변하여 언약을 범함

"시드기야 왕이 예루살렘에 있는 모든 백성과 언약하고 자유를 선언한 후에 여호와께로서 말씀이 예레미야에게 임하니라"(8).

① 때는 "바벨론 왕의 군대가 예루살렘과 유다의 남은 모든 성을"(7) 치는 시점의 일입니다.

② "시드기야 왕이 예루살렘에 있는 모든 백성과 언약하고 자유를 선언했다"(8)고 말씀합니다. ㉠ "언약하고 자유를 선언"(8)했다는 "그 언약은 곧 사람으로 각기 히브리 남녀 노비를 놓아 자유케 하고 그 동족 유다인으로 종을 삼지 못하게 한 것이라"(9)고 설명하고 있습니다. 이는 일종의 회개운동이라 할 수가 있습니다. ㉡ 그들이 이렇게 한 것은 "이스라엘의 하나님 나 여호와가 이같이 말하노라 내가 너희 선조를 애굽 땅 종 되었던 집에서 인도하여 낼 때에 그들과 언약을 세워 이르기를 너희 형제 히브리 사람이 네게 팔렸거든 칠 년 만에 너희는 각기 놓으라 그가 육 년을 너를 섬겼은즉 그를 놓아 자유케 할지니라"(13-14, 출 21:1-2) 하신 말씀에 따른 것이었습니다. 그러니까 그들은 위기 상황에서 하나님의 명을 실천에 옮긴 것이 됩니다.

㉢ 하나님께서 명하신 종에 대한 규례를 예사로 볼 것이 아니라 "종과, 자유"(10)라는 말을 주목해야만 합니다. 하나님께서 이런 율례를 말씀하신 의도는 이것이 바로 구속사역의 그림자가 되기 때문이었습니다. 진심 여부는 나중으로 하고, 시드기야 왕이 종을 해방시켜 자유케 한 것은 메시아의 예표로서 순 기능적으로 행한 것입니다.

③ 그런데 예루살렘 성을 포위했던 바벨론 군대가 애굽의 원군이 온다는 말을 듣고는 떠나가자(21) "그들의 뜻이 변하여 자유케 하였던 노비를 끌어다가 다시 복종시켜 노비를 삼았더라"(11) 합니다. 이런 행위는 차라리 ㉠ 언약하지 아니함보다도 못한 것이요, ㉡ "자유를 선언"하

지 않음보다 더 악한 일이었던 것입니다. 왜냐하면,

④ 하나님께서 이루시는 구속사역에 대한 반역의 의미가 있기 때문입니다. "칠 년 만에 너희는 각기 놓으라"(14중) 하심은 "안식년"의 정신을 통하여 하나님께서 이루어나가시는 구속사역을 계시함이었거늘 그들은 하나님의 뜻을 무시하고 말았던 것입니다. "종을 자유케 함"이 메시아의 사역이라면 자유케 했던 노비를 끌어다가 다시 복종시킴은 사탄이 하는 일이었던 것입니다.

⑤ 그 때 여호와의 말씀이 임한 것입니다. "내 목전에 정당히 행하여 각기 이웃에게 자유를 선언하되 내 이름으로 일컬음을 받는 집에서 내 앞에서 언약을 세웠거늘 너희가 뜻을 변하여 내 이름을 더럽히고 각기 놓아 그들의 마음대로 자유케 하였던 노비를 끌어다가 다시 너희에게 복종시켜서 너희 노비를 삼았도다"(15-16) 하고 책망하십니다. 그들은 ㉠ 하나님의 언약을 경히 여겼습니다. ㉡ 경히 여긴 것은 그들만이 아니라 "너희 선조가 나를 듣지 아니하며 귀를 기울이지도 아니하였느니라"(14하) 하십니다. 그러니까 거짓 된 인간은 언제나 하나님의 언약에 성실하지 않은 것입니다. ㉢ 하나님의 이름을 더럽혔다고 말씀합니다.

⑥ 그들은 언약을 세울 때에 "송아지를 둘에 쪼개고 그 두 사이로 지나서 내 앞에 언약을 세웠다"(18)고 말씀하고 있는데 이는 고대 근동지방에 있었던 언약식이었던 것입니다. 만일 어느 일방이 위약을 하면 쪼개도 좋다는 그런 맹세가 내포되어 있는 것입니다. 그러니까 그들은 언약의 피를 짓밟은 셈입니다.

⑦ 그러므로 "쪼갠 송아지 사이로 지난 유다 방백들과 예루살렘 방백들과 환관들과 제사장들과 이 땅 모든 백성을 내가 너희 원수의 손과 너희 생명을 찾는 자의 손에 붙이리니"(19-20) 하십니다. 물러갔던 바벨론 군대를 "내가 그들에게 명하여 이 성에 다시 오게 하리니 그들이 이 성을 쳐서 취하여 불사를 것이라"(22) 하십니다.

⑧ 시드기야의 종말을 다시 예언케 하심은 이러한 배경에서 주어진 것입니다. 그러니까 예루살렘이 멸망당하게 된 원인이 "언약 파기"한 죄임을 드러내기 위해서인 것입니다. 지금까지는 결정적인 죄가 우상숭배임을 누누이 말씀하셨습니다. 그런데 우상숭배가 바로 언약을 파한 죄였던 것입니다. 그리고 하나님께서 인간에게 세워주신 언약의 핵심은 메시아언약임을 기억해야만 합니다. 신구약을 막론하고 언약을 파한 종말은 멸망이 있을 뿐입니다. 성경은 말씀합니다. "하물며 하나님 아들을 밟고 자기를 거룩하게 한 언약의 피를 부정한 것으로 여기고 은혜의 성령을 욕되게 하는 자의 당연히 받을 형벌이 얼마나 더 중하겠느냐 너희는 생각하라"(히 10:29).

⑨ 이점에서 창세기 15:17을 상기하지 않을 수가 없습니다. "해사 져서 어둘 때에 연기 나는 풀무가 보이며 타는 횃불이 쪼갠 고기 사이로 지나더라" 합니다. 아브라함이 "내가 이 땅으로 업을 삼을 줄을 무엇으로 알리이까" 하고 하나님에게 어떤 보증을 요구하자 하나님께서는 언약식을 치러주셨는데 쪼갠 고기 사이로 지난 것은 "횃불"(여호와의 임재의 상징) 뿐이었습니다. 그것은 하나님의 일방적인 언약이었습니다. 만일 내가 네게 세운 언약을 지키지 않는다면 나를 쪼개도 좋다는 자신을 담보로 하신 언약이었던 것입니다.

형제여, 하나님은 죄인들에게 세워주신 언약을 이토록 신실하게 지켜주시는데, 우리는 하나님의 언약에 대하여 얼마나 성실하게 응답하고 있습니까? 하나님을 믿는다는 것은 하나님의 언약을 믿는다는 뜻이기도 합니다. 언약을 믿지 못한다는 것은 언약을 세워준 장본인을 믿지 못하는 것이기 때문입니다. 그러므로 진정으로 언약을 믿는 자는 굳이 표적을 구하지 않습니다. 축복을 구하지 않습니다. 왜냐하면 "하늘에 속한 모든 신령한 복"(엡 1:3)이 그 안에 다 들었기 때문입니다. 그러므로 언약만으로 족한 것입니다. 악하고 음란한 세대가 표적을 구하는 법입니다. 그런데 우리들은 어떠합니까? 성경은 말씀합니다. "그러나 저희가 입으로 그에게 아첨하며 자기 혀로 그에게 거짓을 말하였으니 이는 하나님께 향하는 저희 마음이 정함이 없으며 그의 언약에 성실치 아니하였음이로다"(시 78:36-37).

35장

실행되지 않는 여호와의 말씀

[14]레갑의 아들 요나답이 그 자손에게 포도주를 마시지 말라 한 그 명령은 실행되도다 그들은 그 선조의 명령을 순종하여 오늘까지 마시지 아니하거늘 내가 너희에게 말하고 부지런히 말하여도 너희는 나를 듣지 아니하도다.

35장은 이방인들인 레갑 족속들이 조상이 남긴 유훈(遺訓)을 수 백 년이 지나도록 충실하게 지켜 내려오고 있는 충절(忠節)을 들어서, 조상 대대로 불순종하는 선민 유대인을 책망하시는 내용입니다. 그 결과로 징벌의 불가피성을 말씀합니다. 본문을 상고하면서 이렇게 말씀하실 수밖에 없는 하나님의 마음은 어떠하셨을까? 하나님께 향하는 인간의 마음은 이토록 거짓된 것일까? 하는 착잡한 마음을 금할 길이 없습니다. 이를 두 단원으로 나누어 상고하겠습니다.

첫째 단원(1-11) **요나답의 명은 실행되도다**

둘째 단원(12-19) **이 백성은 나를 듣지 아니하도다**

첫째 단원(1-11) 요나답의 명은 실행되도다

"너는 레갑 족속에게 가서 그들에게 말하고 그들을 여호와의 집 한 방으로 데려다가 포도주를 마시우라"(2).

하나님께서 예레미야에게 이렇게 지시하신 때는 "여호야김 때" (1)라고 밝히고 있습니다. 32-34장의 말씀은 시드기야 왕 때를 배경으로 하고 있는데, 여호야김 시대로 소급해 올라간 것입니다. 이는 예레미야서가 연대(年代) 순서를 따르고 있는 것이 아니라 주제별로 편집되었음을 나타내고 있습니다. 레갑 자손들이 조상의 유훈을 충실히 준행하는 내용이 여기에 놓이게 된 것은, 이와는 대조적으로 하나님의 자손들인 시드기야 왕과 백성들의 불순종을 고발하기 위해서인 것입니다.

① "레갑 족속"은 역대상 2:55에 의하면 "레갑의 집 조상 함맛에게서 나온 겐 족속"임을 밝혀주고 있습니다. 그러니까 그들의 뿌리는 모세의 장인(삿 1:16)으로 이것이 인연이 되어서 이스라엘 중에 거하게 된 것입니다.

② 그런데 그 선조 요나답이 "너희와 너희 자손은 영영히 포도주를 마시지 말라"(6) 하고 유훈(遺訓)을 했습니다. 그 자손들은 이 조상의 명한 바를 약 250년(참고, 왕하 10:15)이 지나도록 자손(子孫) 대대로 지켜 내려오고 있었던 것입니다. 하나님께서는 이들을 들어서 조상 때부터 오늘까지 자손 대대로 하나님의 명을 불순종하고 있는 하나님의 백성들을 책망하시려는 것입니다.

③ 이런 의도로 예레미야에게 그들을 여호와의 집 한 방으로 초청하여 "포도주를 마시우라" 하고 명하셨던 것입니다.

④ "내가 레갑 족속 사람들 앞에 포도주가 가득한 사발과 잔을 놓고 마시라 권하매 그들이 가로되 우리는 포도주를 마시지 아니하겠노라"(5-6) 하고 단호하게 거절하는 것이었습니다. 왜냐하면 "우리가 레갑의 아들 우리 선조 요나답의 우리에게 명한 모든 말을 순종하여 우리와 우리 아내와 자녀가 평생에 포도주를 마시지 아니"(8)하기 때문이라는 것이었습니다. 10절에서도 "우리 선조 요나답이 우리에게 명한 대로 다 준행하였노라"(10) 하고 말하고 있습니다. 레갑 족속과 결부해서는 "순종과 준행"(8, 10, 14, 16)이 핵심적인 말씀임을 유념하시기 바랍니다.

둘째 단원(12-19) **이 백성은 나를 듣지 아니하도다**

"때에 여호와의 말씀이 예레미야에게 임하여 가라사대 만군의 여호와 이스라엘의 하나님이 이같이 말하노라 너는 가서 유다 사람들과 예루살렘 거민에게 이르기를 여호와의 말씀에 너희가 내 말을 들으며 교훈을 받지 아니하겠느냐 레갑의 아들 요나답이 그 자손에게 포도주를 마시지 말라 한 그 명령은 실행되도다 그들은 그 선조의 명령을 순종하여 오늘까지 마시지 아니하거늘 내가 너희에게 말하고 부지런히 말하여도 너희는 나를 듣지 아니하도다"(12-14) 하십니다. 이 말씀 속에는 기가 막힐 의미가 담겨있습니다.

① 최우선적으로 생각해야할 점은 하나님의 마음입니다. "요나답이 그 자손에게 포도주를 마시지 말라 한 그 명령은 실행되도다 그들은 그 선조의 명령을 순종하여 오늘까지 마시지 아니하거늘"(14상), 그러나 "내가 너희에게 말하고 부지런히 말하여도 너희는 나를 듣지 아니하도다"(14하) 라고 말씀하시는 하나님의 심정이 어떠하시겠는가 하는 점

입니다.

② "만군의 여호와"(13상)라고 말씀합니다. 만군의 여호와의 말씀을 레갑의 아들 요나답의 의 말과 대조시켜 말씀하게 한다는 것부터가 불경스럽고 죄스러운 일입니다. 요나답의 이름은 명예스럽게 되고, 하나님의 이름은 모독을 받으시게 하고, 불명예스러움을 입으시게 하고 있는 것이 아닙니까? 누구들이 그렇게 했다는 것입니까?

③ "이스라엘의 하나님"(13상), 즉 하나님 백성 이스라엘이 그렇게 했다는 말씀입니다. 야곱의 자손들이 어떻게 해서 이스라엘이 되고, 하나님의 백성이 될 수가 있었는가를 우리는 알고 있습니다. 자손 대대로 바로의 종이었던 그들이 유월절 양의 피로 "구속"(출 6:6)함을 얻어 하나님의 백성이 되었습니다. 신약적으로 말한다면 자기 아들의 피로 구속하여 자녀를 삼으신 자기 백성들이 그토록 하나님께 불명예를 끼쳤다는 말입니다. 요나답의 명령은 실행이 되고 있는데 하나님의 명령은 실행되지 않고 있다는 말씀을 듣는 형제의 심정은 어떠합니까?

④ 요나답의 유훈은 단 한번 말한 것입니다. 그러나 하나님께서는 "너희에게 말하고 부지런히 말하여도 너희는 나를 듣지 아니하도다"(14하) 하십니다. "내 종 모든 선지자를 너희에게 보내고 부지런히 보내며"(15상) 일렀다고 말씀하십니다.

⑤ 요나답은 유훈하기를 "너희와 너희 자손은 영영히 포도주를 마시지 말며 집도 짓지 말며 파종도 하지 말며 포도원도 재배치 말며 두지도 말고 너희 평생에 장막에 거처하라"(6-7)고 명했다고 합니다. 이는 결코 지키기에 즐거운 일이 아닙니다.

⑥ 그러나 하나님께서는 "네가 건축하지 아니한 크고 아름다운 성읍을 얻게 하시며 네가 채우지 아니한 아름다운 물건이 가득한 집을 얻게 하시며 네가 파지 아니한 우물을 얻게 하시며 네가 심지 아니한 포도원과 감람나무를 얻게 하사 너로 배불리 먹게 하실"(신 6:10-11) 것이라

고 말씀하셨습니다.

⑦ 그럼에도 불구하고 요나답의 명령은 준행하나 "너희가 귀를 기울이지 아니하며 나를 듣지 아니하였느니라(15하), 이 백성은 나를 듣지 아니하도다"(16하) 하십니다. 레갑 자손들과 관련해서는 "그 명령은 실행되도다, 그 명령을 순종하여"가 강조되어 있음에 반하여, 하나님의 백성들과 관련해서는 "귀를 기울이지 아니하고, 듣지 아니함"이 강조되어 있음을 주목하시기 바랍니다.

⑧ 하나님이 무엇이라고 명하셨는가? "너희는 이제 각기 악한 길에서 돌이켜 행위를 고치고 다른 신을 좇아 그를 섬기지 말라 그리하면 너희가 너희 선조에게 준 이 땅에 거하리라"(15하)고 명하셨습니다. 이를 풀어 말하면 이런 뜻이 됩니다. "내가 너희에게 명한 제사제도를 통하여 그리스도를 대망하면서, 하나님의 자녀답게 살아가거라". 그러므로 하나님의 "노와 분을 격발"하게 한 죄가 다름이 아닌 우상숭배, 즉 메시아언약을 배반한 죄였던 것입니다.

⑥ 그러므로 레갑 족속에게는 "내 앞에 설 사람이 영영히 끊어지지 아니하리라"(19하) 하고 축복이 선언이 됨과 대조적으로, 유다와 예루살렘 모든 거민에게는 "그들에게 대하여 선포한 모든 재앙을 내리리니"(17) 하고 "재앙"이 선언되고 있습니다.

이 말씀을 받는 우리들의 결단은 무엇이어야만 합니까? 무슨 음식이 건강에 좋다고 하면 그것은 실행이 되고 있습니다. 의사가 그것은 몸에 해롭다고 말하면 그것은 실행이 되고 있습니다. 그런데 하나님께서 세우신 종들을 통하여 부지런히 명하시는 그 말씀은 과연 실행이 되고 있습니까? 자손 대대로 지켜 내려오고 있습니까?

36장

기록된 말씀

[2]너는 두루마리 책을 취하여 내가 네게 말하던 날 곧 요시야의 날부터 오늘까지 이스라엘과 유다와 열방에 대하여 나의 네게 이른 모든 말을 그것에 기록하라.

하나님은 예레미야 선지자에게 말씀을 기록하라고 명하십니다. "요시야의 날부터 오늘까지, 네게 이른 모든 말"이라고 하셨으니까 예레미야서 전체를 의미한다 하겠습니다. 지금까지는 구두로 전하게 하셨는데 기록하라고 명하시는 의도가 어디에 있는가?

36장도 35장처럼 말씀이 임한 시기와, 놓인 위치가 다른 장입니다. 임하기는 여호야김 때(1)이었으나 놓인 위치는 유다의 마지막 왕인 시드기야 때(34:2, 37:1)의 문맥인 것입니다. 왜 여기에 놓이게 된 것일까요? "유다 족속이 내가 그들에게 내리려 한 모든 재앙을 듣고 각기 악한 길에서 돌이킬 듯 하니라 그리하면 내가 그 악과 죄를 사하리라" 하신

3절이 이에 대한 빛을 비춰줍니다. 구두로 전하는 말을 듣고 저들은 돌이키지 않았습니다. 이제 저들이 한 귀로 듣고 다른 귀로 흘려버린 그 말씀을 기록하게 하셔서 "기록된 말씀"에 근거하여 돌이키라고 권면 하시려는 것입니다. 그렇게 하면 "돌이킬 듯 하니라" 하십니다. 이것은 하나님의 마지막 자비라고 말할 수가 있을 것입니다. 그렇다면 구두(口頭)로 선포한 말씀과 "기록된 말씀"의 차이가 무엇일까요? 이점을 세 단원으로 나누어 상고하겠습니다.

첫째 단원(1-10) **기록된 말씀을 백성 앞에서 낭독하다**

둘째 단원(11-26) **방백과 왕 앞에서 낭독하다**

셋째 단원(27-32) **불사른 말씀을 다시 기록하다**

첫째 단원(1-10) 기록된 말씀을 백성 앞에서 낭독하다

"이에 예레미야가 네리야의 아들 바룩을 부르매 바룩이 예레미야의 구전대로 여호와께서 그에게 이르신 모든 말씀을 두루마리 책에 기록하니라"(4).

이 기록된 말씀이 예레미야서라 말할 수가 있습니다. 어찌하여 이를 기록하게 하셨을까요?

① 시간과 공간을 초월하여 전하게 하기 위해서입니다. 이점이 다니엘 9:2에 나타납니다. "나 다니엘이 서책(書冊)으로 말미암아 여호와의 말씀이 선지자 예레미야에게 임하여 고하신 그 년 수를 깨달았나니 곧 예루살렘의 황무함이 70년 만에 마치리라 하신 것이라" 합니다. 다니엘은 포로로 끌려간 바벨론에서 기록 된 예레미야서를 통해서 하나님의 약속을 깨달았던 것입니다.

② 하나님의 예언이 성취되었음을 증명하기 위해서입니다. 같은 말이라도 구두로 전하는 것과 기록으로 남기는 것과는 훗날의 증거를 위해서는 큰 차이가 있는 것입니다. 이점이 에스겔 33:33에 나타납니다. "그 말이 응하리니 응할 때에는 그들이 한 선지자가 자기 가운데 있었던 줄을 알리라", "기록된 말씀이 응하리니 응할 때에는 하나님의 말씀이 참됨을 알 것이니라"는 뜻입니다.

③ 하나님의 말씀에 대한 최종적인 권위를 위해서입니다. 주님께서는 사탄의 세 가지 시험을 모두 "기록되었으되"(마 4:4, 7, 10) 하고 기록된 말씀으로 물리치셨습니다. 사탄까지도 "기록된 말씀" 앞에는 반박할 수가 없었던 것입니다. 그러므로 "기록되었으되"는 최종적인 권위인 것입니다.

④ "예레미야가 바룩을 명하여 가로되 나는 감금을 당한지라 여호와의 집에 들어갈 수 없은즉 너는 들어가서 나의 구전대로 두루마리에 기록한 여호와의 말씀을 금식일에 여호와의 집에 있는 백성의 귀에 낭독하고 유다 모든 성에서 온 자들의 귀에도 낭독하라"(5-6) 합니다. 기록된 말씀은 "낭독"이 되었습니다. 즉 선포된 것입니다. "낭독"이라는 말이 10번이나 나옵니다. "네리야의 아들 바룩이 무릇 선지자 예레미야의 자기에게 명한 대로하여 여호와의 집에서 책에 있는 여호와의 말씀을 낭독하니라"(8) 합니다.

㉠ 초대교회 때도 기록된 서신들이 교회 앞에서 낭독이 되었습니다. "이 편지를 너희에게서 읽은 후에 라오디게아인의 교회에서도 읽게 하고 또 라오디게아로서 오는 편지를 너희도 읽으라"(골 4:16) 하십니다. ㉡ "본문에서 은혜 받으시기 바랍니다" 하고 말합니다. 이는 옳은 말입니다. 말씀을 선포하는 최선의 방법은 기록된 말씀을 회중 앞에서 "낭독"하는 것이라는 깨달음입니다. 다만 듣는 것이 둔하므로 이를 해석하지 않을 수가 없는 것입니다. 그러나 명심해야할 점은 해석을 위임받은

자는 극도로 절제하여 하나님의 말씀을 "훼손하거나, 혼잡하게"(고후 2:17) 하지 않도록 조심해야한다는 점입니다. 오늘날은 순수한 하나님의 말씀에다 예화(例話)라는 조미료를 치고, 유명인의 말을 인용하는 분칠을 하고, 간증이라는 당의정을 입히고, 축복이라는 장식을 해서 전해질 때에는 원래의 말씀과는 전연 다른 의미로 변질되어 있지 아니한가 우려되는 것입니다.

⑥ 그렇다면 기록된 예레미야서가 강조하고 있는 점이 무엇일까요? 한마디로 그 내용은 하나님의 진노, 즉 심판에 대한 두려운 경고입니다. 긍정적인 말이 주를 이루고 있는 것이 아니라 부정적인 말이 주를 이루고 있었던 것입니다. 왜냐하면 전적타락, 전적부패한 인간에게 하는 말씀이기 때문입니다.

⑦ 바룩은 "금식일"(9)에 "그 책에 있는 예레미야의 말을 낭독하여 모든 백성에게 들리니라"(10) 합니다. 이 기록된 말씀을 낭독할 때에 어떤 반응이 나타나게 되는 가를 다음 단원에서 보게 될 것입니다.

둘째 단원(11-26) 방백과 왕 앞에서 낭독하다

"사반의 손자요 그마랴의 아들인 미가야가 그 책에 있는 여호와의 말씀을 다 듣고"(11).

어떻게 반응을 했습니까?

① "왕궁에 내려가서"(12상),

② "모든 방백이 거기 앉았는지라 미가야가 바룩의 백성의 귀에 책을 낭독할 때에 들은 모든 말로 그들에게 고하매"(12하-13) 합니다.

③ 바룩에게 사람을 보내어 "너는 백성의 귀에 낭독한 두루마리를 손에 가지고 오라"(14)고 합니다.

④ "그들이 바룩에게 이르되 앉아서 이를 우리 귀에 낭독하라 바룩이 그들(방백)의 귀에 낭독하매"(15),

⑤ "그들이 그 모든 말씀을 듣고 놀라 서로 보며 바룩에게 이르되 우리가 이 모든 말을 왕에게 고하리라"(16)고 말합니다.

⑥ 방백들의 말을 들고 "왕이 여후디를 보내어 두루마리를 가져오게 하매 여후디가 서기관 엘리사마의 방에서 가져다가 왕과 왕의 곁에 선 모든 방백의 귀에 낭독하니"(21). 전달 과정을 보면, 예레미야가 구전하여 기록된 말씀은 백성-방백-왕에게 전달되기에 이른 것입니다. 이것이 기록된 말씀(서책)의 유효성입니다. 낭독된 말씀 앞에 왕은 어떤 반응을 나타낼 것인가?

⑦ "때는 구월이라 왕이 겨울 궁전에 앉았고 그 앞에는 불피운 화로가 있더라 여후디가 삼 편 사 편을 낭독하면 왕이 소도(小刀)로 그것을 연하여 베어 화로 불에 던져서 온 두루마리를 태웠더라 왕과 그 신하들이 이 모든 말을 듣고도 두려워하거나 그 옷을 찢지 아니하였고"(22-24) 합니다.

이 광경은 요시야 왕과는 너무나 상반 된 반응입니다. 성전을 수리하다가 발견한 율법책을 요시야 왕 앞에서 낭독하였을 때에 ㉠ "왕이 율법책의 말을 듣자 곧 그 옷을 찢으니라"(왕하 22:11) 합니다. ㉡ "우리 열조가 이 책의 말씀을 듣지 아니하며 이 책에 우리를 위하여 기록된 모든 것을 준행치 아니하였으므로 여호와께서 우리에게 발하신 진노가 크도다"(왕하 22:13). ㉢ "왕이 여호와의 전 안에서 발견한 언약책의 모든 말씀을 읽어 무리의 귀에 들리고 왕이 대 위에 서서 여호와 앞에서 언약을 세우되 마음을 다하고 성품을 다하여 여호와를 순종하고 그 계명과 법도와 율례를 지켜 이 책에 기록된 이 언약의 말씀을 이루게 하리라 하매 백성이 다 그 언약을 좇기로 하니라"(왕하 23:2-3) 합니다.

⑧ 이와는 대조적으로 여호야김 왕은 기록된 하나님의 말씀을 불태

울 뿐만이 아니라 "서기관 바룩과 선지자 예레미야를 잡으라"(26)고 명합니다. 그렇다면 그에게 낭독한 것은 헛것으로 돌아갔단 말인가? 아닙니다. 성경은 말씀합니다. "이는 모든 입을 막고 온 세상으로 하나님의 심판 아래 있게 하려 함이니라"(롬 3:19). 기록된 말씀대로 예루살렘과 자신에게 응하여지는 것을 보게 될 때에 변명의 여지가 없게 될 것입니다. 이것이 "모든 입을 막고"의 뜻입니다. 이를 지켜보신 하나님께서 어떤 조치를 내리시는가를 다음 단원에서 보게 됩니다.

셋째 단원(27-32) **불사른 말씀을 다시 기록하다**

"왕이 두루마리와 바룩이 예레미야의 구전으로 기록한 말씀을 불사른 후에 여호와의 말씀이 예레미야에게 임하니라 가라사대"(27),

① "너는 다시 다른 두루마리를 가지고 유다 왕 여호야김의 불사른 첫 두루마리의 모든 말을 기록하고"(28),

② "또 유다 왕 여호야김에 대하여 이같이 말하기를"(29), ㉠ 그에게 다윗의 위에 앉을 자가 없게 될 것이요, ㉡ 그 시체는 버림을 입어서 낮에는 더위, 밤에는 추위를 당하리라. ㉢ 또 내가 그와 그 자손과 신하들을 그들의 죄악을 인하여 벌할 것이라 내가 일찍 그들과 예루살렘 거민과 유다 사람에게 선포하였으나 그들이 듣지 아니한(또한 기록된 말씀도 듣지 아니한) 그 모든 재앙을 내리리라(29 -31) 하십니다. 패역한 유다는 기록된 말씀에 의해서도 회개하지 않았습니다. 도리어 기록된 말씀을 말살하려했습니다.

우리는 지금 하나님께서 "기록하라" 명하셔서 기록케 하신 "기록된 말씀"(성경)을 통해서 하나님의 말씀을 받고 있는 것입니다. "성경에 기록되었으되", 이는 최종적인 권위입니다.

37장

매이지 않는 하나님의 말씀

[17]시드기야 왕이 보내어 그를 이끌어 내고 왕궁에서 그에게 비밀히 물어 가로되 여호와께로서 받은 말씀이 있느뇨 예레미야가 대답하되 있나이다 또 가로되 왕이 바벨론 왕의 손에 붙임을 입으리이다.

37장의 중심점은 선지자 예레미야를 감금한 데 있습니다. 이는 예레미야를 가둔 것이 아닙니다. 하나님의 말씀을 가두려한 것임을 알아야만 합니다. 아합 왕 때 세움 받은 선지자 엘리야에게 하나님께서는 "요단 앞 그릿 시냇가에 숨으라"(왕상 17:1-3)고 명하십니다. 이는 하나님의 말씀이 숨은 것입니다. 말씀이 숨은 시대, 그것이 암흑시대입니다. 말씀이 숨자 우로(雨露)가 있지 아니하였습니다. 은총(우로)은 말씀과 함께 주어지는 것입니다. 말씀을 가두려 한 시대, 그것이 악한 시대인 것입니다. 그러나 성경은 말씀합니다. "복음을 인하여 내가 죄인과 같이 매이는 데까지 고난을 받았으나 하나님의 말씀은 매이지 아니하니라"

(딤후 2:9). "매이지 않는 하나님의 말씀", 이 점을 두 단원으로 나누어 상고하겠습니다.

첫째 단원(1-10) **스스로 속이지 말라**
둘째 단원(11-21) **왕의 선지자들이 이제 어디 있나이까**

첫째 단원(1-10) 스스로 속이지 말라

"요시야의 아들 시드기야가 여호야김의 아들 고니야를 대신하여 왕이 되었으니 이는 바벨론 왕 느부갓네살이 그로 유다 땅의 왕을 삼음이었더라"(1).

첫 절은 한 절에 불과하지만 "여호야김, 고니야(여호야긴), 시드기야" 3대를 통하여 37장의 시대적인 배경을 말해주고 있습니다. 여호야김 왕은 두루마리를 불사른 자(36:23)입니다. 그 말로가 비참하게(36:30) 될 것을 예언하셨습니다. 그의 아들 고니야는 여호야긴 왕이라고도 하는데 불과 석 달만에 느부갓네살에 의하여 성전의 귀한 기물들과 방백들(다니엘과 세 친구도)과 함께 바벨론으로 사로잡혀가고(왕하 24:15), 대신하여 삼촌인 시드기야를 왕으로 세웠던 것입니다. 이것이 1절이 말씀하고 있는 역사적인 배경입니다.

시드기야 왕은 바벨론을 섬기기로 언약하고 왕이 되었으나, "그가 사자를 애굽에 보내어 말과 군대(원군)를 구함으로 바벨론 왕을 배반"(겔 17:15)했습니다. 이에 바벨론 군대가 재차 침공하여 예루살렘을 에워쌌던(5상) 것입니다.

① 다급해지자 시드기야 왕이 사람을 예레미야에게 보내어 "너는 우리를 위하여 우리 하나님 여호와께 기도하라"(3하)고 요청한 것입니다.

② 그런데 애굽의 원군(援軍)이 온다는 소문을 듣고 바벨론 군대가 작전상 포위를 풀고 일시 물러갔습니다(5하). 그러자 저들은 바벨론 군대가 아주 떠나간 것으로 여기고 의기 양양해했을 것입니다. 거짓선지자들은 자신의 예언이 맞았다고 주장했을 것입니다. 그때 하나님의 말씀이 예레미야에게 임하였습니다.

③ "너희를 도우려고 나왔던 바로의 군대는 자기 땅 애굽으로 돌아가겠고"(7),

④ "갈대아인(바벨론)이 다시 와서 이 성을 쳐서 취하여 불사르리라"(8).

⑤ "너희는 스스로 속여 말하기를 갈대아인이 반드시 우리를 떠나리라 하지 말라 그들이 떠나지 아니하리라"(9) 하시면서 재차 "이 성을 불사르리라"(10하) 하십니다.

여기서 주목하게 되는 것은 "스스로 속여"(9)라는 말씀입니다. 생각해보면 몰라서 저지르는 죄는 별로 없습니다. 그러므로 모든 잘못은 "스스로 속이는" 데 있습니다. 불신자들이 하나님을 믿지 않는 것이 몰라서 그러한 것입니까? 성경은 "이는 하나님을 알만한 것이 저희 속에 보임이라 하나님께서 이를 저희에게 보이셨느니라"(롬 1:19) 하십니다. 시드기야 왕이 "여호와께서 선지자 예레미야로 하신 말씀을 듣지 아니하니라"(2) 하면서, "너는 우리를 위하여 우리 하나님 여호와께 기도하라"(3)고 도움을 구한 것은 명백히 스스로 속이는 일입니다.

저들도 속으로는 바벨론 군대가 다시올 것을 알고 있었다는 것입니다. 그러면서도 하나님께 항복(회개)하기가 싫어서 입으로는 "안 와, 안 와" 하고 고집하고 있다는 뜻입니다. "스스로 속이지"만 않는다면 거짓의 아비 사탄이라 하여도 성도를 속일 수는 없을 것입니다.

둘째 단원(11-21) 왕의 선지자들이 이제 어디 있나이까

"예레미야가 토굴 옥 음실에 들어간 지 여러 날 만에 시드기야 왕이 보내어 그를 이끌어 내고 왕궁에서 그에게 비밀히 물어 가로되 여호와께로서 받은 말씀이 있느뇨 예레미야가 대답하되 있나이다 또 가로되 왕이 바벨론 왕의 손에 붙임을 입으리이다"(16-17).

① 바벨론 군대가 포위망을 풀고 물러가자 예레미야는 베냐민 땅으로 가려고 했습니다. "백성 중 분깃을 받으려고"(12) 라고 말씀하고 있는데 이것이 하나님의 지시에 의하여 밭을 산(32:9) 것과 연관이 있는 것인지, 아니면 "어찌하면 내가 광야에서 나그네의 유할 곳을 얻을꼬 그렇게 되면 내 백성을 떠나가리니 그들은 다 행음하는 자요 패역한 자의 무리가 됨이로다"(9:2) 한 대로 은거(隱居)하기 위함인지 분명치가 않습니다 만, 이것이 "갈대아인에게 항복하려 하는도다"(13) 라는 오해를 사게 되어 그를 때리고 옥에 가두었던 것입니다.

그 옥은 토굴이요, 음실(陰室)이라고 말하고 있는데, 20절에서 그리로 돌려보내지 말기를 탄원하면서 "내가 거기서 죽을까 두려워하나이다" 라고 말하고 있는 것을 보면 상상을 초월한 그런 음실이었음을 짐작할 수가 있습니다. "예레미야가 토굴 옥 음실에 들어간 지 여러 날만에"(16) 시드기야 왕이 사람을 보내 그를 끌어내어 왕궁으로 부른 것입니다. 이 때는 물러갔던 바벨론 군이 다시 예루살렘을 에워싼 때로 여겨집니다. 그것을 20절에서 "성중에 떡이 다할(포위를 당하여) 때까지" 라는 묘사가 말해주고 있습니다.

② "여호와께로서 받은 말씀이 있느뇨"(17상) 하고 묻습니다. 옥에 갇혀있는 예레미야를 왕궁으로 불러내어 비밀한 가운데 이렇게 묻는 시드기야의 의중이 무엇일까? 바벨론 군대가 물러가게 된다는 하나님께로부터 받은 말씀이라도 있느냐는 희망을 걸고 물은 것일 겁니다. 이럴

경우 형제가 예레미야라면 무엇이라고 말했을 것 같습니까? 형제가 대통령 조찬기도회에서 말씀을 전하게 되었다면 무슨 말씀을 전할 것입니까?

③ 예레미야는 "있나이다"(17중) 하고 분명하게 대답합니다. 그러나 "없나이다" 하고 말하고 싶었을 것입니다. 왜냐하면 시드기야 왕이 기대하고 있는 그런 "평강"의 말은 없었기 때문입니다.

④ "또 가로되 왕이 바벨론 왕의 손에 붙임을 입으리이다"(17하) 하고 말해줍니다. 바로 이것입니다. 37장의 중심점이 여기에 있습니다. 다음, 다음 장에서 드디어 예루살렘 성이 함락(39:2)되는 것을 보게 됩니다. 이런 시점에 하나님께서는 시드기야 왕에게 "네가 바벨론 왕의 손에 붙임을 입게 되리라"는 말씀을 그의 면전에서 직접 하고싶으신 것입니다. 이를 위하여 주의 종을 음실에 가두는 것을 허용하셨던 것입니다.

⑤ "바벨론 왕이 와서 왕과 이 땅을 치지 아니하리라고 예언한 왕의 선지자들이 이제 어디 있나이까"(19) 하고 반문합니다. 그들의 거짓 예언과는 달리 성은 바벨론 군대에 포위되었고, 함락위기에 놓인 처지가 되었습니다. "선지자로부터 제사장까지 다 거짓을 행하여 딸 내 백성의 상처를 심상히 고쳐주며 말하기를 평강하다, 평강하다"(8:11) 하던 그 선지자들이 어디 있나이까? 만일 병을 심상히 여기지 않고 조기 발견했더라면 오늘날과 같이 죽음에 이르게 되지는 않았을 것이라는 뜻이 함의되어 있습니다.

⑥ "내가 왕에게나 이 백성에게 무슨 죄를 범하였관대 나를 옥에 가두었나이까"(18) 하고 말합니다. 이는 평강을 말하던 왕의 선지자와 심판의 경고를 한 자신과 누가 참 선지자이며, 누가 진정 나라를 위하고, 왕을 위한 것인가 말해보라는 뜻이 들어있습니다. 이 말을 듣는 시드기야 왕의 심정은 어떠했을까요?

본 장을 통해서 주 성령께서 하시고자 하는 말씀은 분명합니다. 이 점을 사도행전 20장에 나타난 바울의 고별설교를 통해서 깨달을 수가 있습니다.

㉠ "첫날부터 지금까지, 겸손과 눈물이며 유대인의 간계를 인하여 당한 시험을 참고 주를 섬겼다"(18-19)고 말씀합니다.

㉡ "유익한 것은 무엇이든지 공중 앞에서나 각 집에서 꺼림이 없이 너희에게 전하여 가르쳤다"(20)고 말씀합니다. "꺼림이 없이", 그렇습니다. 예레미야 선지자가 왕의 면전에서 "왕이 바벨론 왕의 손에 붙임을 입으리이다" 하고 말한다는 것은 쉬운 일이 아닙니다. 예레미야는 왕 앞이라 하여 비굴하거나 아첨하지 않고 "꺼림이 없이" 말해주었던 것입니다.

㉢ "나의 달려갈 길과 주 예수께 받은 사명 곧 하나님의 은혜의 복음 증거하는 일을 마치려함에는 나의 생명을 조금도 귀한 것으로 여기지 아니하노라"(24)고 말합니다.

㉣ "그러므로 오늘 너희에게 증거하노니 모든 사람의 피에 대하여 내가 깨끗하니 이는 내가 꺼리지 않고 하나님의 뜻을 다 너희에게 전하였음이라"(26-27)고 말씀합니다.

바울은 자신이 옥중에 갇히게 된 것을 "내가 쇠사슬에 매인 사신(使臣)이 된 것은 나로 이 일에 당연히 할 말을 담대히 하게 하려 하심이니라"(엡 6:20) 하고 하나님의 메시지를 가이사에게 전하게 하시려는 섭리로 해석하고 있습니다. 예레미야 선지자가 음실에 갇히는 것을 허용하신 것도, 불원간 두 눈을 뺌을 당하고 쇠사슬에 묶여서 바벨론으로 끌려갈 시드기야 왕에게 직접 당연히 할 말을 담대히 말해주기 위해서였던 것입니다. 만일 하나님의 말씀을 맡은 자가 이렇게 하지 않는다면 "그 피 값은 내가 네 손에서 찾으리라"(겔 3:20)고 말씀합니다. 예레미야 선지자는 시드기야 왕의 피에 대하여 깨끗한 것입니다.

형제여, 우리는 어떠합니까? 우리도 이렇게 하고 있습니까? 사람을 결박하여 가둘 수는 있어도 "하나님의 말씀은 매이지 아니하니라"(딤후 2:9) 하고 말씀합니다. 아멘.

38장

청종하면 살리라

[17]예레미야가 시드기야에게 이르되 만군의 하나님이신 이스라엘의 하나님 여호와께서 이같이 말씀하시되 네가 만일 바벨론 왕의 방백들에게 항복하면 네 생명이 살겠고 이 성이 불사름을 입지 아니하겠고 너와 네 가족이 살려니와.

다음 장에서 예루살렘 성이 함락되어 불사름을 당하게 되고, 시드기야는 비참한 말로를 맞이하게 됩니다. 그렇다면 38장을 통해서 하시고자 하는 말씀이 무엇일까요? 이제라도 항복하여 피해를 최소화하라고 마지막 자비를 베푸시는 것입니다. 이제 죄로 말미암은 징벌은 "만회" 할 수(대하 36:16) 없게 되었습니다. 이 시점에서 선지자가 간곡히 바라는 것은 "너희는 매를 순히 받고 그것을 정하신 자를 순종할지니라"(미 6:9)는 것뿐입니다. 그러나 우유부단한 시드기야는 마지막 자비마저 놓치고 말았던 것입니다. 이를 두 단원으로 나누어 상고하겠습니다.

첫째 단원(1-13) **진흙 구덩이에 던져진 말씀**
둘째 단원(14-28) **다시 왕 앞에 선 말씀**

첫째 단원(1-6) 진흙 구덩이에 던져진 말씀

"여호와께서 이같이 말씀하시되 이 성에 머무는 자는 칼과 기근과 염병에 죽으리라 그러나 갈대아인에게 항복하는 자는 살리니 그의 생명이 노략물을 얻음같이 살리라"(2).

① 예레미야 선지자는 지금 시위대 뜰(37:21)에 머물러 있으면서 백성들에게 "여호와께서 이같이 말씀하시되 이 성에 머무는 자는 칼과 기근과 염병에 죽으리라 그러나 갈대아인에게 항복하는 자는 살리니"(2) 하고 외치고 있습니다. 회개하기에는 이미 때가 늦었고, 징벌은 피할 길이 없는 기정사실이라면 피해를 최소화하는 길 밖에는 다른 방책이란 없기 때문입니다.

② 이 말을 들은 방백들(1)은 예레미야의 입을 막기 위해서 "왕께 고하되 이 사람이 백성의 평안을 구치 아니하고 해를 구하오니 청컨대 이 사람을 죽이소서 그가 이같이 말하여 이 성에 남은 군사의 손과 모든 백성의 손을 약하게 하나이다"(4) 하고 상소를 합니다.

③ 그리하여 결국 "그들이 예레미야를 취하여 시위대 뜰에 있는 왕의 아들 말기야의 구덩이에 던져 넣을 때에 예레미야를 줄로 달아내리웠는데 그 구덩이에는 물이 없고 진흙뿐이므로 예레미야가 진흙 중에 빠졌더라"(6) 합니다.

왜 이렇게 하였습니까? 말씀을 전하지 못하게 하기 위해서입니다. 그러므로 그들은 하나님의 말씀을 진흙 구덩이에 던진 셈입니다.

이방인에 의하여 구출된 예레미야

④ 왕궁 환관 구스인 에벳멜렉이 방백들이 예레미야를 구덩이에 던져 넣었음을 듣고 왕에게 나아가 고합니다(7-8). "내 주 왕이여 저 사람들이 선지자 예레미야에게 행한 모든 일은 악하니이다 성중에 떡이 떨어졌거늘 그들이 그를 구덩이에 던져 넣었으니 그가 거기서 주려 죽으리이다"(9). 시드기야 왕은 예레미야를 죽이라고 상소하는 방백들에게 "보라 그가 너희 손에 있느니라(그러니까 마음대로 하라) 왕은 조금도 너희를 거스릴 수 없느니라"(5) 하고 말했습니다. 이는 왕의 권위보다 방백들의 위세가 등등함을 말해줍니다. 이런 상황에서 일개 환관이 왕께 나아가서 왕도 거스를 수 없다는 방백들을 가리켜 "저 사람들이 예레미야에게 행한 모든 일은 악하니이다"고 말한다는 것은 죽음을 각오하고 한 말이나 다름이 없다 하겠습니다.

⑤ 왕이 "30명을 데리고 가서 선지자 예레미야의 죽기 전에 그를 구덩이에서 끌어내라"(10) 한 것은 방백들의 방해공작을 방비하기 위함으로 여겨집니다. "그들이 줄로 예레미야를 구덩이에서 끌어낸지라 예레미야가 시위대 뜰에 머무니라"(13).

⑥ 이방인 에벳멜렉에 의하여 구출함을 받은 예레미야는 어디에 머물고 있습니까?"시위대 뜰에 머무니라"는 말씀을 주목하시기 바랍니다. 구덩이에서 구출된 것을 방백들이 알면 무사치 못할 것을 뻔히 알면서도 피하려하지 않고 말씀을 증거하던 제 자리(37:21)로 돌아간 것입니다. 시위대 뜰은 예루살렘이 멸망하고, 하나님의 성전이 불타기 전에 마지막으로 하나님의 말씀이 선포된 강단이었던 것입니다. 하나님은 이 일에 이방인인 에벳멜렉을 들어 쓰셨습니다. 이점을 다음 단원에서 보게 될 것입니다.

둘째 단원(14-28) 다시 왕 앞에 선 말씀

"시드기야 왕이 보내어 선지자 예레미야를 여호와의 집 제 삼 문으로 데려오게 하고 왕이 예레미야에게 이르되 내가 네게 한 일을 물으리니 일호도 내게 숨기지 말라"(14).

예레미야는 대답하기에 앞서서 두 가지를 다짐합니다. ㉠ "내가 이 일을 왕에게 아시게 하여도 왕이 단정코 나를 죽이지 아니하시리이까"(15상). ㉡ "가령 내가 왕을 권한다 할지라도 왕이 듣지 아니하시리이다"(15하)고 말합니다. 선지자는 어찌하여 먼저 이렇게 말하고 있는 것일까? 죽음이 두려워서일까요? 그럴 수도 있을 것입니다. 그러나 이는 자신이 이제 하는 말이 죽음의 위험까지를 무릅쓰고 하는 진실 된 하나님의 말씀임을 강조하기 위해서인 것입니다.

① "만군의 하나님이신 이스라엘의 하나님 여호와께서 이같이 말씀하시되"(17상), 하나님의 호칭을 주목하시기 바랍니다. "만군의 하나님, 이스라엘의 하나님, 여호와", 얼마나 장엄하고도 엄숙한 호칭입니까? 이 호칭 속에 예레미야 선지자의 비장함이 엿보입니다.

② "네가 만일 바벨론 왕의 방백들에게 항복하면 네 생명이 살겠고"(17중), 이는 시드기야 왕에게 베푸시는 마지막 기회입니다. 오래 참으심입니다.

③ "이 성이 불사름을 입지 아니하겠고 너와 네 가족이 살려니와"(17하), 이는 그에게 향하신 하나님의 마지막 긍휼입니다.

④ "네가 만일 나가서 바벨론 왕의 방백들에게 항복하지 아니하면 이 성이 갈대아인의 손에 붙이우리니 그들이 이 성을 불사를 것이며 너는 그들의 손을 벗어나지 못하리라 하셨나이다"(18). 이는 마지막 경고입니다.

⑤ "원하옵나니 내가 왕에게 고한바 여호와의 목소리를 청종하소서

그리하면 왕이 복을 받아 생명을 보존하시리이다"(20). 이는 선지자의 마지막 호소라 할 것입니다. 선지자는 결단을 하지 못하고 변명을 늘어놓는(19) 심약한 왕에게 간곡히 요청합니다.

⑥ "그러나 만일 항복하기를 거절하시면 여호와께서 내게 보이신 말씀대로 되리이다"(21) 하면서 재차 하나님의 말씀을 일러(22-23) 줍니다.

시드기야 왕과 예레미야 선지자가 독대(獨對)하고 있는 이 광경을 상상해 보십시오. 하나님께서 이 자리를 마련해주신 것입니다. 그러므로 이는 예레미야 개인의 말과 심정이 아닙니다. 사도 바울이 "내가 예수 그리스도의 심장(心臟)으로 너희 무리를 어떻게 사모하는지 하나님이 내 증인이시니라"(빌 1:8)한 대로 하나님의 심장으로 말했던 것입니다.

⑦ 그러나 시드기야 왕은 끝내 항복하지 않았습니다. 시드기야가 왜 항복하여 사는 길을 가지 않고 대항하다가 멸망하는 길을 자초했을까요? ㉠ 불신앙입니다. 예레미야 선지자가 전하여준 하나님의 말씀을 믿지 못했기 때문입니다. 이를 알았기에 "원하옵나니 내가 왕에게 고한바 여호와의 목소리를 청종(聽從)하소서" 하고 간곡히 호소했던 것입니다. ㉡ 자기 중심적이었기 때문입니다. 자기 하나 희생되어서 성과, 백성들을 구원할 수만 있다면 대표해서 죽으리라 하는 그리스도의 마음이 시드기야에게는 없었던 것입니다.

시드기야의 불신앙이 예레미야에게 당부한 그의 말을 통해서 나타납니다. "너는 이 말을 사람으로 알게 하지 말라"(24), 방백들이 와서 왕에게 무어라고 말했느냐 하면 거짓말을 하라(25)고 말했던 것입니다. 19절을 보십시오. "나는 갈대아인에게 항복한 유다인을 두려워하노라" 하고 하나님 두려운 줄은 모르면서 사람을 두려워하고 있습니다. 사울 왕도 사무엘에게 "내가 범죄하였을지라도 청하옵나니 내 백성의 장로들 앞과 이스라엘의 앞에서 나를 높여"(삼상 15:30) 달라고 말했습니다. 사울 왕이나, 시드기야 왕은 하나님보다 사람을 더 의식하고 두려워한 인본주의적인 왕이었습니다. 그들이 멸망 받은 이유는 결국 하나님의 말씀을 청종하지 않은 불신앙 때문입니다.

시드기야 왕은 하나님께서 마련해주신 마지막 기회, 마지막 자비, 마지막 긍휼 마저 놓치고 말았습니다. 다음 장에서 그의 참혹한 모습을 대하게 될 것입니다. 형제여, 우리는 어떠합니까? 하나님과 사람, 어느 편을 더 의식하고 두려워하고 있습니까?

39장

예루살렘을 던져 버리신 하나님

[2]시드기야의 제 십 일 년 사 월 구 일에 성이 함락되니라
예루살렘이 함락되매.

하나님께서 예레미야를 선지자로 세우셔서 약 40년 동안 경고하고 예언한 대로 기어코 예루살렘 성이 함락이 되고 말았습니다. 함락 된 기사는 역사서인 열왕기하 25장과, 그리고 예레미야서 마지막 장에서도 재차 언급하고 있습니다. 하나님께서는 솔로몬이 성전을 건축할 때에 나타나셔서 경고하시기를 "만일 너희나 너희 자손이 아주 돌이켜 나를 좇지 아니하며 내가 너희 앞에 둔 나의 계명과 법도를 지키지 아니하고 가서 다른 신을 섬겨 그것을 숭배하면 내가 이스라엘을 나의 준 땅에서 끊어 버릴 것이요 내 이름을 위하여 내가 거룩하게 구별한 이 전(殿)이라도 내 앞에서 던져 버리리니"(왕상 9:6-7) 하셨는데 그 경고는 슬프게도 그대로 응하고야 만 것입니다.

그렇다면 이 비극적인 사실은 실패의 역사란 말인가? 이를 구속사 라는 맥락에서 바라볼 때에 무엇을 말해주고 있는가? 이점을 두 단원으로 나누어 상고하겠습니다.

첫째 단원(1-10) **눈을 빼고 사슬로 결박하였더라**
둘째 단원(11-18) **여호와를 신뢰한 자를 선대하심**

첫째 단원(1-10) 눈을 빼고 사슬로 결박하였더라

"왕이 시드기야의 눈을 빼게 하고 바벨론으로 옮기려 하여 사슬로 결박하였더라"(7).

느부갓네살의 군대가 예루살렘을 포위한지 18개월(1-2)만에 예루살렘이 함락되고 말았습니다.

① 예루살렘 성은 전에도 침공을 받은 일은 있으나 완전히 함락되기는 처음으로 그토록 난공불락을 자랑하던 성이었습니다. 예레미야는 애가에서 "대적과 원수가 예루살렘 성문으로 들어갈 줄은 세상 열왕과 천하 모든 백성이 믿지 못하였었도다"(애 4:12) 하고 말하고 있을 정도입니다.

② "바벨론 왕의 모든 방백이 이르러 중문에 앉으니"(3), 적장들이 "중문(中門)에 앉았다"는 것은 1:15의 성취입니다. "나 여호와가 말하노라 내가 북방 모든 나라의 족속을 부를 것인즉 그들이 와서 예루살렘 성문 어귀에 각기 자리를 정하고" 라고 경고했습니다. "성문에 앉음"은 치리(治理)하는 곳(신 25:7, 룻 4:11)입니다. 그곳에 대적의 방백들이 좌정한 것입니다.

③ 시드기야 왕은 성에 구멍을 뚫고 밤에 도망가다가 잡혀서 바벨론

왕 느부갓네살 앞에 끌려(4-5)옵니다. 시드기야의 목전에서 그 아들들을 죽이고, 또한 귀인들도 죽였습니다. 귀인들 중에는 예레미야 선지자를 박해하던 방백들도 있었을 것이요, "평강하다, 평강하다"하던 선지자들과 제사장들도 있었을 것입니다. 예루살렘이 이 모양이 된 것은 "그 선지자들의 죄와 제사장들의 죄악을 인함이니"(애 4:13) 라고 말씀합니다.

④ "왕이 또 시드기야의 눈을 빼게 하고 바벨론으로 옮기려 하여 사슬로 결박하였더라"(7) 합니다. 시드기야의 참상을 유념하기를 바랍니다. 이 모습이 "누구든지 진자는 이긴 자의 종이 됨이니라"(벧후 2:19) 한 진자의 모습입니다. ㉠ 성경 역사상 진자의 비참한 모습은 여기가 처음이 아닙니다. 간교한 들릴라의 꼬임에 빠진 사사 삼손의 모습은 어떠했습니까? "블레셋 사람이 그를 잡아 그 눈을 빼고 끌고 가사에 내려가 놋줄로 매고 그로 옥중에서 맷돌을 돌리게 하였더라"(삿 16:21) 합니다.

㉡ 이 비극적인 모습이 인류의 시조 아담 하와가 사탄의 유혹에 속아서 금단의 과실을 범했을 때의 모습인 것입니다. ㉢ 또한 이것이 아담의 후손들인 우리들의 옛 모습이었습니다. 눈이 있어도 보지 못하고, "또 죽기를 무서워하므로 일생에 매어 종노릇"(히 2:15) 하며 멸망으로 끌려가게 된 것입니다. ㉣ 시드기야, 삼손, 아담 등은 모두 왕적인 권세가 있는 자들입니다. 그러나 이제는 종이 되어서 결박을 당하고 끌려가는 신세가 된 것입니다.

⑤ 예루살렘 성이 멸망하고, 성전이 불타고, 왕이 포로가 되어 끌려갔다는 것은 무엇을 말해주고 있느냐? 여기에는 역설적인 면이 있는 것입니다. 인간 행위구원의 불가능성을 말해주고 있습니다. 다시 말하면 첫 언약은 정죄할 뿐 구원을 주지 못했습니다. 그러나 실패로 끝나고 있는 것이 아님을 알아야만 합니다.

⑥ 하나님께서는 예루살렘이 멸망한 그 터전에서 새 언약과, 새로운 왕이요 목자인 그리스도를 세워주실 것을 말씀하고 있기 때문입니다. 그러므로 성경은 "죄가 더한 곳에 은혜가 더욱 넘쳤나니"(롬 5:20) 한 은혜의 승리를 말씀해주려는 것입니다. 그러므로 이렇게 정의할 수가 있습니다. 예루살렘의 멸망은 "하나님의 승리를 위한 인간의 실패"라고. 이점을 요셉은 "당신들은 나를 해하려 하였으나 하나님은 그것을 선으로 바꾸사 오늘과 같이 만민의 생명을 구원하게 하시려 하셨나니"(창 50:20) 라고 말하고 있고, 바울 사도는 "모든 것이 합력하여 선을 이루느니라"(롬 8:28) 하고 정의해주고 있습니다. 하나님이 하시는 일에는 실패란 없습니다.

둘째 단원(11-18) 여호와를 신뢰한 자를 선대하심

"그(예레미야)를 데려다가 선대하고 해하지 말며 그가 네게 말하는 대로 행하라"(12).

① 예레미야를 선대하라는 이 말은 시드기야와 귀인들의 비참한 말로에 비할 때 너무나 대조적인 대우입니다. 그리하여 시위대 뜰에 갇혀 있던 예레미야를 데려다가 총독으로 세움 받은 그다랴(40:5)에게 붙여 보호하게 합니다(14).

② 또 한 사람이 있습니다. 그는 "왕궁 환관 구스인 에벳멜렉"(38:7)입니다. 그는 선지자가 진흙 구덩이에 던짐 받아 죽게 되었을 때에 생명을 내놓고 왕께 진언하여 구출한 하나님 편에 선 사람입니다. 하나님께서는 그에게 이렇게 약속하셨습니다. "나 여호와가 말하노라 내가 그 날(예루살렘이 멸망하는 날)에 너를 구원하리니 네가 두려워하는 사람들의 손에 붙이우지 아니하리라"(17). 에벳멜렉은 ㉠ 방백들의 보

복이 두려웠습니다. ㉡ 또한 예루살렘이 대적의 수중에 들어가게 될 때에 바벨론의 응징이 두려웠습니다. 하나님께서는 이 두 가지 두려움에서 구원하여 주셨습니다. 만일 하나님의 보호하심이 아니었다면 귀인들이 죽임을 당했을 때에 "궁중 환관"으로 있던 에벳멜렉도 무사치는 못했을 것입니다.

③ 그런데 본문을 보시면 에벳멜렉에게 하신 약속(15-18)은 예레미야가 "시위대 뜰에 갇혔을 때"(15), 그러니까 38장에서 하신 말씀입니다. 그런데 이곳(39장)에 기록하게 하신 의도가 무엇일까요? 시드기야와 방백들의 멸망과, 예레미야와 에벳멜렉의 구원을 극명(克明)하게 대조하여 보여주기 위해서입니다.

④ 그렇다면 이방인 에벳멜렉이 어떤 공로로 구원을 얻게 되었습니까? 하나님께서는 "이는 네가 나를 신뢰(信賴)함이니라"(18하) 하고 말씀하십니다. 공로가 아닙니다. "신뢰", 즉 오직 믿음입니다. 그 믿음이 왕과 방백과 선지자와 제사장들이 예레미야를 대적하고 있을 때에, 홀로 그의 편에 설 수 있게 하였던 것입니다. 이것이 그를 구원에 이르게 한 산 믿음입니다. 이처럼 이방인도 믿음으로 구원을 얻은 일은 구속사에 많이 있습니다. 그 중 한 예를 들면 "믿음으로 기생 라합은 정탐군을 평안히 영접하였으므로 순종치 아니한 자와 함께 멸망치 아니하였도다"(히 11:31)고 말씀합니다.

⑤ 한 걸음 더 나아가야만 합니다. 그렇다면 라합이나, 에벳멜렉이 구원 얻을 수 있었던 믿음은 누구를 믿는 믿음인가 하는 점입니다. 성경은 라합에게 구원이란 말 대신에 "의롭다 하심을 받았다"(약 2:25)고 말씀하고 있습니다. 명심하십시오. 신구약을 막론하고 의롭다 하심을 받는 길은 오직 예수 그리스도의 대속을 믿는 길뿐입니다. 이것이 어떻게 가능하여지는가? 라합이 영접한 정탐군이나, 에벳멜렉이 구출한 예레미야는 사사로운 사람이 아니라 구속사역을 이루어 나가시는데 쓰임

받은 주의 종들이요, 구속 주는 그리스도이기 때문에 그들을 영접함이 그리스도를 영접함으로 여김을 받을 수가 있었던 것입니다.

40장

말씀하신 대로 행하신 하나님

[3]여호와께서 그 말씀하신 대로 행하셨으니 이는 너희가 여호와께 범죄하고 그 목소리를 청종치 아니하였으므로 이 일이 너희에게 임한 것이니라.

40-44장은 포로로 끌려가지 않고 유다에 남아 있는 자들의 행적입니다. 이들의 행적은 이미 24:8에서 말씀한 대로 "악하여 먹을 수 없는 악한 무화과"와 같은 모습을 적나라하게 드러내고 있습니다. 그렇다면 이들의 이러한 모습을 보여주시는 의도가 무엇일까요? 인간이 얼마나 "만물보다 거짓 되고 심히 부패"(17:9)한 가를 우리 눈앞에 드러내어 똑똑히 보여주기 위함이라고 말할 수밖에는 없습니다. 이를 통하여 첫째는 행위에 의한 구원의 불가능성을 보여주고, 둘째는 하나님의 사랑과 은혜를 드러내기 위해서입니다.

40장은 예루살렘이 함락 당한 후의 이야기입니다. 바벨론 왕은 그다랴를 총독으로 세워서 남아있는 자들을 관할하게 하였습니다. 예레미야 선지자도 바벨론으로 내려가지 않고 본토에 남아있게 되었고, 패주(敗走)했던 군대장관들과, 난을 피하여 사방으로 흩어졌던 백성들도 속속 돌아오는 내용입니다. 그러나 이것은 거짓 평온일 뿐이었습니다. 그렇다면 멸망당한 유다에 아직도 깨어지지 아니한 무엇이 남아 있단 말인가? 이를 두 단원으로 나누어 상고하겠습니다.

첫째 단원(1-6) **백성 중에 거하는 예레미야**
둘째 단원(7-16) **총독으로 세움 받은 그다랴**

첫째 단원(1-6) 백성 중에 거하는 예레미야

"시위대장 느부사라단이 예루살렘과 유다 포로를 바벨론으로 옮기는 중에 예레미야도 잡혀 사슬로 결박되어 가다가 라마에서 해방된 후에 말씀이 여호와께로서 예레미야에게 임하니라"(1).

40장은 예루살렘이 멸망당한(39장) 후로 처음 나오는 말씀입니다. 그렇다면 예루살렘이 심판을 받게 된데 대한 어떤 언급이 있음직 하지 않습니까? 첫 절에서 "여호와의 말씀이 예레미야에게 임하니라" 합니다. 무엇이라고 말씀하시는가? 그런데 이어지는 말씀은 시위대장 느부사라단이 예레미야를 불러다가 하는 말로 이어지고 있습니다.

① "네 하나님 여호와께서 이곳에 이 재앙을 선포하시더니"(2),

② "여호와께서 그 말씀하신 대로 행하셨으니"(3상),

③ "이는 너희가 여호와께 범죄하고 그 목소리를 청종치 아니하였으므로 이 일이 너희에게 임한 것이니라"(3하) 합니다. 이는 비록 이방인의 입을 통하여 듣게 되는 말이지만 그 내용으로 볼 때, 그를 통해서

하시는 여호와의 말씀으로 받아야만 하는 것입니다. 멸망의 원인을 ㉠ 여호와께 범죄하고, ㉡ 그 목소리를 청종치 아니하였으므로 라고 정의합니다. "청종치 아니하였으므로"는 예레미야서 전체로 보더라도 중심적인 경계이기도 합니다.

④ 청종치 아니함은 그들만이 아니라 "우리 열조가 어렸을 때로부터 오늘까지 우리 하나님 여호와께 범죄하여 우리 하나님 여호와의 목소리를 청종치 아니하였음이니라"(3:25) 하고, 조상 대대로 청종치 아니하였음을 말씀합니다(참고 7:25).

⑤ 그들을 가리켜 "너희는 너희 하나님 여호와의 목소리를 청종치 아니하며 교훈을 받지 아니하는 국민"(7:28)이라고 말씀합니다.

⑥ "네가 어려서부터 내 목소리를 청종치 아니함이 네 습관이라"(22:21) 하십니다.

⑦ "그런즉 너희는 길과 행위를 고치고 너희 하나님 여호와의 목소리를 청종하라 그리하면 여호와께서 너희에게 선고하신 재앙에 대하여 뜻을 돌이키시리라"(26:13) 하고 권면하셨습니다.

⑧ 예레미야 선지자는 시드기야 왕에게 "원하옵나니 내가 왕에게 고한바 여호와의 목소리를 청종하소서 그리하면 왕이 복을 받아 생명을 보존하시리이다"(38:20) 하고 호소했습니다. 그럼에도 불구하고 끝끝내 청종하지 않다가 심판을 당하고 만 것입니다. 그러므로 시위대장 느부사라단이 "그 목소리를 청종치 아니하였으므로 이 일(예루살렘의 멸망)이 너희에게 임한 것이라"(40:3)고 한 말은 예루살렘 멸망에 대한 하나님의 정의라고 볼 수가 있습니다.

⑨ 그렇다면 이제부터 청종 해야만 하지 않겠습니까? 그러나 유다에 남은 자들은 예루살렘이 멸망당하는 심판을 받고도 여전히 청종하지 않는 것을 보게 될 것입니다. 그러므로 "청종"은 40-44장을 해석하는 열쇠가 되는 키워드입니다.

⑩ 예레미야 선지자가 바벨론으로 내려가면 "내가 너를 선대하리라"(4)는 느부사라단의 제의를 거절하고 "그다랴에게로 나아가서 그 땅에 남아 있는 백성 중에서 그와 함께 거하니라"(6)는 말씀은 마치 모세가 "하나님의 백성과 함께 고난받기를 잠시 죄악의 낙을 누리는 것보다 더 좋아한"(히 11:25) 그런 결단으로 여겨집니다. 그는 "그 땅에 남아 있는 백성"들을 버리고 자신의 안일을 위하여 바벨론으로 내려갈 수가 없었을 것입니다.

둘째 단원(7-16) 총독으로 세움 받은 그다랴

"들에 있는 군대 장관들과 그들의 사람이 바벨론 왕이 아히감의 아들 그다랴를 이 땅 총독으로 세우고 남녀와 유아와 바벨론으로 옮기지 아니한 빈민을 그에게 위임하였다 함을 듣고"(7).

① 바벨론 왕은 그다랴를 총독으로 임명했습니다. 그다랴는 "사반의 손자 아히감의 아들"(5)입니다. 조부 사반은 요시야 왕의 종교개혁 때 공헌(왕하 22:8)한 서기관이요, 부친 아히감은 예레미야 선지자를 죽음의 위기에서 보호한(26:24) 충신입니다.

② 패잔(敗殘)한 군대장관들이 그다랴에게 모여왔는데 그 중에 "이스마엘과, 요하난"(8)이 있었습니다. 이들을 주목하시기를 바랍니다. 암몬에서 돌아온 이스마엘은 그다랴가 총독이 된 것을 시기하여 그를 암살하려는 음모(14)를 품고 온 자입니다. 왜냐하면 왕족(왕하 25:25)인 자신이 그다랴 보다 총독 감이라고 생각한 교만 때문입니다.

③ "모압, 암몬, 에돔과 모든 북방에 있는(피난 갔던) 유다인도, 쫓겨났던 각처에서 돌아와"(11-12) 그다랴에게 모여들었습니다.

④ "그다랴에게 이르러 포도주와 여름 실과를 심히 많이 모으니

라"(12하)는 묘사는 엄청난 충격에서 벗어나 평온을 되찾기 시작했다는 말입니다.

⑤ 요하난은 이스마엘의 암살음모를 총독 그다랴에게 고하였으나 선하기만 한 그다랴는 "너의 이스마엘에 대한 말이 진정이 아니니라"(16) 하고 묵살해 버립니다. 다음 장에서 새로운 재난에 직면하게 되는 것을 보게 됩니다. 이는 한마디로 징벌을 당한 후에도 여전히 "그 목소리를 청종치 아니하였으므로"(3) 임하게 된 재앙인 것입니다.

41장

악하여 먹을 수 없는 무화과

[2]느다냐의 아들 이스마엘과 그와 함께 한 열 사람이 일어나서 바벨론 왕의 그 땅 총독으로 세운 바 사반의 손자 아히감의 아들 그다랴를 칼로 쳐죽였고,

40-44장은 포로로 끌려가지 않고 유다에 남아 있는 자들의 행적입니다. 그들은 많은 형제가 포로로 끌려가고, 성전이 불타버린 잿더미 위에서도 겸비치도 않고, 회개하지도 않았으며, 도리어 자고하며, 여전히 반역을 꾸미고 있는 모습을 보여주고 있습니다. 이들의 행적은 한마디로 24:8에서 "나 여호와가 이같이 말하노라 내가 유다 왕 시드기야와 그 방백들과 예루살렘의 남은 자로서 이 땅에 남아 있는 자와 애굽 땅에 거하는 자들을 이 악하여 먹을 수 없는 악한 무화과같이 버리되" 하신 "악하여 먹을 수 없는 무화과"와 같은 모습을 드러내고 있는 것입니다. 그렇다면 이러한 모습을 보여주시는 의도가 무엇일까요? 인간이 얼마

나 "만물보다 거짓 되고 심히 부패"(17:9)한 가를 우리 눈앞에 똑똑히 보여줌으로 이 말씀의 거울에 비친 자신의 모습을 보기를 원하심이라고 말할 수밖에는 없습니다. 이를 두 단원으로 나누어 상고하겠습니다.

첫째 단원(1-10) **이스마엘의 반역**
둘째 단원(11-18) **요하난이 진압함**

첫째 단원(1-10) 이스마엘의 반역

"칠 월에 왕의 종친 엘리사마의 손자 느다냐의 아들 왕의 장관 이스마엘이 열 사람과 함께 미스바로 가서 아히감의 아들 그다랴에게 이르러 미스바에서 함께 떡을 먹다가"(1).

여기 등장하는 이스마엘을 가리켜 "왕의 종친, 왕의 장관"이라고 말합니다. 그러니까 그는 왕족인 것입니다. 그가 암몬으로 도피하였다가 총독으로 세움 받은 그다랴를 암살할 음모를 꾸미고 열 명의 공모자와 함께 그다랴에게로 온 것입니다. 그다랴는 이 궤계도 모르고 그들을 영접하여 식탁교제를 나누었던 것입니다.

① "함께 떡을 먹다가"(1하),

② "총독으로 세운 바 사반의 손자 아히감의 아들 그다랴를 칼로 쳐 죽였고"(2),

③ "그다랴와 함께 한 모든 유다인과 거기 있는 갈대아 군사를 죽였더라"(3).

④ "그가 그다랴를 죽인 지 이틀이 되어도 이를 아는 사람이 없었더라"(4) 합니다. 이는 저들의 치밀성과 잔혹함을 나타내는 말입니다. 함께 떡을 먹던 사람들이 몇 명이나 되었을까? 그 중 한 사람도 살아남은

자가 없었으며, 그들뿐만이 아니라 종사자들과 주변 인물들까지 철저하게 소탕했음을 말해 줍니다.

⑤ "때에 사람 팔십 명이 그 수염을 깎고 옷을 찢고 몸을 상하고 손에 소제물과 유향을 가지고 세겜과 실로와 사마리아에서부터 와서 여호와의 집으로 나아가려 한지라"(5). 이들은 불 탄 성전에서 예배하기 위하여 회개하는 자세로 나아온 자들입니다. 이스마엘이 ㉠ 그들을 영접하러 미스바에서 나와, ㉡ 울며(그들과 동감이라는 뜻으로) 행하다가 그들을 만나, ㉢ 그다랴(이미 죽인)에게로 가자 하고 유인하여 죽여서는 구덩이에 던지니라(6-7) 합니다. ㉣ 그 중 열 사람에게서는 뇌물을 받고(8) 살려줍니다.

⑥ 9절은 "이스마엘이 그다랴에게 속한" 많은 사람들을 죽였음을 나타냅니다. 그리고 많은 백성들을 사로잡아 가지고 암몬으로 가려고 떠났다(10)고 말씀합니다. 인간이란 얼마나 악할 수가 있단 말인가? 이는 그다랴와, 느부갓네살에 대한 반역이 아니라 하나님께 대한 반역이었던 것입니다. 이것이 "악하여 먹을 수 없는 무화과"인 것입니다.

둘째 단원(11-18) 요하난이 진압함

"가레아의 아들 요하난과 그와 함께 있는 모든 군대 장관이 느다냐의 아들 이스마엘의 행한 모든 악을 듣고"(11).

① "모든 사람을 데리고 느다냐의 아들 이스마엘과 싸우러 가다가 기브온 큰 물가에서 그를 만나매"(12), "포로 되었던 그 모든 백성"(13-14)을 구출합니다. 이스마엘은 공범자 여덟 사람과 함께 암몬으로 도망가고,

② 요하난은 "미스바에서 잡아간 모든 남은 백성 곧 군사와 여인과

유아와 환관을 기브온으로 빼앗아 가지고 돌아왔다"(15-16)고 말씀합니다. 여기까지만 보면 요하난은 "악하여 먹을 수 없는 무화과"같이 보이는 것이 아니라 좋은 무화과 같이 여겨집니다. 그러나 그 후에 어떻게 하였다고 말씀합니까?

③ "애굽으로 가려 하여 떠나 베들레헴 근처에 있는 게롯김함에 머물렀으니"(17) 합니다.

여기서 하나님께서 말씀하신 "악하여 먹을 수 없는 무화과" 비유를 상기할 필요가 있습니다. "애굽 땅에 거하는 자들을 이 악하여 먹을 수 없는 악한 무화과같이 버리되"(24:8) 하셨는데, 요하난은 구출한 무리를 이끌고 "애굽"으로 가려고 하는 것입니다. 어찌하여 "애굽 땅에 거하는 자들을 악하여 먹을 수 없는 무화과"라고 말씀하시는 것일까요? 그들은 하나님을 신뢰한 것이 아니라 애굽을 의뢰하고 있기 때문입니다. 이점을 호세아 선지자는 "에브라임은 어리석은 비둘기같이 지혜가 없어서 애굽을 향하여 부르짖으며(도움을 청하며) 앗수르로 가는도다"(호 7:11) 하고 책망했습니다. 애굽을 의뢰했다는 말은 그 선에서 멈추는 것이 아니라 애굽의 신을 섬기는 데까지로 발전하게 될 것을 아셨기 때문입니다.

요하난은 예루살렘이 징벌 당하는 심판을 경험하고도 하나님을 의뢰하지 않고 여전히 애굽을 향하여 어리석은 비둘기같이 부르짖고 있었던 것입니다. 이스마엘은 백성을 사로잡아 암몬으로 가려고 했으며, 요하난은 백성을 이끌고 애굽으로 가려 하는, 이것이 다를 뿐입니다. 그렇다면 요하난도 이스마엘과 나을 것이 없는 "악하여 먹을 수 없는 무화과"에 지나지 않았던 것입니다. 이점을 다음 장에서 더욱 분명히 보게 될 것입니다.

42장

이 땅에 거하면 너희를 뽑지 아니 하리라

[10]너희가 이 땅에 여전히 거하면 내가 너희를 세우고 헐지 아니하며 너희를 심고 뽑지 아니하리니 이는 내가 너희에게 내린 재앙에 대하여 뜻을 돌이킴이니라.

42장은 "애굽으로 가려 하여 베들레헴 근처에 있는 게롯김함에 머물러 있는"(41:17) 요하난과 모든 백성들이 예레미야에게 나아와서 "우리의 마땅히 갈 길과 할 일을 보이시기를"(3) 하나님께 기도해 달라는 내용입니다. 그들이 애굽으로 내려가려고 하는 것은 바벨론 왕이 자신들을 해할까보아 두려워했기 때문입니다. 하나님께서는 "이 땅에 머물라, 너희는 그 두려워하는 바벨론 왕을 두려워 말라 내가 너희와 함께 하여 너희를 구원하며 그의 손에서 너희를 건지리니 두려워 말라"(10-11) 하십니다. 이제 남은 문제는 하나님을 신뢰하고 "이 땅에 거할 것이냐? 아니면 애굽을 의지하고 내려갈 것이냐"에 있습니다. 이점을 두 단원으로 나누어 상고하겠습니다.

첫째 단원(1-6) **좋고 좋지 아니함을 물론하고 청종하려 함이라**
둘째 단원(7-22) **너희는 애굽으로 가지 말라**

첫째 단원(1-6) 좋고 좋지 아니함을 물론하고 청종하려 함이라

"선지자 예레미야에게 이르되 당신은 우리의 간구를 들으시고 이 남아 있는 모든 자를 위하여 당신의 하나님 여호와께 기도하소서 당신이 목도하시거니와 우리는 많은 중에서 조금만 남았사오니 당신의 하나님 여호와께서 우리의 마땅히 갈 길과 할 일을 보이시기를 원하나이다"(2-3).

① 선지자 예레미야가 그들에게 말합니다. "너희 말대로 너희 하나님 여호와께 기도하고 무릇 여호와께서 너희에게 응답하시는 것을 숨김이 없이 너희에게 고하리라"(4).

② 그들은 다짐합니다. "우리가 당신의 하나님 여호와께서, 우리에게 이르시는 모든 말씀대로 행하리이다"(5상).

③ 그러면서 "여호와는 우리 중에 진실무망(眞實無妄) 한 증인이 되시옵소서"(5하) 하고 맹세까지 합니다.

④ "우리가 당신을 우리 하나님 여호와께 보냄은 그의 목소리가 우리에게 좋고 좋지 아니함을 물론하고 청종하려 함이라"(6상) 하고 절대적인 순종을 표합니다.

⑤ "우리가 우리 하나님 여호와의 목소리를 청종하면 우리에게 복이

있으리이다"(6하) 하고 고백까지 합니다. 참으로 오랜만에 참 신앙인의 모습을 대하는 듯 합니다. 자, 이 말을 액면 그대로 믿어도 될까요? 저들은, 그리고 우리들은 "입술로는 나를 존경하되 마음은 내게서 멀도다"(마 15:8) 하신 대로 성실치 못한 것은 아닐까요?

둘째 단원(7-22) 너희는 애굽으로 가지 말라

"십 일 후에 여호와의 말씀이 예레미야에게 임하니"(7).

예레미야가 요하난과 모든 군대 장관과 백성들을 부르고 그들에게 이르되 "너희가 나를 보내어 너희의 간구를 이스라엘의 하나님 여호와께 드리게 하지 아니하였느냐 그가 가라사대"(9).

① "너희가 이 땅에 여전히 거하면 내가 너희를 세우고 헐지 아니하며 너희를 심고 뽑지 아니하리니"(10).

② "너희는 그 두려워하는 바벨론 왕을 두려워 말라"(11상) 하십니다.

③ "내가 너희와 함께 하여 너희를 구원하며 그의 손에서 너희를 건지리니 두려워 말라"(11하) 하십니다. "두려워 말라"는 말씀을 세 번이나 반복적으로 강조하십니다. 무조건 두려워하지 말라 하심이 아닙니다. "내가 너희와 함께 하여" 그들을 바벨론 왕의 손에서 구원하며 건지리니 하십니다. 즉 하나님을 믿고 의뢰하라는 말씀인 것입니다.

④ "그러나 만일 너희가 너희 하나님 여호와의 말씀을 순복지 아니하고 말하기를 우리는 이 땅에 거하지 아니하리라 하며"(13), 전쟁도, 식물의 핍절도 없는 "애굽 땅으로 결단코 들어가 거하리라 하면 잘못되리라"(14) 하십니다.

⑤ "너희가 만일 애굽에 들어가서 거기 거하기로 고집하면 너희의

두려워하는 칼이 애굽 땅으로 따라가서 미칠 것이요 너희의 두려워하는 기근이 애굽으로 급히 따라가서 너희에게 임하리니 너희가 거기서 죽을 것이라"(15-16) 하십니다.

⑥ "나의 노와 분을 예루살렘 거민에게 부은 것같이 너희가 애굽에 이른 때에 나의 분을 너희에게 부으리니"(18) 하십니다.

하나님은 홍수위험이 없는 곳에 땜을 건설하시지는 않으십니다. 하나님께서 이토록 애굽으로 내려가지 말라고 강력하게 경계하심은 저들의 마음을 감찰하시기 때문입니다. 저들은 이미 애굽으로 내려가기로 마음을 굳히고는 예레미야에게 와서 기도요청을 했던 것입니다. 예레미야 선지자도 이를 꿰뚫어보고 있었습니다.

⑦ "너희가 나를 너희 하나님 여호와께 보내며 이르기를 우리를 위하여 우리 하나님 여호와께 기도하고 우리 하나님 여호와께서 말씀하신 대로 우리에게 고하라 우리가 이를 행하리라 하여 너희 마음을 속였느니라"(20) 하고 그들의 마음을 들여다보고 있었던 것입니다.

⑧ "너희 하나님 여호와께서 나를 보내사 너희에게 명하신 말씀을 내가 오늘날 너희에게 고하였어도 너희가 그 목소리를 도무지 순종치 아니하였은즉"(21),

⑨ "너희가 가서 우거하려 하는 곳에서 칼과 기근과 염병에 죽을 줄 분명히 알지니라"(22) 합니다. 이만하면 저들도 회심(回心)하고 청종할 법하지 않습니까? 저들은 "우리에게 이르시는 모든 말씀대로 행하리이다 여호와는 우리 중에 진실무망한 증인이 되옵소서"(5) 하고 맹세까지 했습니다. "그의 목소리가 우리에게 좋고 좋지 아니함을 물론하고 청종하려 함이라"(6) 하고 전적으로 의탁을 했습니다. 그러나 저들은 끝내 청종하지 않았습니다. 하나님의 말씀을 청종치 아니한 죄에다가 만홀(漫忽)히 여기는 죄를 더 했던 것입니다. 이를 아셨기에 하나님께서는 "유다의 남은 자"들을 "악하여 먹을 수 없는 무화과"에 비유하셨던

것입니다.

이점에서 우리 자신을 돌아보게 합니다. 중요한 점은 "너희 마음을 속였다"는 말입니다. 하나님께서는 언제나 중심을 보시는 데 말입니다. 물론 우리는 애굽으로 내려가려는 문제로 마음을 속이지는 않았습니다. 그러나 우리들도 하나님 앞에서 마음을 속인 적이 얼마나 많은지요. 몸은 예배를 드리면서 마음은 다른 곳을 배회하고 있다면 이는 변명의 여지가 없이 마음을 속이는 것입니다. 아나니아와 삽비라처럼 헌금하면서 마음을 속이기도 했고, 속으로는 미워하면서도 겉으로는 사랑노래를 부름으로 마음을 속이기도 했지요. 목회 현장에서 경험하게 되는 일입니다 만, 신앙상담과 기도요청을 하는 사람들이 목회자의 조언을 그대로 따르던가요? 〈그들〉의 마음이 〈저들〉과 같아서 이미 마음에 결심을 굳히고 오지는 않던가요? 이런 것들이 "마음을 속이는" 일입니다. 하나님은 속으시지 않으십니다. 다만 "너희 마음을 속일" 뿐입니다.

43장

청종치 아니함이 이러하였더라

[7]애굽 땅에 들어가 다바네스에 이르렀으니 그들이 여호와의 목소리를 청종치 아니함이 이러하였더라.

43장의 내용은 선지자가 대언한 하나님의 말씀에 대한 저들의 반응과, 이에 대한 하나님의 경고입니다. 저들은 예레미야에게 "네가 거짓을 말하는도다"(2) 하고 청종치 아니하였습니다. 도리어 예레미야와 그의 서기인 바룩까지를 "영솔"하고 애굽으로 내려갔던 것입니다. 이들을 가리켜 성경은 "모든 교만한 자"(2)라고 말씀합니다.

하나님께서는 바벨론 왕 느부갓네살을 불러다가 그들을 치겠다고 말씀합니다. 그런데 여기 주목하게 되는 것은 "내가 애굽 신들의 집에 불을 놓을 것인즉"(12상) 이라는 묘사입니다. 어찌하여 애굽 신들의 집에 불을 놓겠다 하시는가? 하나님의 말씀을 청종치 아니하고 애굽으로 내려간 자들이 애굽뿐만이 아니라 애굽의 신들을 의뢰하고 섬길 것을 아셨기 때문입니다. 그러니까 저들은 "이 땅에 거하면 내가 너희를 세우고 헐지 아니하며 너희를 심고 뽑지 아니하리라"(42:10) 하신 하나님을 믿을 수가 없어서 애굽의 신들을 좇아간 셈입니다. 이점을 다음 장에서 보게 될 것입니다. 그러므로 본 장의 주제가 "청종치 아니함이 이러하였더라"가 될 수가 있습니다. 이를 두 단원으로 나누어 상고하겠습니다.

첫째 단원(1-7) **거역하고 애굽으로 내려감**

둘째 단원(8-13) **느부갓네살을 불러다가 애굽을 치리라**

첫째 단원(1-7) 거역하고 애굽으로 내려감

"호사야의 아들 아사랴와 가레아의 아들 요하난과 및 모든 교만한 자가 예레미야에게 말하여 가로되 네가 거짓을 말하는도다 우리 하나님 여호와께서는 너희는 애굽에 거하려고 그리로 가지 말라고 너를 보내어 말하게 하지 아니하셨느니라"(2).

"본 단원의 핵심은 "청종치 아니함"에 있습니다. "유다 땅에 거하라 하시는 여호와의 목소리를 청종치 아니하고(4), 여호와의 목소리를 청종치 아니함이 이러하였더라"(7) 합니다.

① 저들을 가리켜 "모든 교만한 자"(2상)라고 말씀합니다. 하나님의 말씀을 청종치 아니함이 교만입니다.

② "네가 거짓을 말하는도다"(2중) 하고 청종치 않았습니다. 교만한 자들은 자신은 진실하고 상대는 거짓으로 몰아세웁니다.

③ "우리 하나님 여호와께서는 너희는 애굽에 거하려고 그리로 가지 말라고 너를 보내어 말하게 하지 아니하셨느니라"(2하) 하고 가장 하나님을 경외하는 양 "우리 하나님"을 빙자하며 청종치 않았습니다.

④ "바룩이 너를 꼬드겨서 우리를 대적하여 갈대아인의 손에 붙여 죽이며 바벨론으로 잡아가게 하려 함이라"(3) 하고 생트집을 하면서 청종치 아니했습니다. 청종치 아니하는 자들에게는 언제나 변명이 있기 마련입니다. 이는 자신들의 "마음을 속인" 것을 변명하기 위해서입니다.

⑤ 하나님께서는 "너희는 그 두려워하는 바벨론 왕을 두려워 말라 내가 너희와 함께 하여 너희를 구원하며 그의 손에서 너희를 건지리니 두려워 말라"(42:11) 하고 그토록 말씀하셨건 만 저들은 "우리를 갈대아인의 손에 붙여 죽이며 바벨론으로 잡아가게 하려 함이니라"(3) 하고 반대로 말합니다. 이것이 불신앙의 말인 것입니다.

⑥ 그리하여 "곧 남자와 여자와 유아와 왕의 딸들과 시위대장 느부사라단이 사반의 손자 아히감의 아들 그다랴(이스마엘이 죽인)에게 넘겨 둔 모든 사람과 선지자 예레미야와 네리의 아들 바룩을 영솔하고 애굽 땅으로 들어가 다바네스(애굽의 관문)에 이르렀으니" (6-7상) 합니다.

⑦ 그리고 성경은 "그들이 여호와의 목소리를 청종치 아니함이 이러하였더라"(7하) 하고 말씀합니다.

둘째 단원(8-13) 느부갓네살을 불러다가 애굽을 치리라

"다바네스에서 여호와의 말씀이 예레미야에게 임하여 가라사대(8).

본 단원의 중심점은 "애굽 신들의 집을 불사르겠다"는 데 있습니다. 느부갓네살을 불러다가 그렇게 하시겠다고 말씀합니다. 하나님께서 예레미야에게 명하시기를,

① 사람들이 보는 앞에서 "큰 돌을 가져다가 다바네스 바로의 집 어귀의 벽돌 깔린 곳"(9)에 묻어두라고 명하십니다. 훗날 그 자리가 점령

군의 본영이 되리라는 것입니다.

② "그가 와서 애굽 땅을 치고 죽일 자는 죽이고 사로잡을 자는 사로잡고 칼로 칠 자는 칼로 칠 것이라"(11) 하십니다. 이는 42:16에서 말씀한 바 "너희의 두려워하는 칼이 애굽 땅으로 따라가서 너희에게 미칠 것이요" 하신 대로 행하실 것임을 말씀함입니다.

③ "내가 애굽 신들의 집에 불을 놓을 것인즉 느부갓네살이 그들을 불사르며"(12) 합니다. 마지막 절에서도 "그가 또 애굽 땅 벧세메스의 주상들을 깨뜨리고 애굽 신들의 집을 불사르리라" 하십니다.

형제여, 성경에서 애굽은 세상을 상징하는 것으로 등장합니다. 하나님의 말씀을 청종치 아니하고 애굽으로 내려간 저들처럼 우리 마음이 세상으로 향하고 있지는 아니합니까? 우리 마음, 가정, 교회 안에는 하나님께서 "애굽 신들의 집을 불사르겠다" 하신 애굽 신상은 없습니까?

44장

유다가 멸망당한 근본적인 원인

[9]너희가 유다 땅과 예루살렘 거리에서 행한 너희 열조의 악과 유다 왕들의 악과 왕비들의 악과 너희의 악과 너희 아내들의 악을 잊었느냐.

44장은 "애굽 땅에 거하는 모든 유다인"(1)들에게 하신 책망입니다. 예레미야 선지자가 유다인들을 향하여 행한 예언 활동은 본 장에서 마감하게 됩니다. 예레미야는 마지막으로 유다가 멸망당한 근본적인 원인이 무엇인가를 상기시켜 애굽으로 내려간 자들을 책망하므로 예언을 마치고 있습니다. 이 망국(亡國)의 죄는 예레미야 당대만이 아니라 출애굽 때부터 이어져 내려온 끈질기고도, 뿌리깊은 죄악임을 드러냄으로 그 심각성을 일깨워줍니다. 그러므로 본 장은 지금까지의 총정리라 할 수가 있습니다.

그렇다면 이스라엘을 멸망케 한 결정적인 원인이 무엇인가? 그리고 이것이 오늘의 현대교회에는 어떻게 적용이 되는 것인가? 이점을 세 단원으로 나누어 상고하겠습니다.

첫째 단원(1-14) **너희 선조의 악을 잊었느냐**
둘째 단원(15-19) **우리 선조가 하던 대로하리라**
셋째 단원(20-30) **더 참으실 수 없으신 하나님**

첫째 단원(1-14) 너희 선조의 악을 잊었느냐

"애굽 땅에 거하는 모든 유다인 곧 믹돌과 다바네스와 놉과 바드로스 지방에 거하는 자에 대하여 말씀이 예레미야에게 임하니라 가라사대"(1).

44장은 예레미야 선지자의 마지막 설교입니다. 마지막 말씀은 "애굽 땅에 우거하기로 고집하고 그리로 들어간 유다"(12)인들을 향해 행해졌음을 유념하시기 바랍니다. 왜냐하면 성경은 "애굽으로 내려감"을 세속화를 의미하고 있기 때문입니다. 하나님께서는 그들에게 우선적으로 예루살렘이 멸망당하게 된 원인을 상기시키십니다.

① "너희가 예루살렘과 유다 모든 성읍에 내린 나의 재앙을 보았느니라 보라 그것들이 오늘날 황무지가 되었고 거하는 사람이 없나니"(2) 하십니다. 그렇게 된 원인은,

② "이는 그들이, 다른 신들에게 나아가 분향하여 섬겨서 나의 노를 격동한 악행을 인함이라"(3) 하십니다. 다른 신이란 우상을 가리키는 말인데, 본문에서는 우상이라 하지 않고 "다른 신"이라고 모두 네 번(3, 5, 8, 15)을 다 그렇게 말하고 있습니다. 이는 의도적으로 이렇게 하고 있는 것으로 여겨집니다. 왜냐하면 이후 세대들도 "다른 신, 다른 복음"

을 좇으려는 위험이 있기 때문입니다.

③ "내가 나의 모든 종 선지자들을 그들에게 보내되 부지런히 보내어 이르기를 너희는 나의 미워하는 이 가증한 일을 행치 말라 하였어도"(4),

④ "그들이 듣지 아니하며 귀를 기울이지 아니하고 다른 신들에게 여전히 분향하여 그 악에서 돌이키지 아니하였으므로 나의 분과 나의 노를 쏟아서 유다 성읍들과 예루살렘 거리를 살랐더니 그것들이 오늘과 같이 황폐하고 적막하였느니라"(5-6)하고 예루살렘이 멸망당하게 된 결정적인 원인이 "다른 신", 즉 우상숭배임을 또다시 말씀합니다.

⑤ 문제는 그럼에도 불구하고 "어찌하여, 너희가 가서 우거하는 애굽 땅에서 다른 신들에게 분향함으로 끊어 버림을 당하여 세계 열방 중에서 저주와 모욕거리가 되고자 하느냐"(8)는 데 있습니다. 한 번으로 족하지 어찌하여 이 망국적인 죄를 또 반복하느냐는 것입니다. 하나님은 애굽에 살고 있는 그 자체만을 책망하고 있는 것이 아니라 우거하는 애굽 땅에서 어찌하여 "다른 신들"을 섬기느냐 하고 책망하고 계시는 것입니다. 그들이 바벨론 왕이 두려워서 애굽으로 내려간 것이라면 그곳에서도 여호와 하나님을 섬길 수도 있었을 것입니다. 그러나 "애굽 땅에 우거하기로 고집하고 그리로 들어간" (12) 저들은 애굽으로 내려간 것만이 아니라 거기서 다른 신을 숭배했던 것입니다. 이렇게 할 것을 아셨기에 애굽으로 내려가지 말라고 그토록 만류하신 것입니다.

④ 이 고질적인 우상숭배라는 병폐는 어제오늘의 일이 아니라 "너희 열조의 악과 유다 왕들의 악과 왕비들의 악과 너희의 악과 너희 아내의 악을 잊었느냐"(9) 하심으로 조상 대대로 유전한 망령된 행실이었음을 지적하십니다.

⑤ 그러고도 "그들이 오늘(예루살렘이 멸망당함을 목도한)까지 겸비치 아니하며 두려워하지도 아니하고 내가 너희와 너희 열조 앞에 세

운 나의 법과 나의 율례를 준행치 아니하느니라"(10) 하십니다.

⑥ "그러므로 나 만군의 여호와 이스라엘의 하나님이, 재앙을 내리고 온 유다를 끊어버릴 것이며(11), 애굽 땅에 거하는 자들을 칼과 기근과 염병으로 벌하리니"(14) 하십니다. 예레미야서에 나타난 이 마지막 경고에 대하여 저들이 어떻게 반응할 것인가?

둘째 단원(15-19) 우리 선조가 하던 대로하리라

"때에 자기 아내들이 다른 신들에게 분향하는 줄을 아는 모든 남자와 곁에 섰던 모든 여인 곧 애굽 땅 바드로스에 거하는 모든 백성의 큰 무리가 예레미야에게 대답하여 가로되"(15).

① "네가 여호와의 이름으로 우리에게 하는 말을 우리가 듣지 아니하고"(16),

② "우리의 본래 하던 것 곧 우리와 우리 선조와 우리 왕들과 우리 방백들이 유다 성읍들과 예루살렘 거리에서 하던 대로 하늘 여신에게 분향하고 그 앞에 전제를 드리리라"(17상) 합니다.

③ 왜냐하면 "대저 그 때에는 우리가 식물이 풍부하며 복을 받고 재앙을 만나지 아니하였더니"(17하),

④ "우리가 하늘 여신에게 분향하고 그 앞에 전제 드리던 것을 폐한 후부터는 모든 것이 핍절하고 칼과 기근에 멸망을 당하였느니라"(18) 하고, 자신들이 왜 "다른 신"을 섬기는지 그 이유를 댑니다.

㉠ 저들이 말하는 "하늘 여신에게, 전제 드리던 것을 폐한 후부터"란 요시야 왕 때의 종교개혁을 가리키는 말입니다. 그때 "하늘의 일월 성신을 위하여 만든 모든 기명을 여호와의 전에서 내어다가 예루살렘 바깥 기드론 밭에서 불사르고"(왕하 23:4) 모든 우상을 폐하였던 것입니

다. 그러나 그것도 잠시 뿐 그가 죽자 아들 대에 가서는 다시 타락하여 폐하였던 우상을 다시 숭배하였던 것입니다. 이처럼 누적된 악행으로 인하여 예루살렘이 심판을 받게 되었는데, 저들은 이것이 하늘 여신을 섬기던 것을 폐했기 때문이라고 말하고 있습니다. 성경은 "사람이 미련하므로 자기 길을 굽게 하고 마음으로 여호와를 원망하느니라"(잠 19:3) 하십니다. ㉡ "본래 하던 대로" 하겠다는 것은 7:17-18에 나타나 있는데 "너는 그들이 유다 성읍들과 예루살렘 거리에서 행하는 일을 보지 못하느냐 자식들은 나무를 줍고 아비들은 불을 피우며 부녀들은 가루를 반죽하여 하늘 황후를 위하여 과자를 만들며 그들이 또 다른 신들에게 전제를 부음으로 나의 노를 격동하느니라", 이것이 그들이 "본래 하던" 방식입니다.

⑤ 이점에서 생각하게 되는 것은 예루살렘이 하나님의 징벌을 당한 후에, 애굽으로 내려간 자들과, 바벨론으로 내려간 "포로들"의 행위가 어떻게 다르게 나타나고 있는가를 대조해 볼 필요가 있습니다. 애굽으로 내려간 자들과는 달리 바벨론으로 내려간 자들은,

우리가 바벨론의 여러 강변 거기 앉아서 시온을 기억하며 울었도다
예루살렘아 내가 너를 잊을진대 내 오른 손이 그 재주를 잊을지로다
내가 예루살렘을 기억지 아니하거나
내가 너를 나의 제일 즐거워하는 것보다 지나치게 아니할진대
내 혀가 내 입천장에 붙을지로다 (시 137:1-6) 하고 사모하고 있는 것으로 나타납니다. 그들은 우상숭배를 강요하는 느부갓네살 왕에게 대답합니다. "그리 아니 하실지라도 왕이여 우리가 왕의 신들을 섬기지도 아니하고 왕의 세우신 금신상에게 절하지도 아니할 줄을 아옵소서"(단 3:18). 이것이 24장에서 말씀한 "좋은 무화과와, 악한 무화과"의 차이입니다.

셋째 단원(20-30) 더 참으실 수 없으신 하나님

"예레미야가 남녀 모든 무리 곧 이 말로 대답하는 모든 백성에게 일러 가로되"(20).

① 재앙을 만나게 된 원인이 우상을 폐했기 때문이 아니라, "너희 선조(先祖)와 너희 왕들과 방백들과 유다 땅 백성이"(21) 우상을 숭배했기 때문에 "여호와께서 너희 악행과 가증한 소위를 더 참으실 수 없으셨으므로 너희 땅이 오늘과 같이 황무하며 놀램과 저주거리가 되어 거민이 없게 되었나니"(22),

② "너희가 분향하여 여호와께 범죄하였으며 여호와의 목소리를 청종치 아니하고 여호와의 법과 율례와 증거대로 행치 아니하였으므로 이 재앙이 오늘과 같이 너희에게 미쳤느니라"(23) 하고 그 원인이 다른 신을 섬긴 데 있음을 재차 말해줍니다.

③ 그런 후에 너희가 말하기를 "우리가 서원한 대로 반드시 이행하여 하늘 여신에게 분향하고 전제를 드리리라 하였은즉 너희 서원을 이행하라 하시느니라"(25) 합니다. "너희 서원을 이행하라"는 말은 우상숭배를 하라는 말씀이 아닌가? 이렇게 하시는 것을 가리켜 성경은 "내어 버려 두사"(롬 1:24-26) 라고 말씀합니다. 하나님께서 책망하시고 징계하심은 사랑하시기 때문입니다. 그러므로 마음대로 하라고 내어 버려 두심은 예루살렘이 멸망당하는 것보다도 더한 저주인 것입니다.

④ 다만 이렇게 말씀하실 뿐입니다. "내 말이 성립되었는지, 자기들의 말이 성립되었는지 알리라"(28).

거울과 경계

성경은 "무엇이든지 전에 기록한 바는 우리의 교훈을 위하여 기록된 것이니"(롬 15:4) 하고 말씀합니다. 그런 뜻에서 저들이 말한 17-18은 우리의 거울이 되고 중요한 경계가 됩니다. 어찌하여 저들이 참 신을 버리고 다른 신, 즉 우상 숭배에 빠지게 되었는가?

① 하나님 중심이 아니라 자기 중심이 되었기 때문입니다. 17-18 두 절 속에 "우리"라는 말이 무려 8번이나 나옵니다. "우리, 우리" 하면서 "우리가 복을 받았다"고 말하고 있습니다. 놀랍게도 하나님이라는 말은 단 한마디도 없습니다. 이것이 인본주의 신앙입니다.

② 인본주의 신앙은 필연적으로 기복신앙에 빠지게 되는 것입니다. "그 때에는 우리가 식물이 풍부하며 복을 받고, 폐한 후부터는 모든 것이 핍절하고 칼과 기근에 멸망을 당하였느니라" 하고 물질적인 축복에 집착하고 있음을 봅니다.

③ "자기 중심, 물질 중심"의 신앙에 빠진 그들은 바로의 종 되었던 이스라엘을 "구속하여 너희로 내 백성을 삼고 나는 너희 하나님이 되리니"(출 6:6-7) 하신 "하나님의 사랑, 은혜"에 대하여는 일언반구 말이 없음을 보게 됩니다. 이들과는 대조적인 말씀이 있는데 이 무렵에 세움받은 하박국 선지자는 "비록 무화과나무가 무성치 못하며 포도나무에 열매가 없으며 감람나무에 소출이 없으며 밭에 식물이 없으며 우리에 양이 없으며 외양간에 소가 없을지라도 나는 여호와로 인하여 즐거워하며 나의 구원의 하나님을 인하여 기뻐하리라"(합 3:17-18)고 찬양하고 있습니다. "여호와" 자신을 즐거워하며 "구원"을 기뻐하는 이것이 진정 하나님을 섬기는 자세입니다.

④ 그러므로 "다른 신"을 섬겼다는 말을 신약적으로 바라볼 때에 어떻게 우리에게 적용이 되는가? 신약성경은 "구원을 얻을 만한 다른 이름을 우리에게 주신 일이 없다"(행 4:12), 즉 우리를 구원할 다른 신이 없음을 말씀합니다. 그러므로 구속사의 문맥으로 바라본다면 멸망당한 원인이 메시아언약, 곧 그리스도를 배척했기 때문임을 깨달아야만 합니

다.

⑤ 저들이 추구한 물질축복에 대하여 신약성경은 무엇이라 말씀하고 있는가? ㉠ "내가 여러 번 너희에게 말하였거니와 이제도 눈물을 흘리며 말하노니 여러 사람들이 그리스도 십자가의 원수로 행하느니라 저희의 마침은 멸망이요 저희의 신(神)은 배요 그 영광은 저희의 부끄러움에 있고 땅에 일을 생각하는 자라"(빌 2:18-19) 하고 말씀합니다. "저희의 신은 배요, 땅의 일을 생각하는 자라"는 말씀을 명심해야만 합니다. 그 마침은 "멸망"이라고 단언합니다. ㉡ 또 신약성경은 "그러므로 땅에 있는 지체를 죽이라 곧 음란과 부정과 사욕과 악한 정욕과 탐심이니 탐심은 우상숭배니라"(골 3:5) 하고 신약적인 우상이 무엇인가를 말씀해 주고 있습니다.

⑥ 사도 바울은 선지자적인 영감에 의하여 "말세에 고통 하는 때가 이르리니 사람들은 자기를 사랑하며 돈을 사랑하며 자긍하며 교만하며…쾌락을 사랑하기를 하나님 사랑하는 것보다 더하며"(딤후3:1-4) 하고 그런 날이 이르게 될 것을 경고했습니다. 이것이 세상 풍조입니다. 그런데 그리스도인들도 이러한 풍조에 빠져있다면 이는 우상숭배자들이 추구하는 기복신앙(祈福信仰)과 다를 바가 없는 것입니다. 그렇다면 우리가 믿는 하나님이 성경에 계시하신 아브라함과 이삭과 야곱의 하나님, 곧 예수 그리스도의 하나님(엡 1:17)을 믿고 있는 것이 아니라, "축복의 하나님, 만사형통의 하나님"이라는 동명이인의 하나님을 믿고 있는 것은 아닌지 깊은 고민이 있어야 할 것입니다.

저들은 말했습니다. "전에 하던 대로, 모든 사람이 하던 대로", 이는 개혁주의(改革主義) 신앙과는 반대되는 말입니다. 우리들도 "많은 교인들이 하는 대로, 다른 교회가 하는 대로, 다른 설교자가 하는 대로" 하리라고 말하고 있지는 아니합니까?

45장

너는 대사를 경영하지 말라

[5]네가 너를 위하여 대사를 경영하느냐 그것을 경영하지 말라 보라 내가 모든 육체에게 재앙을 내리리라 그러나 너의 가는 모든 곳에서는 내가 너로 생명 얻기를 노략물을 얻는 것 같게 하리라 여호와의 말이니라 하셨느니라.

45장은 하나님께서 바룩에게 하신 내용입니다. "여호와께서 나의 고통에 슬픔을 더하셨다"(3)고 탄식하는 바룩에게 "너는 대사(大事)를 경영(經營)하지 말라"(5)고 말씀하십니다. 그렇다면 바룩이 탄식하는 이유는 무엇이며, "대사를 경영하지 말라" 하심은 무슨 뜻인가?

하나님의 절대주권

"유다 왕 요시야의 아들 여호야김 제 사 년에 네리야의 아들 바룩이 예레미야의 구전대로 이 모든 말을 책에 기록하니라 때에 선지자 예레미야가 그에게 말하여 가로되"(1).

45장은 "여호야김 4년"에 임한 말씀임을 밝히고 있습니다. 이는 36장 1절과 부합합니다. 그렇다면 "유다 땅에 거하라"는 여호와의 말씀을 청종치 아니하고 예레미야와 바룩까지 영솔하고 애굽으로 내려온 지금의 시점으로부터 약 20년 전 이야기가 됩니다. 그렇다면 이 말씀을 36장에 기록하지 않고 여기에 기록케 하신 의도가 무엇일까?

① 먼저 "여호와께서 나의 고통에 슬픔을 더하셨다"(3)고 말하는 바룩의 고통과 슬픔이 무엇일까 하는 점부터 생각해보아야만 할 것입니다. 3절 한 절 속에는 "슬픔, 고통, 탄식, 피곤"이라는 말로 가득합니다. 이는 박해로 인한 일신상의 고통과 슬픔도 포함이 될 것입니다 만, 그것은 바울이 겪었던 그런 고통이었을 것입니다. 바울에게도 동족 유대인들로 인하여 "큰 근심이 있는 것과 마음에 그치지 않는 고통"(롬 9:2)이 있었다고 술회하고 있습니다. 예레미야가 구전하는 것을 받아 기록하면서 바룩에게는 고통과 슬픔이 있었을 것입니다. 왜냐하면 그 내용이 좋은 소식이 아니라 멸망을 당하게 된다는 심판의 경고였기 때문입니다.

② 바룩의 슬픔과 고통은 "탄식"으로 표출이 되고 있는데 그것은 불가피하게 하나님의 하시는 일(경영)에 대한 의문으로 이어졌을 것입니다. 이러한 의문은 하박국 선지자에게도 있었습니다. 하나님께서 바벨론을 들어서 유다를 심판하실 것을 말씀하시자 "악인이 자기보다 의로운 자를 삼키되 잠잠하시나이까"(합 1:13) 하고 어찌하여 보다 악한 바벨론은 심판하시지 않고 유다 만 심판하시느냐고 이의를 제기했던 것입니다. 즉 "대사를 경영"했던 것입니다. 이에 대하여 하나님은 이 후에 바벨론도 심판하실 것을 말씀하시면서 "그러나 의인은 믿음으로 말미암아 살리라"(합 2:4)고 대답하셨던 것입니다.

신약에서는 사도 바울에게도 이러한 난제(難題)가 있었음을 보게 됩니다. "저희는 이스라엘 사람이라 저희에게는 양자 됨과 영광과 언약들과 율법을 세우신 것과 예배와 약속들이 있고 조상들도 저희 것이요 육신으로 하면 그리스도가 저희에게서 나셨으니"(롬 9:4-5) 합니다. 그런 그들에 의하여 그리스도가 배척을 당하고, 그리하여 선민 이스라엘이 버림을 당하게 되다니, 이것이 풀 수 없는 난제였습니다. 사도 바울은 이 난제를 하나님의 절대주권으로 해결했던 것입니다. "이 사람아 네가 뉘기에 감히 하나님을 힐문하느뇨 지음을 받은 물건이 지은 자에게 어찌 나를 이같이 만들었느냐 말하겠느뇨"(롬 9:20) 합니다. 바룩의 탄식도 이러한 탄식이었을 것입니다.

③ 바룩의 심사를 아시는 하나님께서는 "보라 나는 나의 세운 것을 헐기도 하며 나의 심은 것을 뽑기도 하나니 온 땅에 이러하거늘"(4) 하고 절대주권이 하나님께 있음을 말씀하시면서 이어지는 46-50장을 통해서 이스라엘을 괴롭혔던 열방을 심판하실(헐고, 뽑으실) 것을 말씀하시는 것입니다. 이는 바룩의 슬픔과 탄식에 대한 답변인 셈입니다.

④ 그러므로 "네가 너를 위하여 대사(大事)를 경영하느냐"(5상) 하고 물으신 것을 바룩이 자신을 위하여 어떤 은사나 무슨 지위를 탐한 것으로 볼 수는 없습니다. 그런 것을 하나님께서 "대사"라고 말씀하시겠습니까? 또한 상황으로 보더라도 바룩이 그런 것을 구할 시점이 아닌 것입니다.

⑤ 그것은 "하나님의 나라건설"이라는 대사를 마치 바룩 자신이 이루어 나가고 있는 양, 그리하여 모든 책임을 자기 두 어깨에 메고 있는 것처럼 걱정하지 말라는 뜻으로 받아야 할 것입니다. 하나님은 "네가 너를 위하여"(5상) 하는 것이 아니라 "내가 나를 위하여" 할 것이다 라고 말씀하시는 셈입니다.

⑥ 이점은 다윗 언약에도 나타나 있습니다. 다윗이 하나님을 위하여 성전을 건축하려하자 하나님께서는 "네가 나를 위하여 거할 집을 건축

하겠느냐"(삼하 7:5) 물으시면서 "여호와가 너를 위하여 집을 이루고(세워주겠다)"(11) 라고 말씀하셨습니다. 하나님의 일은 하나님이 하십니다. "일을 행하는 여호와, 그것을 지어 성취하는 여호와, 그 이름을 여호와라 하는 자가 이같이 이르노라"(33:2) 하십니다.

⑦ 그러므로 "그것을 경영하지 말라"(5중) 하십니다. 이스라엘을 택하신 이도 하나님이시오, 택한 그들을 심판하시는 이도 하나님이십니다. 하나님께서는 "진흙으로 만든 그릇이 토기장이의 손에서 파상하매 그가 그것으로 자기 의견에 선한 대로 다른 그릇을 만드시려는"(18:4) 계획을 갖고 계시다(경영)는 것입니다. 그런데 바룩은 자기 자신이 "경영주"인 양 슬픔과 고통과 탄식을 한 몸에 짊어지고 있는 것입니다. 경영주에게 쓰임을 받는 종들은 하라는 대로 믿고 순종하기만 하면 되는 것입니다.

⑧ 바룩의 "탄식과, 경영"은 주의 신실한 종들이 빠지기 쉬운 함정인 것입니다. 제게도 그런 경험이 있었습니다. 산기슭을 거닐면서 성경을 읽고 있던 나는 성령의 조명하심을 받게 되었습니다. 읽고 있던 본문이 로마서 4:4-5이었는데 "일하는 자에게는 그 삯을 은혜로 여기지 아니하고 빚으로 여기거니와 일을 아니 할지라도 경건치 아니한 자를 의롭다 하시는 이를 믿는 자에게는 그의 믿음을 의로 여기시나니" 라는 말씀이었습니다. 하나님의 은혜는 일하고 품값 받듯 하는 것이 아니라 값없이 거저 주신다는 말씀입니다.

이 경험은 나로 하여금 복음에 미친 목사가 되게 하였습니다. 그 후로 에베소서를 통하여 "영광스러운 교회"를 보게 해주셨습니다. 몇 년의 시간이 흘렀습니다. 그런데 복음은 역사하시지 않는 것 같았고, 섬기는 교회의 모습은 영광스러운 교회를 닮은 것 같지가 않았습니다. 선을 행하다가 낙망을 하게 된 것입니다. 이 때 창세기를 통해서 하나님의 주권을 만나게 해주셨습니다. 온 세상의 염려를 너 혼자 걸머지고 있는 양

걱정하지 말라 하나님의 나라건설은 네가 하는 것이 아니라 내가 하는 것이다. 그 후로 "사람은 다 거짓되되 오직 하나님은 참되시다 할지어다"(롬 3:4) 하고 하나님 중심으로 성경을 보게 된 것입니다. 이 이정표가 책들을 펴낸 순서(로마서 강해, 영광스러운 교회, 창세기 파노라마)이기도 합니다.

⑧ 하나님께서는 바룩에게 이를 말씀하고 있는 것이라고 여겨집니다. 그러므로 이 말씀이 36장에 기록되지 않고 ㉠ 예루살렘은 멸망을 당하고, ㉡ 성전은 불타고, ㉢ 형제들은 포로로 끌려가고, ㉣ 자신들은 애굽으로 끌려온, 한 줄기 빛도 없는 절망적인 상황인 지점, 45장에 기록되게 된 것입니다.

⑨ 하나님께서는 바룩에게 한가지 보장을 해주십니다. "내가 너로 생명 얻기를 노략물을 얻는 것 같게 하리라"(5하) 하고 "생명" 즉 구원을 보장해주십니다. 이 말씀은 예레미야서에만 네 번(21:9, 38:2, 39:18, 45:5)이나 나오고 있는 핵심적인 주제 중 하나입니다. 무슨 뜻입니까? 이 말씀이 가장 구체적으로 나타난 39장 18절, "내가 단정코 너를 구원할 것인즉 네가 칼에 죽지 아니하고 네 생명이 노략물을 얻음같이 되리니 이는 네가 나를 신뢰함이니라 여호와의 말이니라"(39:18) 하신 말씀을 통해서 볼 때, ㉠ 다른 사람들이 멸망을 당하는 중에서도 구원하여 주시겠다 는 뜻입니다. ㉡ 그렇게 하심은 너에게 무슨 공로(행위)가 있어서가 아니라 나를 신뢰한 믿음으로 된 것이라고 말씀합니다. ㉢ 노략물, 그렇습니다. 그것은 값없이 거저 주시겠다는 뜻입니다. "구원", 이것이 바룩에게 돌아갈 분깃인 것입니다.

46-50장

열국을 심판하시는 하나님

[46:28]나 여호와가 말하노라 내 종 야곱아 내가 너와 함께 하나니 두려워 말라 내가 너를 흩었던 그 열방은 다 멸할지라도 너는 아주 멸하지 아니하리라 내가 너를 공도로 징책할 것이요 결코 무죄한 자로 여기지 아니하리라.

46-50장은 "열국에 대하여 선지자 예레미야에게 임한 여호와의 말씀"(1)입니다. 그 내용은 한마디로 열국을 심판하시겠다는 말씀입니다. 1-45장까지는 유다를 향한 책망과 심판의 경고였습니다. 그리고 끝내 그 경고대로 심판이 임하고야 만 것입니다. 자기 백성, 자기 도성을 심판하신 하나님은 이 시점에서 열방에 대한 심판을 선언하시는 것입니다.

거론하신 열국은 모두 열 나라인데 그렇다고 열 나라만을 심판하시겠다는 말씀이 아닌 것입니다. 예레미야를 선지자로 부르실 때에 "보라 내가 오늘날 너를 열방 만국 위에 세우고 너로 뽑으며 파괴하며 넘어뜨리며 건설하며 심게 하였느니라"(1:10) 하신 대로 천하 만국이 하나님의 심판 아래 있는 것입니다. 열 나라를 거론한 것은 이 나라들이 이스라엘을 중심으로 한 주변 국가들이기 때문입니다.

① 애굽은 남방에 있으며, ② 블레셋은 서쪽에 있고, ③ 모압은 사해 건너 유다의 동남쪽에 있으며, ④ 암몬은 요르단의 동쪽이요, ⑤ 에돔은 사해 남쪽 세일산이 있는 험준한 산악지대에 있었고, ⑥ 다메섹은 헐몬 산 서북쪽에 위치해 있고, ⑦ 게달은 이스마엘 자손으로 아라비아 광야에 도시를 건설한 자들이요, ⑧ 하솔 나라는 정확히는 알려지지 않고 있으나 게달과 인접한 아라비아 광야에 있는 족속이요, ⑨ 엘람은 바벨론의 동쪽에 위치해 있었는데 메대와 연합하여 바벨론을 정복(사 21:2) 한 족속이요, ⑩ 마지막으로 바벨론을 말씀하고 있는데 성경은 바벨론를 가리켜 "북방의 재앙"(4:6)이라고 말씀하고 있습니다.

이렇듯 열 나라들은 이스라엘을 중심으로 동서남북에 포진해 있었으며 이스라엘에 영향력을 행사한 나라들입니다. 그래서 열 나라를 말씀하고 있는 것입니다. 이를 전체적으로 파악하기 위해서는 46-50장을 나눔이 없이 함께 취급하는 것이 도움이 될 것입니다. 이 점을 네 부분으로 나누어 상고하겠습니다.

첫째 부분 **열국의 중심 이스라엘**

둘째 부분 **열국이 심판 받게 되는 세 가지 죄,**

셋째 부분 **자기 백성에게 향하신 하나님의 긍휼,**

넷째 부분 **열국 심판의 구속사적 의미,**

첫째부분, 열국의 중심 이스라엘

① 하나님이 만국 중에서 택하사 선민으로 삼으신 이스라엘이 비록 작은 나라이지만 구약의 역사는 이 작은 나라 이스라엘을 중심 축으로 하여 회전하고 있음을 간파해야만 하는 것입니다. 즉 이스라엘이 열국의 중심(中心)에 있다는 것입니다. 하나님께서 "내가 땅의 모든 족속 중에 너희만 알았나니"(암 3:2), "열국 중에서 내 소유가 되겠고, 제사장 나라가 되리라"(출 19:5-6) 하심이 이를 뜻합니다.

이 열국에 대한 심판 예언을 성경에 기록케 하심도 어느 시대를 막론하고 세계 열국의 중심에 하나님의 나라(교회)가 있다는 것과, 세계역사가 하나님의 나라(교회)를 중심으로 회전하고 있으며, 다시 말하면 세속사는 하나님께서 이루어 나가시는 구속사를 성취하기 위해서 존재한다는 진리를 말씀하기 위해서입니다. 그가 하나님의 백성들이요, 자녀들이라면 자신이 세계의 중심이요, 우주의 중심이라는 하나님의 비전을 깨달아 간직하고 있어야만 하는 것입니다.

② 이점이 다니엘서에 계시되어 있습니다. 다니엘서에는 "지극히 높으신 자가 인간 나라를 다스리시며 자기의 뜻대로 그것을 누구에게든지 주시는" 하나님이심이 네 번(단 4:17, 25, 32, 5:21)이나 강조되어 있습니다. 그리고 이렇게 말씀합니다. "이 열왕의 때에 하늘의 하나님이 한 나라를 세우시리니 이것은 영원히 망하지도 아니할 것이요 그 국권이 다른 백성에게로 돌아가지도 아니할 것이요 도리어 이 모든 나라를 쳐서 멸하고 영원히 설 것이라"(단 2:44). 비록 이스라엘이라는 나라가 작은 나라였으나 구약시대에 있어서(신약시대에는 교회) 열국의 중심에 있었던 것입니다. 다니엘은 비록 적국에 끌려온 포로의 신세였으나 하나님의 백성으로써 이 비전을 간직하고 있었기 때문에 승리의 삶을 살수가 있었던 것입니다.

둘째 부분, 열국이 심판 받게 되는 세 가지 죄,

첫째, 이스라엘을 대적한 죄

열국이 어찌하여 심판을 받게 되는가? 첫째는 하나님께서 "눈동자"(신 32:10) 같이 사랑하시는 백성들을 대적했기 때문입니다. "그 날은 주 만군의 여호와께서 그 대적에게 원수 갚는 보수일이라"(46:10) 하십니다. 열국을 가리켜 "대적, 원수"라고 말씀합니다. 그리고 그들을 심판하시는 날을 "보수일(報讎日), 즉 원수 갚는 날이라고 말씀하고 있습니다(46:10, 21, 50:15, 18, 27-28, 51:6, 11, 36, 56). "내 사랑하는 자들아 너희가 친히 원수를 갚지 말고 진노하심에 맡기라 기록되었으되 원수 갚는 것이 내게 있으니 내가 갚으리라고 주께서 말씀하시니라"(롬 12:19) 한 그 날인 것입니다. 어찌하여 열국이 대적과, 원수가 되었단 말인가? 하나님의 백성들을 대적했기 때문입니다. 열국(열 나라)들은 직접, 또는 간접적으로 선민 이스라엘을 괴롭힌 나라들입니다. 구약시대는 열국이 이스라엘을 괴롭혔지만 시약시대에는 하나님의 교회를 핍박한 것으로 적용이 되는 것입니다. 이 점을 시편에서는 이렇게 말씀하고 있습니다.

어찌하여 열방이 분노하며 민족들이 허사를 경영하는고
세상의 군왕들이 나서며 관원들이 서로 꾀하여
여호와와 그 기름 받은 자를 대적하며
우리가 그 맨 것을 끊고 그 결박을 벗어버리자 하도다
하늘에 계신 자가 웃으심이여 주께서 저희를 비웃으시리로다
그 때에 분을 발하며 진노하사 저희를 놀래어 이르시기를
내가 나의 왕을 내 거룩한 산 시온에 세웠다 하시리로다"(시 2:1-6).

① 모압을 가리켜 "네가 이스라엘을 조롱하지 아니하였느냐"고 말씀하면서 "그가 도적 중에서 발견되었느냐(도적질 하다가 붙들렸단 말이냐) 네가 그를 말할 때마다 네 머리를 흔드는도다"(48:27) 하십니다. 하나님은 이를 기억하고 계십니다.

② 암몬을 향해서는 "이스라엘이 무자(無子)하냐 상속자가 없느냐 말감이 갓을 점령하며 그 백성이 그 성읍들에 거함은 어찜이뇨"(49:1) 하십니다. 여기 "말감"이란 암몬의 수호신인데 앗수르가 이스라엘을 침공하였을 때에 그 기회를 틈타서 암몬이 이스라엘의 영토인 갓을 점령했던 것입니다. "이스라엘이 무자하냐 상속자가 없느냐"는 말은 그 땅이 임자 없는 땅인 줄 알았단 말이냐 하고 힐책하시는 말씀입니다. 하나님은 이를 갚아주시려는 것입니다

③ "나 만군의 여호와가 이같이 말하노라 이스라엘 자손과 유다 자손이 함께 학대를 받는도다 그들을 사로잡은 자는 다 그들을 엄히 지켜 놓아주지 아니하거니와"(50:33) 합니다. 이는 북쪽 이스라엘은 앗수르에 의하여, 남쪽 유다는 바벨론에 의하여 정복을 당하고 백성들을 포로로 사로잡아갔음을 가리키는 말씀입니다. 스가랴 1:15에 "안일한 열국을 심히 진노하나니 나는 조금만 노하였거늘 그들은 힘을 내어 고난을 더하였음이라" 하십니다. 하나님께서는 이렇게 한 것을 심판하시려는 것입니다.

④ 49:7절 이하에서 에돔을 심판하실 것을 말씀하고 있는데 그들이 유다에 범한 죄를 시편 기자는 "여호와여 예루살렘이 해 받던 날을 기억하시고 에돔 자손을 치소서 저희 말이 훼파하라 훼파하라 그 기초까지 훼파하라 하였나이다"(시 137:7) 하고 분통을 터뜨리고 있습니다. 에돔은 에서의 별명인데 형제인 야곱 자손들이 바벨론에 의하여 멸망을 당할 때에 동정을 한 것이 아니라 "그 기초까지 훼파하라" 하고 도리어 부추겼던 것입니다. 하나님은 그들이 행한 대로 갚으시려는 것입니다.

⑤ 궁극적으로는 "나의 산업을 노략하는 자여"(50:11) 하신 대로 이는 하나님의 산업을 노략한 것이었습니다. 이 점을 스가랴 선지자를 통해서는 "무릇 너희를 범하는 자는 그의 눈동자를 범하는 것이라"(슥 2:8)고 말씀하고 있습니다. 이에 대한 좋은 해설이 시편에 있습니다.

하나님이여 열방이 주의 기업에 들어와서
주의 성전을 더럽히고 예루살렘으로 돌무더기가 되게 하였나이다
저희가 주의 종들의 시체를 공중의 새에게 밥으로 주며
주의 성도의 육체를 땅 짐승에게 주며(시 79:1-2),

"주의 기업, 주의 성전, 주의 종들, 주의 성도"라고 말씀하고 있습니다. 이는 하나님의 소유요, 기업이요, 산업임을 말씀함입니다. 이처럼 "나의 산업을 노략"한 자들을 방관하시겠습니까? 이것이 하나님께서 열국을 심판하시는 첫째 이유입니다.

둘째, 다른 신을 섬긴 죄

열국이 어찌하여 심판을 받게 되는가? 둘째는 다른 신, 즉 우상을 숭배했기 때문입니다. 이는 저들이 하나님의 백성들을 조롱하고 대적한 죄와 불가분의 관계가 있는 것입니다. 왜냐하면 그들이 이스라엘을 정복하고는 그 영광을 자신들이 섬기고 있는 수호신에게 돌렸기 때문입니다. 즉 자신들의 승리를 수호신의 승리로 여긴 것입니다. 만군의 여호와 하나님보다 자신들의 신이 더 강하고 위대하다고 생각한 것입니다. 이는 열방만이 그렇게 생각한 것이 아니라 이스라엘 백성들까지도 그렇게 여겼기 때문에 그들의 우상을 따라 섬기게 이른 것입니다. 그러므로 열

국과 함께 그들의 신에 대한 심판은 불가피했던 것입니다.

① "나 만군의 여호와 이스라엘의 하나님이 말하노라 보라 내가 노의 암몬과 바로와 애굽과 애굽 신들과 왕들 곧 바로와 및 그를 의지하는 자들을 벌 할 것이라"(46:25) 하십니다. 여기서 말하는 "노의 암몬"이란 애굽의 주신(主神) 중 하나인데 "내 분노를 애굽의 견고한 성(城), 신(神)에 쏟고 또 노의 무리를 끊을 것이라"(겔 30:15) 하십니다.

② "네가 네 공작과 보물을 의뢰하므로 너도 취함을 당할 것이요 그모스는 그 제사장들과 방백들과 함께 포로 되어 갈 것이라"(48:7) 하십니다. "그모스"는 솔로몬 왕이 섬겼던(왕상 11:7) 모압의 주신(主神)입니다. "나 여호와가 말하노라 모압 산당에서 제사하며 그 신들에게 분향하는 자를 내가 그치게 하리라(35) 하십니다.

③ "암몬 자손에 대한 말씀이라, 말감이 갓을 점령하며 그 백성이 그 성읍들에 거함은 어찜이뇨"(49:1) 하십니다. 암몬 자손이 유다 땅 갓을 점령한 것을 마치 그들의 주신인 "말감"이 점령한 것으로 묘사하고 있습니다. 이를 하나님께서 묵과하실 수가 있으시겠습니까?

④ 바벨론에 대하여 광고하라 공포하라 하십니다. "바벨론이 함락되고 벨이 수치를 당하며 므로닥이 부스러지며 그 신상들은 수치를 당하며 우상들은 부스러진다 하라"(50:1-2) 하십니다. "벨, 므로닥"은 바벨론의 주신들입니다. "그 신상들은 수치를 당하며 우상들은 부서진다 하라" 하십니다. 이를 예레미야 선지자더러 예언하라 하십니다. 지금까지 예레미야는 바벨론에게 항복하라고 권유했었습니다. 그리하여 바벨론 당국자들에게 우대를 받기도 했습니다. 그런데 이제는 바벨론이 함락되리라고 말하라 하심으로 그렇게 광고하고 공포하고 있는 것입니다. 이는 죽음까지도 불사해야 할 수 있는 일입니다. 그래서 하나님께서는 "숨김이 없이 공포"하라 명하셨던 것입니다. 그리고 선지자가 예언한 대로 바벨론은 역사적으로 멸망당하고야 말았던 것입니다.

셋째, 교만과 자고와 오만한 죄

열국이 어찌하여 심판을 받게 되는가? 셋째는 하나님 앞에 교만히 행한 죄를 들고 있습니다.

① "우리가 모압의 교만을 들었나니 심한 교만 곧 그 자고와 오만과 자긍과 그 마음의 거만이라"(48:29) 하십니다. "모압으로 취하게 할지어다 이는 그가 나 여호와를 거스려 자만함이라"(48:26) 하십니다. 42절에서도 "모압이 여호와를 거스려 자만하였으므로 멸망하고 다시 나라를 이루지 못하리라" 하고 멸망의 이유를 말씀하십니다.

② 에돔에 대하여도 "네 마음의 교만이 너를 속였도다"(49:16) 하고 교만으로 인하여 스스로 멸망을 자초하였음을 말씀합니다.

③ 바벨론을 향해서도 "그 일한 대로 갚고 그 행한 대로 그에게 행하라 그가 이스라엘의 거룩한 자 여호와를 향하여 교만하였음이니라"(50:29) 하십니다. 31-32절에서도 "주 만군의 여호와가 말하노라 교만한 자여 보라 내가 너를 대적하리니 네 날 곧 너를 벌할 때가 이르렀음이라 교만한 자가 걸려 넘어지겠고 그를 일으킬 자가 없을 것이며" 하십니다. 열방이 심판을 받게 되는 것은 ㉠ 하나님의 백성을 박해하고, ㉡ 우상을 숭배하고, ㉢ 하나님께 교만히 행한 세 가지 죄 때문입니다. 또한 이 죄는 모든 불신 세계가 심판 받게 되는 원인이기도 합니다.

셋째 부분, 자기 백성에게 향하신 하나님의 긍휼,

46-50장의 중심점이 열국의 심판에 있는 것이 아님을 유념한다는 것은 중요한 요점입니다.

이 점은 성경역사가 동일합니다. 노아 홍수심판을 보십시오. 홍수의 목적이 심판에 있는 것이 아니라 작은 무리(당시는 노아의 한 가정)를 보존하셔서 지속적으로 하나님의 나라건설을 이루시기 위해서였던 것입니다. 요한 계시록도 일곱 인, 일곱 나팔, 일곱 대접 심판에 중심이 있는 것이 아닙니다. "나 예수는 교회들을 위하여 내 사자를 보내어 이것들을 너희에게 증거하게 하였노라"(계 22:16) 하신 "교회"에 중심이 있는 것입니다. 언제나 중심점은 "하나님의 나라건설"에 있습니다. 하나님의 나라를 건설해나가는 중에 대적하는 열국을 심판하심은 불가피한 일입니다.

동일한 맥락에서 예루살렘이 멸망당한 지점에서 열국 심판을 말씀하심도 자기 백성에게 향하신 하나님의 긍휼을 나타내기 위함에 있는 것입니다. 이를 기록케 하심도 열국을 위해서가 아닙니다. 심판 받아 낙망하고 있는 하나님의 백성들을 위로하고 격려하기 위해서인 것입니다.

① "내 종 야곱아 두려워 말라 이스라엘아 놀라지 말라 보라 내가 너를 원방에서 구원하며 네 자손을 포로 된 땅에서 구원하리니 야곱이 돌아와서 평안히, 정온히 거할 것이라 그를 두렵게 할 자가 없으리라"(46:27).

② "나 여호와가 말하노라 내 종 야곱아 내가 너와 함께 하나니 두려워 말라 내가 너를 흩었던 그 열방은 다 멸할지라도 너는 아주 멸하지 아니하리라 내가 너를 공도(公道)로 징책(懲責)할 것이요 결코 무죄한 자로 여기지 아니하리라"(46:28) 하십니다. 두 절의 말씀을 음미해 보십시오. 참으로 놀라운 자비와 긍휼히 여기심입니다. 예루살렘이 멸망당한 시점에서 ㉠ "두려워 말라" 하고 거듭 거듭 말씀합니다. ㉡ "원방(바벨론)에서 구원하며 네 자손을 포로 된 땅에서 구원하리니" 하고 구원을 거듭 거듭 말씀하십니다. ㉢ "돌아와서 평안히, 정온히 거할 것이라 그를 두렵게 할 자가 없으리라" 하고 "평안과, 정온(靜穩)"을 말

씀하십니다. ㉣ "열방은 다 멸할지라도 너는 아주 멸하지 아니하리라" 하고 약속하십니다. ㉤ 그러나 "내가 너를 공도(公道)로 징책할 것이요 결코 무죄한 자로 여기지 아니하리라" 하십니다. 이것이 자기 백성을 징책하시는 하나님의 마음입니다. 그렇다면 포로 되었던 자가 돌아와서 "평안히, 정온히 거할" 그 날이 언제이겠습니까?

③ "나 여호와가 말하노라 그 날 그때에 이스라엘 자손이 돌아오며 그와 함께 유다 자손이 돌아오되 그들이 울며 그 길을 행하며 그 하나님 여호와께 구할 것이며 그들이 그 얼굴을 시온으로 향하여 그 길을 물으며 말하기를 너희는 오라 잊어버리지 아니할 영원한 언약으로 여호와와 연합하자 하리라"(50:4-5) 하십니다. 울면서 온다는 말은 회개의 눈물을 뜻합니다. 북쪽과, 남쪽 온 이스라엘이 돌아와서 "영원한 언약으로 여호와와 연합"할 그 날이 언제이겠습니까?

④ "이스라엘은 흩어진 양이라 사자들이 그를 따르도다 처음에는 앗수르 왕이 먹었고 다음에는 바벨론 왕 느부갓네살이 그 뼈를 꺾도다 그러므로 나 만군의 여호와 이스라엘의 하나님이 이같이 말하노라 보라 내가 앗수르 왕을 벌한 것같이 바벨론 왕과 그 땅을 벌하고 이스라엘을 다시 그 목장으로 돌아오게 하리니 그가 갈멜과 바산에서 먹을 것이며 그 마음이 에브라임과 길르앗산에서 만족하리라"(50:17-19) 하십니다. "이스라엘이 다시 그 목장으로 돌아와서, 먹고, 만족하리라"는 그 날이 언제이겠습니까?

⑤ "나 여호와가 말하노라 그 날 그때에는 이스라엘의 죄악을 찾을지라도 없겠고 유다의 죄를 찾을지라도 발견치 못하리니 이는 내가 나의 남긴 자를 사할 것임이니라"(50:20) 하십니다. "죄악을 찾을지라도 없겠고, 죄를 찾을지라도 발견치 못하리니", 이는 결정적으로 중요한 단서를 우리에게 제공해주는 말씀입니다. 왜냐하면 성경은 "율법은 장차 오는 좋은 일의 그림자요 참 형상이 아니므로 해마다 늘 드리는 바 같

은 제사로는 나아오는 자들을 언제든지 온전케 할 수 없느니라"(히 10:1) 하고 말씀하고 있기 때문입니다. 그러므로 "죄악을 찾을지라도 발견치 못하게 된다"는 말씀은 율법으로 가능해질 말씀이 아닙니다. "내가 그들의 죄악을 사하고 다시는 그 죄를 기억지 아니하리라"(31: 34) 하신 새 언약으로만이 가능해지는 복음인 것입니다.

⑥ "나 만군의 여호와가 이같이 말하노라 이스라엘 자손과 유다 자손이 함께 학대를 받는도다 그들을 사로잡은 자는 다 그들을 엄히 지켜 놓아주지 아니하거니와 그들의 구속자는 강하니 그 이름은 만군의 여호와라 결코 그들의 원을 펴서 그 땅에 평안함을 주고 바벨론 거민으로 불안케 하리라"(50:33-34) 하십니다. "그들의 구속자는 강하니" 하십니다. 바벨론(사탄) 보다 "더 강한 구속자"로 말미암아 평안함을 얻게 될 것이라고 하나님께서 말씀하시는 그 날이 언제이겠습니까? 궁극적인 그 날은 주께서 말씀하신 바 "강한 자가 무장을 하고 자기 집을 지킬 때에는 그 소유가 안전하되 더 강한 자가 와서 저를 이길 때에는 저의 믿던 무장을 빼앗고 저의 재물을 나누느니라"(눅 11:21-22) 하신 그 날 외에 다른 날은 없는 것입니다.

넷째 부분, **열국 심판의 구속사적 의미,**

46-50장은 열방을 향하여 심판만을 말씀하고 있는 것이 아닙니다. 구원도 동시에 말씀하고 있음을 주목해 보아야만 합니다.

① "그 날은 주 만군의 여호와께서 그 대적에게 원수 갚는 보수일이라"(46:10),

② "재난의 날이 이르렀고 벌받는 때가 왔음이라"(46:21) 하고 그 날은 심판의 날임을 말씀하신 하나님께서,

① "그러나 내가 말일에 모압의 포로로 돌아오게 하리라"(48:47) 하십니다.

② "그러나 그 후에 내가 암몬 자손의 포로를 돌아오게 하리라 여호와의 말이니라"(49:6) 하십니다.

③ "그러나 끝 날에 이르러는 내가 엘람의 포로를 돌아오게 하리라 여호와의 말이니라"(49:39) 하십니다. 이방이 돌아올 그 날이 언제입니까? 이는 우리의 화평이 되시는 예수 그리스도로 말미암아 성취될 신약적인 예언인 것입니다. 이 약속이 있었기에 이방인이었던 우리들이 돌아와 구원에 참여하게 된 것입니다. 그러나 끝내 돌아오지 않는 자들은 어찌 될 것입니까?

열방이 심판 받게 되는 세 가지 죄, 즉 하나님을 대적하고, 우상을 숭배하며, 교만하고 오만이 행한 죄는 그대로 마지막 심판을 받게 되는 원인이 된다는 뜻에서 이 말씀이 오늘의 열방인 불신 세계를 향한 경종이 되는 것입니다. 그러므로 최후심판은 "대적에게 원수 갚는 보수일"일 뿐만이 아니라 "사람들이 동서남북으로부터 와서 하나님의 나라 잔치에 참여"(눅 13:29)하게 되는 구원의 날이기도 한 것입니다.

그 날

한가지 부언할 말씀이 있습니다. 열국에 대한 심판을 말씀하시는 이 대목을 관찰해보면 "그 날, 말일, 끝 날"에 이런 일이 있으리라고 말씀하고 있다는 점입니다. 이는 열국에 대한 심판 예언이 궁극적으로는 신약시대에 성취 될 것임을 나타내고 있습니다.

① "그러나 내가 말일에 모압의 포로를 돌아오게 하리라"(48:47) 하고 그 날이 "말일(末日)"임을 말씀합니다.

② "나 여호와가 말하노라 그 날 그 때에 이스라엘 자손이 돌아오며

그와 함께 유다 자손이 돌아오되 울며 그 길을 행하며"(50:4) 하십니다.

③ "그러나 끝 날에 이르러는 내가 엘람의 포로를 돌아오게 하리라"(49:39) 하고 그 날이 끝 날임을 말씀합니다.

51장

바벨론 멸망의 구속사적 의미

[7]바벨론은 여호와의 수중의 온 세계로 취케 하는 금 잔이라 열방이 그 포도주를 마시고 인하여 미쳤도다.

열국을 심판하실 것에 대한 말씀은 "애굽"(46:2)으로 시작하여 "바벨론"(50:1)으로 마치고 있습니다. 이를 구속사의 맥락에서 바라볼 때에 이도 무심한 일이 아님을 깨닫게 됩니다. 왜냐하면 하나님께서는 성경 앞부분인 출애굽기에서 애굽을 심판하십니다. 그리고 성경 마지막 책에서 "무너졌도다 큰 성 바벨론이여"(계 18:2) 하고 바벨론을 심판하심으로 구속사를 완성하심을 보게 되기 때문입니다.

구속사에 있어서 애굽과 바벨론의 위치는 중요한 의미를 상징하고 있습니다. 두 나라는 사탄의 두 가지 역할을 나타내고 있는데, 애굽은 하나님의 백성을 종으로 사로잡고 있는 사탄의 역할을 보여줍니다. 그러므로 애굽을 심판하심은 "구속"과 관계가 있는 것입니다. 그런 뜻에서 신자들은 애굽으로부터 구속을 받아 하나님의 백성이 되었으나, 불신자들은 아직도 애굽(세상)에 속해 있는 상태입니다.

그러나 바벨론은 애굽을 탈출(구속함을 얻은)한 하나님의 백성들을 우는 사자와 같이 대적하고 있는 사탄의 역할을 나타내고 있는 것입니다. 그러므로 바벨론을 들어서 심판하심은 "징벌"과 연관이 있는 것입니다. 이점을 50:17에서는 "이스라엘은 흩어진 양이라 사자들이 그를 따르도다 처음에는 앗수르 왕이 먹었고 다음에는 바벨론 왕 느부갓네살이 그 뼈를 꺾도다" 하고 말씀합니다. 그러므로 바벨론이 예루살렘을 정복함으로부터 "이방인의 때"는 시작되었다고 보아야만 합니다. 전에도 예루살렘이 공격을 받은 적은 있으나 온전히 정복되기는 바벨론이 처음이었던 것입니다.

그러므로 바벨론에 대한 심판을 맨 마지막에 말씀할 뿐만이 아니라 이미 50장에서 선언하셨음에도 51장에서 재차 말씀하고 있는 의도가 여기에 있는 것입니다. 그러므로 51장은 계시록에서 "무너졌도다 무너졌도다 큰 성 바벨론이여"(계 18:2) 하는 선언과 연관이 있다 하겠습니다. 그렇다면 "바벨론 멸망의 구속사적 의미"가 무엇일까요? 이를 네 단원으로 나누어 상고해 보겠습니다.

첫째 단원(1-14) **바벨론의 멸망과 이스라엘의 구원**

둘째 단원(15-40) **우상의 헛됨과 하나님의 참 되심**

셋째 단원(41-58) **바벨론의 멸망을 기뻐하는 자와 애통해 하는 자**

넷째 단원(59-64) **예언의 확실성**

첫째 단원(1-14) **바벨론의 멸망과 이스라엘의 구원**

"여호와께서 이같이 말씀하시되 보라 내가 멸망시키는 자의 마음을 일으켜 바벨론을 치고 또 나를 대적하는 자 중에 처하는 자를 치되"(1).

첫 단원에서 바벨론의 멸망과 이스라엘의 구원이 대조되어 있음을 관찰할 수가 있습니다. 바벨론은 "진멸"(3)될 것이나, 이스라엘은 "버림을 입지 아니"(5)하리라 하십니다.

① "바벨론을 치고 또 나를 대적하는 자 중에 처하는 자를 치되"(1) 하십니다. 바벨론이 어찌하여 치심을 당해야만 하는가? "나(하나님)를 대적하는 자 중에 처했기" 때문이라고 말씀합니다. 그러므로 바벨론 뿐만이 아니라 하나님을 대적하는 자 중에 처(處)하는 자는 심판 받을 각오를 해야만 하는 것입니다.

② "이는 여호와의 보수의 때니 그에게 보복하시리라"(6하) 하십니다.

③ 바벨론을 가리켜 "온 세계로 취케 하는 금 잔이라" 말씀하면서 "열방이 그 포도주를 마시고 인하여 미쳤도다"(7) 합니다. 이는 계시록에서 "무너졌도다 무너졌도다 큰 성 바벨론이여 모든 나라를 그 음행으로 인하여 진노의 포도주로 먹이던 자로다 하더라"(8), 또는 바벨론을 "많은 물 위에 앉은 큰 음녀"(계 17:1)로 묘사하면서 "땅의 임금들도 그로 더불어 음행 하였고 땅에 거하는 자들도 그 음행의 포도주에 취하였다"(2) 하신 것과 병행하는 말씀입니다. 이는 바벨론이 열방에 끼친 영향력을 뜻하는 것인데 ㉠ 열방을 압제했음을 뜻하기보다는, ㉡ 그 막강한 지배력을 통해서 열방으로 하여금 하나님을 "대적하는 자 중에 처하도록"(1하) 맹주(盟主) 노릇을 했음을 가리킵니다.

그 한 예가 "모든 백성과 나라들과 각 방언하는 자들이, 느부갓네살 왕의 세운 금 신상에게 엎드리어 절하니라"(단 2:7) 한 것을 들 수가 있습니다. 이는 "누구든지 엎드리어 절하지 아니하는 자는 즉시 극렬히 타는 풀무에 던져 넣으리라"는 금령에 복종하지 않을 수가 없었기 때문입니다. 바벨론은 "온 세계로 취케 하고, 미치게" 한 금 신상의 머리요, "어미"(계 17:5)였던 것입니다. 이럴 경우 이를 거부하고 정절을 지킨다는 것은 다니엘과 세 친구의 경우에서 보는 바대로 죽음까지도 불사해야만 가능한 일인 것입니다. 심판은 이에 대한 보수요, 보복인 것입니다.

④ 그러므로 계시록에서 "무너졌도다, 큰 성 바벨론이여" 한 것은 말할 것도 없이 육적인 바벨론을 두고 한 말은 아닌 것입니다. 다니엘서에서 바벨론을 신상의 "금 머리"로 묘사함과 같이 이방인의 때를 상징하는 종주국이기 때문에 그렇게 묘사하고 있을 뿐입니다. 바벨론 이후로 이방인의 때의 종주국(宗主國)으로는 바사, 헬라, 로마로 이어져 내려온 것입니다. 그러므로 계시록에서 말하고 있는 바벨론은 당시로는 로마를 상징하고 있는 것입니다. 그러나 주님께서 재림하실 때에 무너질 악의 도성은 바벨론도, 로마도 아닌 것입니다. 그렇다면 어느 나라일까요? 하나님의 나라를 대적하는 악의 세력들은 결국 하나요, 그것이 바벨론이요 로마라 할 수가 있습니다. 그러므로 계시록에서 "무너졌도다 바벨론이여" 한 것은 이방인의 때가 끝났음을 선언하는 말인 것입니다. 이것이 구속사에 있어서 바벨론 멸망의 의미인 것입니다. 51장은 이런 맥락에서 해석할 때에 그 의미를 바르게 깨달을 수가 있는 것입니다.

그러므로 바벨론을 심판하실 것에 대한 분량이 ㉠ 가장 많고(총 110절), ㉡ 50장에서 끝내지 않고 51장 한 장을 추가하여 별도로 말씀하고 있으며, ㉢ 맨 마지막으로 언급하는 의도가 여기에 있는 것입니다.

⑤ "여호와께서 메대 왕들의 마음을 격발하사 바벨론을 멸하기로 뜻하시나니"(11) 합니다. 이는 메대와 바사를 들어서 심판하실 것을 말씀함입니다.

⑥ "많은 물가에 거하여 재물이 많은 자여 네 탐람의 한정(限定) 네

결국(結局)이 이르렀도다"(13) 하고 종말이 왔음을 선언하십니다.

이스라엘의 구원

이와는 대조적으로 하나님의 백성 이스라엘은 구원에 이르게 될 것을 말씀합니다.

① "대저 이스라엘과 유다가 이스라엘의 거룩하신 자를 거역하므로 죄과가 땅에 가득하나"(5상) 하십니다. 이는 그들도 "죄과"로 말하면 열방같이 멸망 받아 마땅함을 나타내는 말씀입니다.

② "그 하나님 만군의 여호와에게 버림을 입지 아니하였나니"(5하) 하십니다. 어찌하여 버림을 입지 아니합니까? 이는 하나님의 공의에 불공평한 처사가 아닌가? 이것이 가능하여 지는 것은 하나님께서 그들의 열조에게 세워주신 언약이 있기 때문입니다. 즉 언약의 핵심인 아브라함의 자손으로 오실 그리스도의 대속으로 말암아서임을 명심해야만 합니다. 이 점이 10절에 나타납니다.

③ "여호와께서 우리 의를 드러내셨으니"(10상) 합니다. "의를 드러내셨다"는 말을 마치 자기 의, 즉 이스라엘이 죄 없이 바벨론에 의해서 멸망을 당했다던가, 또는 죄 값보다 지나치게 가혹한 벌을 받은 것을 의미하는 양 말해서는 아니 됩니다. 그것을 "의"라고 말할 수가 있겠습니까?

의를 드러내신 하나님

성경은 도리어 "우리의 악한 행실과 큰 죄로 인하여 이 모든 일을 당하였사오나 우리 하나님이 우리 죄악보다 형벌을 경하게 하시고 이만큼 백성을 남겨 주셨사오니"(스 9:13) 하고 하나님께서는 "죄악보다 형벌을 경하게" 하셨다고 말씀하고 있습니다. 이것이 행위에서 나온 의가 아님은 "오라 시온에서 우리 하나님 여호와의 일을 선포하자"(10하)는 말이 이를 뒷받침 해주고 있습니다. 그들은 하나님께서 자신들이 범한 죄악보다 형벌을 경하게 하사 이만큼 남겨주셨음을 선포했던 것입니다.

그러므로 "의를 드러내셨다"는 말은 "나 여호와가 말하노라 그 날 그 때에는 이스라엘의 죄악을 찾을지라도 없겠고 유다의 죄를 찾을지라도 발견치 못하리니 이는 내가 나의 남긴 자를 사할 것임이니라" 하고 예언하신 50:20과 결부해서 해석되어야만 합니다. 그리고 신구약을 막론하고 죄를 사하시고, 의를 드러내실 수 있는 방도는 예수 그리스도의 대속을 통해서 뿐이라는 것이 불변의 진리입니다. 바벨론은 메대를 통해서 심판하시고 이스라엘은 그리스도를 통해서 구원하실 것이 대조되어 있습니다.

④ 그러므로 "바벨론 가운데서 도망하여 나와서 각기 생명을 구원하고 그의 죄악으로 인하여 끊침을 보지 말지어다"(6) 하십니다. 45절에서도 "나의 백성아 너희는 그 중에서 나와 각기 나 여호와의 진노에서 스스로 구원하라" 하십니다. 이는 하나님의 선수적인 은혜에 인간이 믿음으로 화답함을 뜻합니다. 하나님의 은혜로 전에는 애굽에서 나온 때가 있었습니다. 이제는 바벨론으로부터 나와야만 하는 것입니다. 이는 그 당시만 해당되는 말씀이 아니라 종말론적인 말씀인 것입니다. 왜냐하면 계시록에서 "무너졌도다, 무너졌도다 큰 성 바벨론이여" 하면서 "또 내가 들으니 하늘로서 다른 음성이 나서 가로되 내 백성아, 거기서 나와 그의 죄에 참여하지 말고 그의 받을 재앙들을 받지 말라"(계 18:4) 하고 말씀하고 있기 때문입니다. "거기서 나오라", 이것이 이스라엘이 홍해를 건넘과 같은 세상과의 분리인 것입니다.

둘째 단원(15-40) 우상의 헛됨과 하나님의 참 되심

"여호와께서 권능으로 땅을 지으셨고 그 지혜로 세계를 세우셨고 그 명철로 하늘들을 펴셨으며"(15).

본 단원은 "우상의 헛됨과 하나님의 참 되심"을 증거 하는 논조입니다. 이는 "바벨론의 멸망과 이스라엘의 구원"이라는 첫째 단원과 불가분의 관계가 있습니다. 바벨론의 멸망은 그들이 믿고 의지하던 "우상"의 헛됨을 들어내고, 이스라엘의 회복은 그들을 택하신 하나님의 참 되심의 증거가 되기 때문입니다.

① 하나님은 "권능으로 땅을 지으셨고 그 지혜로 세계를 세우셨고" 하고 창조주 하나님이심을 말씀합니다. 창세기 1장 1절의 "태초에 하나님이 천지를 창조하시니라" 하신 말씀을 받은 1차 독자가 누구인지 아십니까? 모세와 함께 애굽에서 나온 이스라엘 자손들입니다. 그들은 대물림을 한 노예들이었습니다. 모세는 그들을 앞에 모아놓고 "우리를 애굽에서 해방하신 분이 누구인지 아느냐 그 분은 천지만물을 창조하시고 주관하시는 하나님이시다" 하고 말해주고 있는 것입니다. 동일한 맥락에서 바벨론에서 나온 자들에게 우리가 믿는 하나님은 창조주 하나님이심을 말해주고 있는 것입니다. 왜냐하면 그들은 창조주 하나님을 버리고 우상을 섬기다가 징벌을 당했기 때문입니다.

② 그러므로 "사람마다 우준하고 무식하도다 금장색마다 자기의 만든 신상으로 인하여 수치를 당하나니 이는 그 부어 만든 우상은 거짓이요 그 속에 생기가 없음이라 그것들은 헛것이요 망령되이 만든 것인즉 징벌하시는 때에 멸망할 것이나"(17-18) 하십니다.

③ "야곱의 분깃은 이 같지 아니하시니 그는 만물의 조성자요 이스라엘은 그 산업의 지파라 그 이름은 만군의 여호와시니라"(19) 하십니다. ㉠ 하나님께서 "야곱의 분깃"이 되신다는 말은 이스라엘 백성들에

게 돌아갈 몫, 즉 하나님이 그들의 하나님이 되심을 뜻합니다. 민수기 18:20에서 "여호와께서 또 아론에게 이르시되 너는 이스라엘 자손의 땅의 기업도 없겠고 그들 중에 아무 분깃도 없을 것이나 나는 이스라엘 자손 중에 네 분깃이요 네 기업이니라" 하십니다. 제사장 지파에는 땅이 분배되지 않았으나 그 대신 하나님이 "네 분깃이요 네 기업이니라" 하십니다.

㉡ "이스라엘은 그 산업의 지파라" 하십니다. 이는 이스라엘이 하나님의 산업 즉 소유임을 말씀함입니다. 그러니까 하나님은 이스라엘의 하나님이요, 이스라엘은 하나님의 소유라는 말씀입니다. 이보다 더 한 축복은 달리는 없는 것입니다. 모든 것이 불타 없어지고 남은 것이 없이 잃어버린 터전에서 하나님은 나는 너희 "분깃"이요, 너희는 나의 "산업"이라고 말씀하시는 것입니다. 형제는 어느 분깃을 원하십니까? 가나안 땅입니까? 하나님 자신입니까?

④ "나 여호와가 말하노라 온 세계를 멸한 멸망의 산아 보라 나는 네 대적이라"(25) 하십니다. 여기에 날카로운 대조가 나타나고 있는데 "이스라엘은 그 산업의 지파라"(19하)고 말씀하신 하나님은 바벨론을 향해서는 "나는 네 대적이라" 하시는 것입니다. 왜 그러하신 것입니까? "바벨론 왕 느부갓네살이 나를 먹으며 나를 멸하며 나로 빈 그릇이 되게 하며 용 같이 나를 삼키며 나의 좋은 음식으로 그 배를 채우고 나를 쫓아내었으니"(34) 한 대로 이스라엘을 박해했기 때문입니다.

⑤ 그러므로 "내가 연회를 베풀고 그들로 취하여 기뻐하다가 영영히 잠들어 깨지 못하게 하리라 여호와의 말이니라"(39) 하십니다. 이 예언의 역사적인 성취가 다니엘서에 기록되어 있는데 벨사살 왕이 귀인 일천 명을 초대하여 큰 잔치를 배설하고는 느부갓네살이 "예루살렘 하나님의 전 성소 중에서 취하여 온 금 기명을 가져오매 왕이 그 귀인들과 왕후들과 빈궁들로 더불어 그것으로 마시고 무리가 술을 마시고는 그

금, 은, 동, 철, 목, 석으로 만든 신들을 찬양하니라"(단 5:1-4) 합니다. 이는 자신들이 섬기는 우상을 최고도로 높이며 찬양한 반면 하나님께 대하여는 이보다 더 욕을 보일 수 없을 만큼 거룩하신 이름을 모독한 행위였던 것입니다. 이처럼 잔치를 베풀고 취하여 기뻐하다가 메대와 바사 군의 습격을 받아 "영영히 잠들어 깨지 못하고" 만 것입니다. 이는 "우상의 헛됨과 하나님의 참 되심"을 단적으로 드러낸 증거였던 것입니다.

⑥ 그러므로 "내가 벨(바벨론의 주신)을 바벨론에서 벌하고 그 삼킨 것을 그 입에서 끌어내리니"(44) 하십니다. 47절에서도 "보라 날이 이르리니 내가 바벨론의 조각한 신상들을 벌할 것이라"고 말씀합니다. 이 점을 52절에서 또다시 반복해서 강조하고 있습니다.

⑦ "가령 바벨론이 하늘까지 솟아오른다 하자 그 성을 높이어 견고히 한다 하자 멸망시킬 자가 내게서부터 그들에게 임하리라"(53) 하십니다. 이는 그들이 의지하는 신상은 헛것이요, 하나님은 참되심을 나타내기 위해서입니다.

셋째 단원(41-58) 바벨론의 멸망을 기뻐하는 자와 애통해하는 자

"하늘과 땅과 그 중의 모든 것이 바벨론을 인하여 기뻐 노래하리니 이는 파멸시키는 자가 북방에서 그에게 옴이니라 여호와의 말이니라"(48).

본 단원에서는 바벨론이 "함락"되고(41), "무너지고"(44), "엎드러지고"(47, 49), "큰 파멸"(54)을 당할 것을 말씀하면서, 그가 온 천하를 얼마나 괴롭혔으면 "하늘과 땅과 그 중의 모든 것이" 바벨론의 멸망을 기빼하리라고 말씀하는 것입니다.

그런데 계시록에 보면 모두가 기뻐하는 것만은 아니라 두 가지 상반된 반응으로 나타나고 있음을 보게 됩니다. "무너졌도다, 무너졌도다 큰 성 바벨론이여" 하고 힘센 음성으로 외치면서 ㉠ "하늘과 성도들과 사도들과 선지자들아, 그를 인하여 즐거워하라 하나님이 너희를 신원하시는 심판을 그에게 하셨음이라"(계 18:20) 하시는 반면에, "그와 함께 음행하고 사치하던 땅의 왕들이 그 불붙는 연기를 보고 위하여 울고 가슴을 치며, 땅의 상고들이 그를 위하여 울고 애통"(계 18:9-11)해 할 것을 말씀하고 있습니다. 즉 바벨론에 의하여 괴롭힘을 당하던 하나님께 소속해 있는 자들은 기뻐하는 반면, 바벨론에 속하여 그와 함께 음행하고 사치하던 자들이 망연자실할 것이라는 말씀입니다.

넷째 단원(59-64) **예언의 확실성**

"너는 이 책 읽기를 다한 후에 책에 돌을 매어 유브라데 하수 속에 던지며"(63).

예레미야 선지자는 시드기야 왕과 함께 바벨론으로 가게 된 시종장 스라야에게 "바벨론에 대하여 기록한 이 모든 말씀을 한 책에 기록하고"(60) 주어서 보내면서 명합니다.

① "너는 바벨론에 이르거든 삼가 이 모든 말씀을 읽고"(61),

② "말하기를 여호와여 주께서 이곳에 대하여 말씀하시기를 이 땅을 멸하여 사람이나 짐승이 거기 거하지 못하게 하고 영영히 황폐케 하리라 하셨나이다 하라"(62).

③ "너는 이 책 읽기를 다한 후에 책에 돌을 매어 유브라데 하수 속에 던지며"(63),

④ "말하기를 바벨론이 나의 재앙 내림을 인하여 이같이 침륜하고 다시 일어나지 못하리니 그들이 쇠패하리라 하라"(64)고 명합니다. 이렇게 지시함은 ㉠ 바벨론이 하나님의 말씀대로 멸망하리라는 확실성을 말해줍니다. ㉡ 유브라데 하수 속에 가라앉게 한 것은 그것이 당장에 시행되는 것이 아니라 때가 찬 경륜이 있음을 나타냅니다. 이와 병행을 이루는 말씀이 성경의 마지막 책인 계시록에는 기록되어 있는데 "이에 한 힘 센 천사가 큰 맷돌 같은 돌을 들어 바다에 던져 가로되 큰 성 바벨론이 이같이 몹시 떨어져 결코 다시 보이지 아니하리로다"(계 18:21) 하고 선언하고 있습니다.

⑤ 이 일은 시드기야 왕이 바벨론으로 갈 때(59), 아마 조공을 바치러 간 때에 시행된 일입니다. 다시 말하면 바벨론의 멸망을 바벨론의 전성시기에, 다른 사람이 아닌 조공을 바치러 간 사람에 의해서, 다른 곳이 아닌 바벨론에서, 선포하고, 그 확실성의 상징으로 바벨론의 유브라데 하수 속에 숨겨놓게 한 것입니다.

이상에서 살펴본 대로 바벨론의 멸망을 50장에서 끝맺지 아니하고 51장을 별도로 할애하여 말씀하신 의도가 구속사의 맥락에서 볼 때에 바벨론의 무너짐이 이방인의 때가 끝나고 메시아 왕국이 도래됨을 상징하고 있기 때문입니다. "예레미야의 말이 이에 마치니라"(64하).

52장

하나님 말씀의 엄위(嚴威)

[27]이와 같이 유다가 사로잡혀 본토에서 떠났더라.

예레미야서는 "열국"(46장-51장)에 대한 말씀으로 끝을 맺고 있는 것이 아니라 예루살렘이 함락되는 것으로 끝을 맺고 있습니다. 이 기사는 이미 36장에서 말씀한 바 있습니다. 그런데 또다시 반복하므로 마지막을 장식하고 있는 의도가 무엇일까요?

① "생각건대 현재의 고난은"(롬 8:18) 하고 "현실"로 돌아온 것입니다. 열국을 심판하사 보수하여주실 일은 장래에 있을 일입니다. 그러나 현재는 고난입니다. 이것이 또한 성도들이 처한 시간이기도 하기 때문입니다.

② "살아 계신 하나님의 손에 빠져 들어가는 것이 무서울진저"(히 10:31) 하신 경각심을 일깨워주기 위해서입니다. 예레미야의 예언은

51:64에서 "예레미야의 말이 이에 마치니라" 하고 사실상 끝나고 있습니다. 그런데 만일 예레미야서를 여기서 마치고 있다면 죄에 대한 경각심이 해이해 질 수도 있을 것입니다. 하나님은 예루살렘의 멸망을 상기시켜야할 필요를 아셨습니다.

③ 하나님 말씀의 엄위를 나타내기 위해서입니다. 예루살렘이 심판받은 현장은 하나님께서 예레미야로 하신 경고가 일점 일획도 어긋남이 없이 성취되었음을 증언해주고 있는 것입니다. 성경은 이를 들어서 후대에 경종을 울려주고 있다 하겠습니다. 이점을 역대하 36:22에서는 "여호와께서 예레미야의 입으로 하신 말씀이 응하였더라"하고 증언하고 있습니다.

④ 예루살렘의 심판을 통해서 열국에 대한 심판, 특히 바벨론이 무너질 것이라는 예언의 확실성을 말씀해주기 위해서입니다.

그러므로 본 장은 예언 성취라는 관점에서 살펴보아야만 합니다. 이를 세 단원으로 나누어 상고하겠습니다.

첫째 단원(1-11) **쫓아내시기까지에 이르렀더라**

둘째 단원(12-30) **본토에서 떠났더라**

셋째 단원(31-34) **그 머리를 들게 하고**

첫째 단원(1-11) 쫓아내시기까지에 이르렀더라

"여호와께서 예루살렘과 유다를 진노하심이 그들을 그 앞에서 쫓아내시기까지에 이르렀더라"(3).

"시드기야가 여호야김의 모든 행위를 본받아 여호와 보시기에 악을 행한지라"(2). 그리하여 "여호와의 진노하심이, 그들을 그 앞에서 쫓아

내시기까지에 이르렀더라"고 말씀합니다. 본 단원의 핵심이 "쫓아내시기까지에 이르렀더라"에 있습니다. 오죽했어야 쫓아내시기에 이르렀겠습니까? 쫓아내시는 일을 바벨론 왕 느부갓네살을 들어서 역사하셨을 뿐입니다.

① "그 성을 대하여 진을 치고 사면으로 흉벽을 쌓으매"(4중), 이는 "나 만군의 여호와가 이같이 말하노라 너희는 나무를 베어서 예루살렘을 향하여 흉벽을 쌓으라 이는 벌받을 성이라"(6:6)의 성취입니다.

② "성이, 에워싸였더니"(5), 이는 "너희를 에운(포위한) 갈대아인에게 나가서 항복하는 자는 살리니"(21:9하)의 성취입니다.

③ "성중에 기근이 심하여 그 땅 백성의 식물이 진하매"(6), 이는 "보라 내가 그들을 벌하리니 청년들은 칼에 죽으며 자녀들은 기근에 죽고"(11:22, 21:9)의 성취입니다.

④ 시드기야 왕이 밤중에 도주했다가 붙잡혀옴(7-9), 이는 에스겔 선지자를 통하여 예언하신 바 "내가 또 내 그물을 그의 위에 치고 내 올무에 걸리게 하여 그를 끌고 갈대아 땅 바벨론에 이르리니 그가 거기서 죽으려니와 그 땅을 보지 못하리라"(겔 12:13) 하심의 성취요, 바벨론으로 끌려가지만 "그 땅을 보지 못하리라"는 말씀은,

⑤ "시드기야의 두 눈을 빼고 사슬로 결박하여 바벨론으로 끌어다가 그 죽는 날까지 옥에 두었기"(11) 때문입니다. 하나님 말씀의 엄위를 보십시오. 참으로 하나님의 손에 빠져 들어가는 것이 무서울진저"(히 10:31)입니다.

둘째 단원(12-30) 본토에서 떠났더라

"바벨론 왕이 하맛 땅 립나에서 다 쳐죽였더라 이와 같이 유다가 사

로잡혀 본토에서 떠났더라"(27).

12-16은 파괴하는 내용인데,

① "여호와의 전과 왕궁을 불사르고"(13상),

② "예루살렘의 모든 집을 귀인의 집까지 불살랐으며"(13하),

③ "예루살렘 사면 성벽을 헐었으며"(14),

④ "사로잡아 옮겨가고"(15하) 합니다.

17-23은 약탈하는 내용인데,

① "바벨론으로 가져갔고"(17하),

② "다 가져갔으며"(18하),

③ "시위대 장관이 또 잔들과 화로들과 주발들과 솥들과 촛대들과 숟가락들과 바리들 곧 금물의 금과 은물의 은을 가져갔는데"(19) 합니다.

24-30은 인명(人命)에 관한 내용인데,

① "세 사람을 잡고"(24),

② "잡아가지고 립나 바벨론 왕에게 나아가매"(26),

③ "바벨론 왕이 하맛 땅 립나에서 다 쳐죽였더라"(27).

④ "사로잡아 옮긴 백성이 이러하니라"(28) 하고 포로로 잡아간 자들을 말하고 있습니다. "그 총수가 사천 육백 인이었더라"(30)고 말씀하고 있는데 이는 추가로 사로잡아간 자들(왕하 24:14)은 포함되지 아니한 수입니다. 이상의 사건들은 하나님께서 선지자로 말씀하신 경고대로 성취된 일임을 명심해야만 합니다.

셋째 단원(31-34) 그 머리를 들게 하고

"유다 왕 여호야긴이 사로잡혀간 지 삼십 칠 년, 유다 왕 여호여긴을 옥에서 내어놓아 그 머리를 들게 하고"(31).

① "머리를 들게 했다"는 말은 그의 지위를 회복시켜주었음을 뜻합니다. 다윗은 하나님을 "여호와여 주는 나의 방패시오 나의 영광이시오 나의 머리를 드시는 자니이다"(시 3:3) 하고 고백하고 있는데, "인장 반지"(22:24) 같은 여호야긴을 내어주신 이도 하나님이시오, 머리를 들게 하신 이도 하나님이신 것입니다.

② "그와 함께 바벨론에 있는 왕들의 위보다 높이고"(32),

③ "그 죄수의 의복을 바꾸게"(33) 했다고 말씀합니다.

왜 이렇게 회복시켜주셨을까요? 그 점을 족보를 통해서 엿볼 수가 있습니다. 우리가 아는 대로는 유다의 마지막 왕이 시드기야로 알고 있는데, 성경은 여호야긴(여고냐)을 언급하고 있습니다. 그러니까 유다의 왕위가 요시야-여호야김(요시야의 아들)-여호야긴(여호야김의 아들)으로 이어지고 있는 것입니다. 여호야긴의 뒤를 이은 시드기야는 여호야긴의 아들이 아니라 요시야의 아들로 끼어 든 셈입니다. 이 점이 왜 중요하냐 하면 "예수"가 하나님께서 언약하신 그리스도이심을 입증하기 위하여 내세운 주님의 족보가 이와 일치하고 있기 때문입니다. 주님의 족보에 의하면 유다의 마지막 왕은 여호야긴으로 되어있을 뿐(마 1:11) 시드기야는 없는 것입니다.

④ 하나님께서 그 여호야긴의 머리를 들게 하시고, 그 위를 높이고, 의복을 바꾸게 하셨다는 것은 "이전에 다윗으로 더불어 언약을 세우시고 또 다윗과 그 자손에게 항상 등불을 주겠다고 허하셨음이더라"(대하 21:7) 한 그 언약을 지켜주심을 나타냅니다.

⑤ 그러므로 그냥 여호야긴이라 말하지 않고, "유다 왕 여호야긴"(31상)이라고 말씀하고 있는 것입니다.

이제 구속사의 관점에서 본 예레미야서를 마쳐야만 하겠습니다. 여기서 한가지 확실히 해두어야 할 점이 있습니다. 그것은 선민 이스라엘의 역사가 실패의 역사인가 하는 점입니다. 이 점을 성경은 "그러나 우리 불의가 하나님의 의를 드러나게 하면 무슨 말하리요"(롬 3:5)라고 말씀하고 있습니다. 이런 뜻입니다. 이스라엘의 역사는 철저하리만치 "불의"함을 보여주고 있습니다. 그 결과 멸망으로 끝나고 있습니다. 그러나 이렇게 된 것이 "하나님의 의를 드러나게"했다는 것입니다. 즉 인간의 "자기 의"로는 구원의 가망이 없고 "하나님의 의"만을 기대할 것 밖에 없음을 입증해 주었다는 말입니다. 구약 성경은 "율법의 행위로 그의 앞에 의롭다 하심을 얻을 육체가 없음"(롬 3:20)을 철저하게 보여주고 있습니다. 그러므로 예레미야서는 유다의 멸망으로 마치고 있는 것이 아니라 다시 말하면 유다 왕의 머리를 떨구는 것으로 끝나는 것이 아니라 "유다 왕 여호야긴의 머리를 들게" 하시는 것으로 끝을 맺고 있는 것입니다. 여기에 소망이 있습니다. 하나님은 이처럼 "상한 갈대를 꺾지 아니하며 꺼져 가는 등불을 끄지 아니하고"(사 42:3) 항상 등불을 남겨주셨다가 그리스도를 어두운 세상에 "참 빛"(요 1:9)으로 보내어주셨습니다. 그리고 형제의 머리를 들게 해주셨던 것입니다. 아멘.

구속사의 관점에서 본
구약성경 파노라마

예레미야

초판 1쇄 발행 2004년 12월 24일
초판 3쇄 발행 2015년 11월 1일

지은이 유도순
펴낸이 유효성
펴낸곳 도서출판 머릿돌

등록번호 제17-240호
등록일자 1997년 5월 20일
주소 서울 동작구 노량진1동 205-7
TEL. 031-607-7678 / Mobile. 010-94728327
http://edendongsan.onmam.com
E-mail yoodosun@hanmail.net / yoohs516@hanmail.net

총판 기독교출판유통
경기도 고양시 일산동구 장항동 585-12
(031) 906-9191

ISBN : 978-89-87600-32-1 (03230)